会計史への道

——一つの覚書

平林喜博

若き日にキリスト教に対する関心を深め
培って下さった天野八重子牧師と志村信夫牧師に
この拙い小著を献げる

目次

Ⅰ部　会計史の研究覚書

一章　会計史の意義……7
二章　会計史研究の歩み……23
補論　会計（学）と歴史――私のかかわりについて……43

Ⅱ部　久保田原価学説覚書――会計学説史への道

三章　久保田原価学説の検討――原価理論との関連において……75
四章　Kalkulation と久保田原価学説……89
五章　資本利子問題と久保田原価学説……103

Ⅲ部　書評にみる会計史の研究覚書

山下正喜　著『日本とアメリカの原価計算――明治末期』……123
阪口　要　著『部分原価計算論序説』……132

深山　明　著『西ドイツ固定費理論』……145
桜井通晴　他著『ソフトウェア原価計算』……161
柳田　仁　著『ドイツ管理会計論』……164
西村慶一　著『現代経営費用論』……174
片岡泰彦　著『ドイツ簿記史論』……177
友岡　賛　著『近代会計制度の成立』……183
足立　浩　著『アメリカ管理原価会計史――管理会計の潜在的展開過程』……205
尾畑　裕　著『ドイツ原価理論学説史』……211
深山　明　著『ドイツ固定費理論』……214
建部宏明　著『日本原価計算理論形成史研究』……237
柳田　仁　著『国際経営会計論――ドイツならびにアメリカ・日本の比較研究』……243
豊島義一　著『長崎造船所原価計算生成史』……246

Ⅳ部　補　遺

平林喜博先生インタビュー……255

あとがき――私の略歴を兼ねて……305

Ⅰ部

会計史の研究覚書

一章　会計史の意義

本章のねらい

一、会計史も歴史学の一つの学問領域であるので、まず、歴史学について――といっても歴史とは何かについて――述べる。しかし、本書の性格に鑑みてほんの初歩的なことに限定して述べる。そのさい、本章では、カーの見解を拠り所としている。したがって、カーの著書『歴史とは何か』をぜひ熟読してもらいたい。

二、歴史においては、史料というものが非常に重要である。したがって、会計史の研究においても、この史料の取扱をめぐって種々の考え方がある。そこで、本章でも、歴史学で論議されている史料の問題と会計史において論じられている史料問題との違いについて簡単に言及する。

三、会計史の意義については、順不同であるが――しかし、実はこれらは密接に相互関連しているが――、第一に、歴史に学ぶということの大切さ。第二に、事物の本質を認識する上で重要である。第三に、会計史の学びを通して、会計あるいは会計学の生成発展過程における光の部分と闇の部分とを認識して、いわば会計の歴史的機能を理解する。かくて、これらの認識・理解のために社会経済の発展とどうかかわったかを把握することの必要不可欠さを知ってもらいたい。なお、会計史の意義と会計史研究の意義とを本章では同義的に解している。

一節　歴史とは何か

一　歴史とは何か

「歴史とは何か」と問われると、即座に、カー（Carr, E. H.）の『歴史とは何か』という一九六二年に岩波新書版として刊行された書物をわれわれは想起する。清水幾太郎訳で現在でも版を重ねている。ということは、いまだにその高い評価を失うことはなく、いわば初めて歴史を学ぶさいの格好の入門書であることを証明している。いま入門書といったが、訳者である清水も指摘しているように、本書は連続講演をまとめたものであるが、歴史哲学の書物であって、熟読含味すれば、くめどつきない泉のように歴史というものの醍醐味を味わうことができ、また歴史の根本問題を提起している学術書であることに気づくであろう。それがゆえに、いまなお洛陽の紙価を高め、歴史書において引用されているのであろう。

さて、カーはこの講演で「歴史とは歴史家と事実との間の相互作用の不断の過程であり、現在と過去との間の尽きることを知らぬ対話」（清水（幾）訳〔一九六二〕四〇頁）であるという。そして、「過去は、現在の光に照らして初めて私たちに理解出来るものでありますし、過去の光に照らして初めて私たちは現在をよく理解することが出来るものであります。人間に過去の社会を理解させ、現在の社会に対する人間の支配力を増大させるのは、こうした歴史の二重機能にほかなりません」（清水（幾）訳〔一九六二〕七八頁）とも述べている。さらに、ネーミア（Namier,

L.）の「歴史家は過去を想像し、未来を想起する」という言葉を引用して、「未来だけが、過去を解釈する鍵を与えてくれるのです。そして、この意味においてのみ、私たちは歴史における究極的客観性ということを云々することが出来るのです。過去が未来に光を投げ、未来が過去に光を投げるというのは、歴史の弁明であると同時に歴史の説明なのであります」（清水（幾）訳〔一九六二〕一八二頁）、とカーは語っている。

以上、カーの歴史についての考え方を長々と引用したが、要するにカーが強調しているのは、歴史は過去と現在との対話を通して、過去と現在を学ぶということ、つまり「過去と現在との相互関係を通して両者を更に深く理解」（清水（幾）訳〔一九六二〕九七頁）することができるという点である。したがって、過去を学ぶということは現在を学ぶことであり、逆に現在を学ぼうとすれば過去を学ばなければならない、というのである。過去と現在とは切っても切れない関係にある、という主張である。

われわれが会計史を学ぶさいにもこのカーの思考は重要である。現在の会計の歩みを正しく理解するためには、会計の過去をしっかりと学ぶ――これが一般には「会計史」の研究といえよう――ことが必要である。一方、会計の過去を学ぶことを通して、現在の会計を実は明析に理解することに結びつくのである。辻　厚生がしばしば強調しており、後に再び言及するが、現在の会計あるいは会計理論の本質・原点を明解にしようとすれば、その会計の始源にまでさかのぼり原初形態を確定しなければならないのである（辻〔一九七一〕序文一頁参照）。それはまさしく過去に光をあてて現在を通暁するということであろう。元西ドイツ大統領のヴァイツゼッカー（Weizsacker, R. von）も「しかし過去に目を閉ざす者は結局のところ現在にも盲目となります」（永井訳〔一九八六〕一六頁）と述べている。論語の〝温故知新〟もこの考えに通じるものであろう。

しかし、このような過去と現在との対話では未来はどうなるのか、という疑問が生じよう。歴史は未来に対して何らの発言力を持っていないのか、という疑念と同時に歴史の限界を人は看取するかもしれない。しかし、この点について、カーは既述の引用でも言い及んでいるように、過去が未来に光を投げかけてくれると語っている。事実、歴史を学ぶのは未来を展望するためである、という人々が多い。現在をどう理解し、その現在を将来どう発展させ形成させていくのか、これを考えるさい、過去との対話が不可欠となるのである。いわば過去・現在・未来、この一連の連鎖の相互関係を学ぶというのが歴史であるといえる。「歴史家はまた『どこへ』という問題を提出するもの」（清水（幾）訳〔一九六二〕一六〇頁）であって、預言者的立場にあるともカーは述べて、歴史家の使命の尊厳さを示唆している。そして、歴史は予言の役割を担っている、とカーはしめくくるのである。

このようにみてくると、歴史を学ぶということは、たんに過去の史実を知るということだけではなく、現在の諸問題の解明に適切な示唆を与え、さらに未来の行く末を明示する役割を持っていることが理解されよう。ドイツ帝国の宰相ビスマルク（Bismarck, O. E. L. von）が〝賢者は歴史に学ぶ〟といっているが、まさしく名言であろう。

二　歴史家の役割と史料の重要性

さて、歴史の重要性を上記のように認識するとすれば、その歴史を叙述する歴史家の使命はまことに重いといわざるをえない。歴史は歴史家の認識と解釈の所産であるとしばしばいわれる。つまり、歴史家の基本的任務は史実を明らかにするという認識と、その認識した史実に意味を付与して一つの歴史像を描くという解釈の作業があるのである。しかも、その認識・解釈には歴史家による根拠づけが求められるのである。歴史小説のように作家がフィクションで想像のかぎりを尽して叙述するものとは違うということである。カーの言葉を再び引用すれば、「歴史とは解釈のこと」（清水（幾）訳〔一九六二〕二九頁）であり、また「歴史的事実という地位は解釈の問題に依存する」（清水（幾）訳〔一九六二〕一一頁）ということ、さらにいえば、歴史は「決して事実ではなく、受け容れられた判断の連鎖である」(清水(幾)訳〔一九六二〕八七―八八頁参照）ということになる。

さて、こうなると、歴史にとって史実――筆者（以下、Ｉ部で筆者という場合、平林のことである）はこれを歴史の真実といいかえたいが――とたんなる事実とをはっきり区別しなければならない、という極めて重要な作業が歴史家には課せられる。しかも、その判別がまさしく上記の歴史家による認識・解釈・判断に基づくのであるが、その出発点になるのが史料である。つまり、史料をどう認識・解釈・判断して史実であるとするのか、これが歴史では、そして歴史家には常に問われているのである。それはまた歴史叙述である史実には、常に根拠づけが必要不可欠であることを意味している。つまり史料の、しかも偽りのない真の史料の裏づけが伴なうということである。

ところが、その史料というものが難物である。史料と一口にいうが、何をもって史料というのか。「文書史料中心主義」という言葉があるぐらいであるから、様々な文書が今日まで史料の中心的な位置をしめているといえる。会計史でいえば、会社の会計記録、例えば歴年の財務諸表、あるいはその作成のための基礎資料となる会計帳簿というものが重要な文書史料ということになろう。しかし、これ以外にも政府を初めとする公的機関が作成した「公文書」、さらには『三菱社誌』のような記録文書も史料に含められる。また「日記」のような証言も考えられる。

このようにみてくると、ここに史料の選択という問題が次に浮び上る。小田中直樹は「史料を探す、見つけた資料を解釈する、その価値を評価する、取捨選択する、加工する、といった一連の体系」（小田中〔二〇〇四〕一六九頁）を史料批判と称しているが、歴史にとってこの史料批判、つまり史料の選択が極めて重大な営みとなる。

ところで、会計史研究では、この史料というさいに、しばしば会計学の学術書や雑誌等にみられる学術論文が文書史料として取り扱われている。しかも、それを「文献」と称し、この文献に基づく史的研究を文献史研究といい、これも会計史研究であるとして重要な位置をしめている。他の学問領域ではたぶんこの研究分野は「学（説）史」として区別されていると思われる。が、会計史の世界ではこのいわば「会計学（説）史」あるいは「会計学史」と「会計史」とが渾然一体となっている。その一つの例が一四九四年に刊行されたパチョーリ（Pacioli, L.）[1]の『スムマ』（*Summa de Arithmetica Geometria Proportioni et Proportionalita*）である。

この書物が簿記・会計史でしばしば研究の対象となっていることは周知の通りである。しかし、この文書史料は上述の分類からみれば学術書の範疇に入るのではないか。というのは、この『スムマ』は数学百科全書『算術・幾何・比および比例総覧』という学術書なのである。もしそうであれば、「簿記学（説）史」の領域に属するものではないか、という素朴な疑念が生じる。ただ、簿記・会計史研究で論議の対象となるのは、この『スムマ』の第一部・第九編・論説第一一の「計算及び記録に関する詳説」というタイトルの下で論述されている部分のものであって、一五世紀末のヴェネツィアで用いられていた商業簿記を合計三六章にわたって解説したものである。つまり、当時のヴェネツィア商人たちの間で用いられていた財産目録、日記帳、仕訳帳、そして元帳等の処理や取扱を詳述している個所である。かくて、数学の書ではあるものの、問題の個所は当時のヴェネツィア商人たちが使っていた簿記技法を述べたものであるという意味では記録文書であるといえる。そうであればこれはこれでりっぱな一つの文書史料であって、会計史の研究上貴重な文献ということになる。

いま、筆者は繰り返し文献という言葉を用いたが、会計史研究においては、既述のようにいままでは文献も文書史料とみなされていたので格別の嫌疑もかけられなかった。しかし、近時、上記の文書史料との関係で、文献は文書史料なのか、という問題提起がなされている。つまり、会計史はこの文献以外の文書史料に依拠してのみ叙述されるものである。それが文献と文書史料とが入り混って会計の歴史は叙述されているのが現状であって、深く自己批判しなければないというのである。その意味で、主として文献に依拠して綴っていた会計史研究は批判の矢面に立っている。

たしかに、この批判は正鵠を射ている。もしこのような厳しい論評にいち早く対応しておれば、さきに指摘した会計史と会計学（説）史との混在は会計の史的研究においても避けられたであろう。近時、特に原価計算、管理会計の領域で顕著にみられる歴史研究は、文献ではなく文書史料に基づいているものが多い。このことは大いに歓迎されるべきことである。もっとも、会計の史的研究において、文字通り会計学（説）史の研究成果がないわけではない。例えば、ドイツの会計学説＝貸借対照表論について、シュマーレンバッハ（Schmalenbach, E.）の所説、ワルプ（Walb, E.）の所説、コジオール（Kosiol, E.）の所説を時系列的に比較し検討・吟味した秀逸な成果が数多くみられることは周知のところである。したがって、会計学（説）史の存在が無視されているわけではないことに注意する必要がある。

ではなぜ会計史の中に会計学説史的なものが入り込むのか。種々の理由が考えられようが、一つには会計史研究が簿記史の研究として営まれたことによると筆者は推論する。そのさい、その文書史料の欠如から勢い簿記書を取り上げて研究されたのではないか。そしてそこでは複式簿記技法がいかに精緻化していったかが主として追究されたのではないか。しかもその技法が実務に適用された上での反映として叙述されていたものであるから、各時代の簿記書――当然のことながら簿記論も展開されている――の綿密な解析が行なわれ、これを歴年順に論述していくと一つの簿記史研究として存在価値を持つに至る。このプロセスの延長線上として会計学書にも及び、簿記史が会計史と称されるようになったと筆者は考える。

したがって、会計史がまだ簿記史あるいは簿記・会計史といわれていた時代は、会計史と会計学（説）史とは一体化していたのではなかろうか。しかし、会計史として市民権を獲得するようになって、会計学説史との境界を明確にしなければならない、という議論が起こり今日に至っているのではないか。そこへ幸いにも文書史料――別称第一次資料とか原資料とかいわれるもの――が発掘・解釈・判断されて、ここに文献史的研究、つまり会計学説史的研究が会計史の範疇とは別のものであるという見解が強調されるようになったと考えられる。

しかしながら、会計の史的研究に関するかぎり、文献と文書史料とを峻別して、前者による歴史研究を学説史、後者による歴史研究を会計史と判別することは困難であると筆者は考える。つまり、経済学のように経済史と経済学説史とを明解に区別することは、会計史研究領域では現在のところ極めて難しいのではないかと愚考する。それは会計学という学問の性格に依存するのであるが、会計学の文献といわれる学術論文に会計の史的研究に非常に参考となる叙述がみられることである。一方、会計に関する文書史料というものが、最近は多く発掘されるようになったが、依然として少ないという状況下にあることである。しかして、どうしても会計史の叙述には文献において述べられている事柄、それが実務に適用された上での論述であればなおさら参考にしなければならない。ここに文献もりっぱな一つの史料である根拠が生れる。

その上、これが筆者の本音であるが、文書史料に基づいて会計史が叙述されたとしても、それがはたして真の会計史実――筆者は歴史の真実と称したいが――であると断言できるかという問題である。つまり、会計の真実と会計史実とを区分して考えるべきであると筆者は思惟しているのである。たしかに、会計史実は会計の歴史的真実を明示するものであると考えられるが、しかしながらはたしてそうなのか、という筆者の素朴な疑問である。会計文書史料に依拠して会計史が叙述されたからといって、それが会計史実でありかつ会計の真実を間違いなく正確に指摘しているか、現在の筆者には判断できない。なぜならば、文書史料それ自体に、すでにその文書史料を作成した人のある種のバイアスがあろう。しかもその史料に基づいて叙述する歴史家には、当然その人なりの史料選択観があり、またその人の歴史観や分析視点等がある。そうであればこれまたある種のバイアスが必ず伴なうと考えて良いであろう。

かくて、これらの積み重ねられた上での歴史叙述がどこまで史実＝真実を示しているのか、ここでいえば会計上の史実が会計上の真実を表わしているのか、慎重に検討しなければならないのではあるまいか。ある会計事実はたしかに存在したであろう。しかし、そのある会計事実が即その会計真実とイコールになるのか、こう考えると発言は慎重にならざるをえない。

例えば、戦後わが国において『企業会計原則』（一九四九年七月公表）が制定された。そこで、証券取引法とかかわって証券取引所に上場している会社等は有価証券報告書の提出が求められた。その中の経理の状況の一環として財務諸表を監査証明を付して当時の大蔵大臣に提出するようになった。そのさい『企業会計原則』に準拠するため、取得原価主義会計に基づいて財務諸表が作成された。これは間違いのない会計史実でありかつ会計真実である。したがって、戦後わが国の会計制度は取得原価主義会計の時代が続いた、という歴史叙述は肯定され定説として何人も認めるところである。しかし、（公表）財務諸表は取得原価主義会計であっても、内部的には、例えば時価主義会計に基づいて財務諸表が作成されたり、あるいは資金計算書が作成されたりして、これらによって実質上企業の略略上の意思決定等が行なわれていたかもしれない。もしそうであれば、建前は取得原価主義会計の時代であって、会計史実＝会計真実といえるが、実態は会計史実と会計真実とが乖離している一端を垣間見ることになる。

しばしば歴史が書き直されるという事態が発生していることは、周知のところである。多くは歴史家の歴史観の相違、つまり分析視点の相違に由来するものである。が、時には新史料発見ということによる場合もある。かくて、歴史研究においては、既述のように史料の解釈や判断、そして根拠づけが極めて重要であって、そのために常に「なぜ」が問われつつ、その理由を明らかにしていかなければないのである。会計史の研究においても、この歴史一般に通じる考え方は同様に尊重しなければならない。特に会計史の研究においては文書史料の少ないこともあって、文献による助けを借りて、会計史実が会計真実であることを明らかにする必要があるので筆者の思念は一層強い。

かくて、会計史研究においては、再言になるが会計上の文献と会計上の文書史料とが相互補完的に用いられて、会計史が叙述されることになろう。二者択一はたしかに望ましいことではあるが、それはいわばないものねだりのように現在の筆者には考えられる。要は史料批判をきっちりしているかにかかわる問題である。

以上、歴史学においては極めて常識的なことであって、わざわざ多くの紙幅をさいて述べるほどのものではないであろう。しかし、何分にも会計史研究は未開拓の領域であって、緒についたところである。せいぜいここ五〇～六〇年間に急速に発展した分野である。したがって、研究者も少なく、未知の領域であってその広がりは限りない。今後この方面の研究を志す人々の輩出を願い、その人々に十分認識しておいてもらいたい、こう念じてあえて駄弁を弄した次第である。

第二節　会計史の意義

一　過去を知る

ところで、会計史研究はなぜ行なわれるのか。つまり会計史の意義という本題に入らなければならない。ここでは三つの事柄を指摘しておきたい。一つは、すでに歴史とは何か、ということとの関連で述べたものであり、しかも一般に歴史とはといえば誰れもが即答することである。つまり、過去を知る、ということである。「いま」「自分」が生きているということから、われわれは過去に問いを発する、という心の動きが生起するのではなかろうか。それは、「いま」「自分」の抱えている問題を解決したいために、過去——ということは歴史ということになるが——を知り、そこから「自分」が歩むべき方途を認識し自覚するということである。よく歴史に学ぶ、歴史から教訓を得る、というういい方をするが、これらはこのたぐいに入ると考える。

会計史研究においても、現在の会計上の諸問題を解明して、一つの解決策を提示しようとすれば、過去に類似の問題があったか、あったとすればその時どう対処して問題解決にたどりついたか、これをおそらくレヴューするに違いない。端的にいえば先行研究を復習して、そこから今後の途を学ぶ、あるいは道筋をつけるということである。そのさい、会計史研究があって、そこから問いに対する成果を発見すれば、その成果を十分に認識してわれわれの将来へ向けての研究は迅速に進み、さらなる良き成果を挙げることに結びつく。その意味で、会計史研究が豊かになり、多くの研究業績が公表されることは、会計上の諸問題の解決に大きく貢献することになる。カーのいう〝歴史は現在と過去との対話〟であるという名言を再度想起してもらいたい。

いまひとつ、会計史研究の意義として過去を知る、という意味内容には、さきにも一言した辻がつとに強調している側面がある。つまり、「およそ事物の本質の究明は、その完成された資態の観察よりもむしろ単純かつ素朴な本源的形態に遡り、その生成発展過程の史的分析によって核心にふれうること」（辻〔一九七二〕序文一頁）である、という主張である。当然、この本源的形態から史的分析を通して事物の生成発展過程を明らかにするさい、それぞれの社会経済的な時代背景の分析が肝要である。しかして、会計史研究には社会経済的背景との連鎖が不可欠であるといえる。

が、それはともかく、上記辻の主張は、もちろん現在と過去とを連続的に捉えて漸次的進化の帰結として現在があるという、いわば遡行的方法である。しかし、それと同時に、現在と過去とを対比しつつ過去を「いま」とは違う、したがって過去と現在とが連続的に結びついて連鎖となっていると捉えるのではなく、むしろ「両者を対比しつつ過去を異文化として再発見しようとする」（二宮〔二〇〇四〕一九頁）意図が辻にはあると筆者は看取する。その再発見によって事物の本質をより鮮明にすることが可能になる、という会計史研究の意義および必要性の真意を筆者は読み取る。

かくて、会計史研究は、簡単にいってしまえば、現在とかかわらせて過去を知るためにその意義があり価値を持つといえる。しかし、その中身には、事物の本源的形態を知り、現在もそれが根底に存在するとして理論展開する面と、一方、その本源的形態においては現在本質的であり核心であるとは考えられていない、まったく異なる異質的なものを発見して、逆に現在の本質論に再検討を促迫して、新たなる理論形成に進む出立点の契機となる面との、二面性があることを認識する必要性があると筆者は考える。

二　将来を展望する

ところで、歴史とは何か、ということを述べたさいにも指摘したが、会計史研究の意義は、会計の今後の行く末を見定めることであろう。現在の会計の営為が将来どのように進展していくのか、会計学徒や会計人ならずとも大きな関心の寄せるところであろう。とくに〝会計ビッグバン〟といわれて、現今の会計は大きく変革しようとしている。しかし、その終息はまだまだ先のように思われる。その原因は、会計研究者が歴史から学んでいないからであるといえば、会計史を多少なりとも勉強している筆者の暴言になるであろうか。会計の歴史をちょっとみれば、過去に幾度となく〝会計ビッグバン〟はあった。いまその詳細なことは紙幅の関係から述べられない。しかし、静態論から動態論へと変った時代、あるいはほんの数十年前、情報会計論が主唱されて、ＡＳＯＢＡＴ（American Accounting Association, *A Statement of Basic Accounting Theory*, 1966）が論議された時代等々、その当時、会計学徒はどう対処して理論構築を練り、実務に浸透させていったのか。よく〝原点に戻れ〟、〝初心に返れ〟、といわれる。あるいは〝温故知新〟という言葉もある。会計史は既述のように将来を展望するところに一つの意義がある。が、そのためには会計史研究そのものの充実、そして会計史研究の存在価値が高く評価されなくてはならない。

しかして、その会計史研究の成果を十分に咀嚼して会計の行く末を明示していく必要があろう。その意味で会計史は決してマイナーな分野ではないことを強調したい。

三　歴史認識を深める

会計史の意義の第三は、会計の歴史を学ぶことによっていわゆる歴史認識が深まるということである。そのさい、この歴史認識という場合に、実は二つの側面があるということである。一つは一般にいわれていることであり、具体的な歴史上の事実の把握の仕方が問われていること、それらが一般に「歴史認識」問題と呼ばれているのである。本章で歴史認識という場合もそのような意味で用いている。しかし、一方、歴史認識を「歴史を捉え記述するとはいかなる精神の営みかという、歴史学の学問としての存立根拠を問いなおす認識論上の考察であって、個々の歴史事象を認めるか認めないか、またそれをどう評価すべきか」（二宮〔二〇〇四〕九頁）を論じる「歴史認識」もある。

さて、ここでは一般にいわれている歴史認識のみについて言及する。したがって、歴史理解といった方がわかりやすいであろう。会計にひきつけていえば、会計の歴史的機能を正しく捉えるということにつながる問題である。例えば、有形固定資産を取得原価で評価するのが取得原価主義会計であろう。一方、この資産を時価で評価しようとするのが時価主義会計であろう。いまいずれの立場をとって有形固定資産の測定＝評価論を展開するのか。この会計上の問題を研究するさいに、会計の歴史上この問題がどう論議されてきたか、当事者は考察すると予想される。もし、そのようないわば歴史に学ぶ、ということをしないとすれば、それはまさしく歴史認識や歴史理解なしの論究ということになる。たしかに、過去にいっさい捕われずに理論形成の営みをすることはありうる。しかし、それがはたして正鵠を射た理論となって、一般化され普遍化されて会計学の世界で受容されるのか、はなはだ疑問なしとしない。勿論、そうはいっても、問題はその歴史理解が誤ったものであれば、誤解を招く理論構築になる可能性は高いであろう。

こういうと、この会計史の意義の歴史認識を深めるということは、いわば先行研究を重視する必要がある、あるいは看過してはならない、という主唱にすぎないと判断されよう。たしかにその通りであって、それがゆえに、第一、第二の会計史の意義で述べた繰り返しである、という批判は甘受しなければならない。しかしながら、筆者があえてここに第三として指摘するのはそれなりの考えがあってのことである。たしかに端的にいえば歴史に学ぶということである。しかし、その学ぶという意味・内容である。「学ぶ」という表現をあえて「認識・理解」という表現に変えていることに筆者の思いがある。それは、簡単にいえば、歴史を学ぶことを通して歴史の深みというか、歴史の質的な側面を学ぶ必要があるということである。つまり、会計の歴史的機能をしっかり掌握することが重要である、と筆者は考えているのである。

例えば、ある会社の財務分析を通じて当該会社の歴史、つまり会社史を叙述することがあろう。そのさい、当然のことながら、当該会社の例えば歴年の財務諸表を史料の一つとして用いるであろう。そのさい、その財務諸表の数値というものをどう読み解くか、ということである。たんに当該会社の毎年の損益額はこのように推移し大いに発展して今日に至っている、という類の歴史叙述として皮相的に読むのか。それとも毎年の当該会社の損益の数値の奥底（あるいは裏）に秘んでいる真相というものを洞察するのか。そのために当時の社会経済的背景はもとより、世界の動向、あるいは政治情勢、はたまた庶民の生活実態等々をも分析した上で、その損益数値を読むのか。両者には大きな相違があると筆者は考える。そしてさらに追求していけば、この会社はその時代に莫大な利益を獲得していたが、社会的影響を考慮して、いわゆる粉飾決算まがいの会計処理をしていた、ということが明らかになるかもしれない。

かくて、このような歴史叙述の見方は、いわば企業経営の光の部分と闇の部分とを創出することを含意しており、そのことを通して当時の社会や経済・経営、さらには政治にどう影響を与えていたかを示すものになる。そして、このような実相を知ることを通して、会計でいえば会計の歴史的機能あるいは会計の役割を認識することになる。しかして、この知見から会計の理論形成がより精緻化されるし、過去の会計理論の批判も的確なものとなる。いわばこのような意味において、歴史認識・理解が枢要である。いいかえれば、過去の会計実務批判ということになろうし、また今後の会計政策の礎石になる。

よく歴史は骨董品を観賞して、これを褒めたり、貶したりして楽しんでいる老人の道楽だ、といわれる。しかし、そうではない。各時代時代に生きた人々の真の有様をできるかぎり炙り出し、まさしく歴史の真実を摘出することにある。かくて、再言になるが、歴史においては社会経済的背景等を十分に分析・解釈・判断して、将来を予言することが肝要になる。会計史の意義もその一翼を担ってこそ意義をもつのである。

最後に、上村忠男他編著『歴史を問う』シリーズ〔全六巻〕の「序にかえて」という冒頭の言葉を引用する。「歴史とは、なによりも、〈いま〉を生きるわたしたちの顔である。いま現在の生を生きるなかで、わたしたちの出遭うさまざまな困難。あるいは苦悩と欲求。それらを解決するための手がかりを求めて、わたしたちは過去に眼を向け、過去を手繰り寄せる。そして、そこから立ちのぼってくる声に耳を澄まし、未来へと歩みを進めていくための指針とする」（上村他編著〔二〇〇一―二〇〇四〕序にかえてv頁）。この言葉は会計史にも当てはまるであろう。

注

（1）ルカ・パチョーリ（Luca Pacioli: 1445?–1514?）の名前については、姓と名の双方を表記する場合には上記のように「ルカ・パチョーリ」とし、姓のみを表記する場合には「パチョーロ」（paciolo）とする。前者がパチョーリ家のルカというように文法的には複数形の表現をしたものであるのに対し、後者は彼個人を指すという意味で単数形の表現をしたものである。このような表記方法は中世の会計帳簿にも見受けられるが、以下、本書では、わが国におけるこれまでの慣例に従って、いずれの場合にも「パチョーリ」と表記してあえて区別しないことにする（泉谷〔一九九七〕一七頁注二）を参照）。

引用文献

上村忠男・大貫　隆・月本昭男・二宮宏之・山本ひろ子編著（二〇〇一―二〇〇四）『歴史を問う』（全六巻）岩波書店。

小田中直樹（二〇〇四）『歴史学ってなんだ?』ＰＨＰ研究所。

Ｅ・Ｈ・カー著、清水幾太郎訳（一九六二）『歴史とは何か』岩波書店。

辻　厚生（一九七一）『管理会計発達史論』有斐閣。

ヴァイツゼッカー著、永井清彦訳（一九八六）『荒れ野の四〇年』岩波ブックレット55。

二宮宏之（二〇〇四）「歴史の作法」、上村忠男他編著『前掲書』第四巻、岩波書店。

二章　会計史研究の歩み

本章のねらい

一、本章では、前章に引き続いて会計史研究の歩みについて共に考えてみたい。とはいえ、この問題は大変難解なテーマであって、ここでは回答を述べず、いわばその回答の困難さを語っているにすぎない。

二、会計史研究の歩みを述べることは、いうまでもなく会計史学史を述べることになる。しかし、ここでは会計学（説）史学の歴史を述べるということに通じている。これは本書をここまで読んでこられた方々には多少とも理解されうると考えるが．会計史研究特有のことであろう。会計学（説）史学にならざるをえないのは、筆者の能力不足はいうまでもない。が、会計史料の発掘、解釈、判断等々の面で、他の歴史学の領域に比しておくれをとっていることによる面も否定できない。

三、本格的かつトータルな会計史学史を叙述するさいに参考となる内外の文献——そこには会計史・会計学（説）史の文献が大半であるが、会計史学史の文献も含まれている——を若干列挙している。

第一節　はじめに

以上、プロローグにはじまり第一三章まで読み進めてこられたことであろう。最後のエピローグでは、総まとめ、ということになるが、あえてまとめようという意図は筆者にない。その理由は、各自が熟読含味して、自らが近代会計成立史について、どう理解したか、できればノートをとりながら、あるいは書評ないし論評するような思いで、まとめてみる。このような試みをすることによって、各自の総まとめができると考えるからである。執筆者の手になるまとめは、得てして自画自賛となる傾向が強い。そこで意図して避けているのではなく、あえてまとめは読者にゆだねたいのである。そのことが後述の会計史研究の歩みを学ぶのに参考になると思うからである。

とはいえ、研究一般がそうであるが、会計史の研究も多くの困難を伴なう。自ら問題を発見し、それに関連のある史料を発掘・収集し、解析・解釈し、判断・評価する。そしてこれを平明達意に叙述して公表する。これは一見簡単なようにみえるが、決してそうではない。第一に、時間がかかる。当然忍耐強いしかも堅固な意思が要求される。第二に、それがゆえに徹底して自らに厳しくかつ孤独な歩みが課せられる。もちろん、多くの文献の渉猟、検討、評価、そして他の研究者との討論等は必要である。しかし、所詮、最終的には自らが責任を負う、という営為が会計史の研究にも存在する。第三に、このような研究の基底には、真理探求を志し、研究者の「なぜ」というあくなき強い問いが潜在している。そして、解を求めて己の限界ぎりぎりまで挑戦するのである。

今日、大学ではこの研究という側面より教育という側面に重点が移行している。しかも、その教育が日本の明治以来の実学尊重であればまだ是認されるが、内実は実学という名の下の、実利学・便利学であって、例えば種々の資格取得を目的としたハウツウ教育である。それをもって個性を尊重し各人の能力を高め、人材育成に貢献している大学、と銘打っている。本来、教育はドイツ語では Erziehung という。これは erziehen という動詞から由来しているが、その erziehen には引き出すという意味がある。つまり、その人の持っている才能を引き出すのが教育という含意である。いいかえれば、潜在能力を見出し、引き上げ、大きくのばすということが教育という言葉の根底にあるのである。したがって、いわば上からただ教え込むというのではない。あるいは理屈抜きで何かをたたき込むというのでもない。さらにいえば、知識を憶えさせることのみが教育ではないといえよう。したがって、即席栽培というものではなく、地道な、基礎からコツコツと積み上げて、その人の能力を開花させるのが、教育といえよう。

「総まとめ」という課題から大幅に外れてしまった。要はまとめは各自でしてもらいたい、というのが筆者の本意である。その代わりといっては批判を受けようが、プロローグで本来ならば述べる予定であった会計史研究の歩みについてしばらく考えてみる。とはいえ、本書を通読してもらえれば、これまた会計史研究の歩みも相当理解されよう。というのは、本書の構想（補注参照）が会計史研究の歩みを意識して組み立てられ、多くの方々に執筆してもらっているからである。

すなわち、本書前半の第一章から第七章までは、各国の簿記史の展開事情が論述されている。したがって、それをフォローしていけば、いわば簿記史研究の歩みが理解できよう。一方、後半の第八章から第一三章までは会計の諸問題をいわばテーマ別に論述している。そこでは会計史（研究）の歩みを問題史的に捉えることができる。かくて、全体を通してみれば、会計史（研究）の歩み、つまり会計史学史の学習に通じてくる。重要かつ古典的名著も巻末に参考文献として紹介されている。研究意欲のある学徒には良き道案内になるであろう。

さて、ここで本草を終わらせては、これから会計史を学ぶ学徒には大変不親切なテキストになろう。そこで、いわば補遺という意味で、いま少し会計史研究の歩みを述べて参考に供したい。

第二節　会計史研究の歩み

会計史研究の歩みについて述べるということは、そこに「歩み」という言葉があることから、歴史学の世界では会計史学史を述べるということである。しかし、プロローグで種々論述したように、こと会計史研究の分野に限定していえば、いまだグローバルでかつ本格的な会計史学史といえるものは書けないといって大過なかろう。その理由はいろいろあるが、一つは執筆者に適切な人が存在しない、ということである。もちろん、このような決めつけは筆者の独断と偏見がその根底にあっていわしめている。が、全世界の会計史研究者を眺めても、会計史学史を執筆できる人の名を即座にあげることは筆者には難しい。

なぜなのか、と考える。すると会計学に大きく財務会計領域と管理会計領域とがあることがたちまち思い浮び、それに関連していることに気付く。つまり、会計史は会計学のこの二大領域の影響を受けて、財務会計史の側面と――これを従来会計史といっている人が多かった――、管理会計史の側面とに分れて研究が進められてきたのではなかろうか。したがって、会計史研究といってもいずれかにウェイトが重くかかっており、両領域を満遍なく公平に視野に入れて研究を行なっている論者はほとんど見当たらない、といって大過ないように筆者は愚考する。そうなると概説書の類ならともかく、正統的かつ本格的なそしてトータルな会計史学史を論述する人を得ることは極めて難しい。

そこへ、さらにやっかいなのは言葉の問題である。会計史研究が、例えば全部英語で表現されていてフォローできる、というのであれば世界の会計史研究の足跡を追求して、その発展過程を記述することは曲がりなりにも可能であろう。しかし、周知のように、現状は会計史研究の先進国であるアメリカ、イギリス、オーストラリア、ニュージーランドは英語圏であるが、ドイツ、フランスはそうではない。また簿記史という側面を重要視して会計史を考えれば、イタリア、オランダ、スペインにおける研究も無視できない。しかしこれらの国々は英語圏ではないので、これら各国の言語をどこまで各会計史研究者が修得して叙述しうるか明確な答えはできない。一部英語で論文を発表しているので、およその見当はつくとしても完璧ではない。

そして、肝心要の日本である。日本の会計史研究は近年大きく飛躍的に発展している。アメリカ、イギリス、オーストラリア、ニュージーランドにも引けを取るものではない。しかし、遺憾ながらその研究成果である論文はほとんど日本語である。外国の研究者はほとんど読むことができない。たしかに、このため日本語論文に英文サマリーを附しているものも多く見受けられるようになった。それがゆえに多少とも日本の研究動向についても外国の研究者は知り得ることが可能となっている。とはいえ、もし完全性というか、正確性を期する会計史学史を上梓しようとすれば、ほとんどの会計史研究者はその執筆を躊躇するであろう。もっとも、執筆者が属している国に限定すれば、それは十分実現の可能性がある。しかし、世界規模での、ということになると再言になるが困難であろう。

さらに、会計史学史の執筆を困難たらしめている理由は、既述のように、会計史研究は他の歴史分野と違って、会計史の面と会計学（説）史の面とが峻別されずに、いわば渾然一体となって存在していることに関係する。会計史学史はこれを文字通り受けとめれば会計史研究の歩みを述べるということであろう。しかし、その前段として、グローバルでトータルな会計史と銘打つに値する正真正銘の会計史書が存在しているのか、と問えばその回答は大変難しい。したがって、この段階で会計史学史を叙述することが如何に困難であるかは推察されよう。一方、会計学（説）史の分類に入る研究成果は圧倒的に多いことからみて、そこでは可能性は非常に高くなる。しかしそうなれば、会計史研究の歩み、つまり会計史学史の叙述は会計学（説）史学の歴史を述べるということになってしまう。つまり、会計史学史が会計学（説）史学史にすり替わるのである。これは結局会計史研究が始められて精々一〇〇年余り、本格的になって五〇〜六〇年余りということに帰着する。例えば、後述する会計史と銘打つ最初の単行本といわれている書物をフォスター（Foster, B. F.）が刊行するが、それとて一八五二年の発行である。しかもその書名にはAccounting History（会計史）という表記は含まれていない。かくて、会計史学史の本格的叙述は今後の課題である。

第三節　会計史学の生成・成立・発展

一　会計史学の生成・成立

前節で、会計史学史を叙述することは困難であると述べた。しかし、会計史学史の文献がまったくないわけではない。とくに、ここではわが国に限定するが茂木虎雄の研究業績を筆者は評価したい。とりわけ、『近代会計成立史論』（一九六九）は会計史学史の書として銘記しておいて良いと考える。以下、極めて簡単に会計史研究の足跡を述べ、それに関係する著者の幾冊かを列挙して、会計史研究の歩みについての責をはたさせていただく。ただし、会計史学史というより会計学（説）史学の歩みに重点をおいた駄弁であるということは、いままでの叙述から推察して余りがあろう。

さて、会計史の研究は、複式簿記の誕生をめぐって始まったといって過言でなかろう。つまり、会計学の端緒である複式簿記が、何時、何処で、誰が、何のために発明したのか、というわばナゾ解きから出発したといえる。それゆえに、会計史は簿記史として生成した、ということは今日一般に通説になっている。しかし、複式簿記生成史の研究は決して一筋縄には進まなかった。多くの論者が種々様々の試行錯誤を繰り返しつつ、いきついたのは、パチョーリ（Pacioli, L.）の『スムマ』（一四九四）に含まれていた簿記論であった。そこで、このパチョーリの簿記論をめぐって研究が進められ、「中世イタリア簿記論」ともいうべきものが簿記史上姿を現わした。そして、これが簿記史のレーゾン・デートルとなって、このイタリア簿記（論）がその後どのように展開されていったのか、の追跡が始まった。これがいわば会計史学の生成である。

ついで、一六～一七世紀には主としてオランダで問題になった期間計算の課題が入り、複式簿記論は会計学へと変貌し、さらに一八～一九世紀にはイギリスで固定資産の会計問題、つまり今日いうところの減価償却会計がクローズアップされ、ここに本格的に会計学が成立し、会計制度成立に至るのである。もちろん、一八～一九世紀ともなれば、簿記論から会計学へというラインと平行して主としてイギリスで工業簿記論から原価計算論も論議されるようになる。かくて、これらを背景として会計史学は成立をみる。

二〇世紀に入ると、アメリカにおいて近代会計学の研究が俄然進展して、近代会計制度の全貌が明らかとなり、完成した容姿をみせる。かくて、会計学はここにいわば市民権を獲得することになる。しかも、近代会計学はたんに期間損益計算のみを問題とするだけではなく、企業の管理面、とりわけ原価の管理面も取り上げられて、その関係から原価計算論、管理会計論、経営分析論等々も著しく研究が発展する。そしてこれら会計（学）の不正行為・誤謬を摘発しかつ正しく指導する監査論も成立して、今日みるように会計学は確固たる地位をしめるに至る。しかして、会計史学も発展期を迎え、会計のあらゆる分野の歴史的考究が始まる。これが、戦後ともなると、会計史の研究を促迫して、百花繚乱のように多くの研究成果が生まれるのである。

ところで、注意しなければならないのは、このような極めて簡単に述べた簿記論から会計学への発展形成過程が特定の地域のみに集中してみられたのはではないということである。時代の変遷に伴なって、ということは社会経済の発展に伴なって、世界経済の中心となる地域が変わったために、簿記・会計の問題がその地域で論議され、中心的な働きをなして理論形成がなされたことである。端的にいえば、資本主義経済の発達と共に簿記・会計は各地域を渡り歩いたということである。このために、いわゆる簿記・会計の研究と実務の中心点は、時代の流れと共に世界各地域を廻ることになる。そこから、茂木の「会計世界一周論」が出てくる（茂木〔一九六九〕八八―一一一頁）。

この指摘はわが国が世界に誇りうる会計史学の研究成果であって、会計史学史の一つの金字塔であると筆者は考える。念のために、その「一周論」は簡潔にいえば、簿記・会計はイタリア→ネーデルラント（オランダ等）→イギリス→アメリカと、資本主義経済の発展と同行してその理論形成が発展している、という主張である。わかってしまえば極めて当然のことである。が、会計史研究を行なうさいには、この思考が研究の軸足になるということである。同時に、会計史の研究における社会経済的背景の考察が重要になることを改めて付記しておきたい。

なお、茂木の名が出たので、同氏の会計史学の歩みについての所説を紹介しておこう。茂木は、会計史学の生成・発展を次のような七段階に分けている（茂木〔一九六九〕一九―九七頁）。

（1）会計史学の端緒――一九世紀の研究について
（2）二〇世紀初頭における会計史研究――複式簿記発生・発展史としての体系化
（3）二〇世紀の二〇年代～三〇年代の研究――研究の発展拡充期
（4）一九四〇年代前半期の研究――戦争の暗黒時代における展開
（5）一九五〇年代の研究――研究の再建と発展
（6）一九六〇年代の会計史研究

（7）一九六〇年代後半の研究――会計史研究の総括と展望

以上、茂木の七段階説は一九六〇年代までで終わっている。茂木がこの発展段階を発表したのが一九六八年であり、その後『近代会計成立史論』の序章に所収するさい多分加筆があったと推論するが、その著書とて一九六九年の刊行である。したがって、一九七〇年以降の会計史学の発展シェーマが、茂木にとってどのように展開されるかは茂木本人に問うしかない。一九五〇年代までのように一〇年刻みなのか、一九六〇年代のように五年刻みなのか。そしていずれの分類区分をとるにしても、その副題をどうつけるかによって茂木会計史学は再評価の場に立つことになろう。ただ、簿記史の側面より会計史の側面、また財務会計史の領域より管理会計史の領域に焦点が当てられることは間違いないであろう。さらにいえば、茂木が最も重要視している一七世紀オランダ会計史が詳論され、それとの関係からオランダ東インド会社、イギリス東インド会社の会計が論じられると筆者は推論する。しかし、われわれもまたここ三〇年余りの会計史研究の歩みを思索しなければならない。というのは、既記のように会計史の研究はこの三〇年余り飛躍的発展をとげているからである。

二　会計史の主要文献（欧米文献）

さて、右記のような叙述は、次に紹介する会計史書に実は語られている。そこで主要な文献のみ列挙する。しかも、おそらくその大部分の文献は本書の各章（補注参照）で各論者が濃淡の差はあるが論述しているので、ここでは著書に限定して著者と書名そして発行年等のみとしたい。なお、さきに会計史書と述べたが、正確にいえば会計史書と会計学（説）史書そしてこの両者を論じている著書等々ということになることを付記する。最初に欧米文献について述べる。

まず、会計史（簿記史）を取り上げた最初の書物はフォスターの著書であるといわれる。

Foster, B. F.〔1852〕*The Origin and Progress of Book-keeping*, London.

しかし、一般には、われわれも手にして読むことのできるものとしてはブラウン編著の『会計史』である。わが国における会計史研究の第一人者——とあえて称させていただく——小島男佐夫の遺著『会計史入門』は、このブラウンの書物が種本になっているのではないか、と筆者は推察している。

Brown, R. (ed.)〔1905〕*A History of Accounting and Accountants*, Edinburgh (reprinted ed., London, 1968).

ところで、邦訳本があって、いち早く会計史研究の歩みを把握しようとすれば、ウルフの書物が適切である。

Woolf, H. A.〔1912〕*A Short History of Accountants and Accountancy*, London.（片岡義雄・片岡泰彦訳〔一九七七〕『ウルフ会計史』法政大学出版局。）

なお、ウルフとほぼ時期を同じくして、ドイツにおいてペンドルフの『ドイツ簿記史』が出版されている。しかし、なにぶんにもドイツ語でかつ花文字であるので、初心者には読みづらいであろう。

Penndorf, B.〔1913〕*Geschichte der Buchhaltung in Deutschland*, Leipzig.

イギリス、ドイツの論者の会計史書を紹介したので、簿記・会計の発祥地イタリアの論者の研究に目を向けると、メリスの著書『会計史』が看過できない。

Melis, F.〔1950〕*Storia della Ragioneria — Contributo alla conoscenza e interpretaziona delle fonti più-*

significative della storia economica, Bologna.

しかし、この書物は戦後の出版である。そこで再び戦前に戻って、会計史研究にとっては必ず言及しなければならないオランダの論者の手になる著書を紹介する。いうまでもなく、テン・ハーヴェの研究書である。彼には一九三四年にオランダの一七〜一八世紀の簿記について論じた書物『会計史』がある。しかし、ここでは邦訳があり、手にすることが容易な一九七六年の『会計史』をあげておく。ウルフの書物と同様に会計史の通史書として格好のものである。

Have, O. ten〔1976〕*The History of Accountancy*, translated by A. van Seventer, Palo Alto, California.（三代川正秀訳〔二〇〇二〕『新訳会計史』税務経理協会。）

ところで、イギリス、ドイツ、イタリア、オランダとくれば、今日の会計史研究のメッカであるアメリカが気になる。事実、アメリカにおける研究書は多い。逐次紹介する紙幅はない。そこで、戦前の名著リトルトンの『会計発達史』をまずあげたい。本書は、会計史を研究する者にとっては必読の古典的名著である。リトルトンの「光ははじめ一五世紀に、次いで一九世紀に射したのである。一五世紀の商業と貿易の急速な発達にせまられて、人は帳簿記入を複式簿記に発展せしめた。時うつって一九世紀にいたるや当時の商業と工業の飛躍的な前進にせまられて、人は複式簿記を会計に発展せしめたのである」、と一番最後に結びとして述べたこの一節は会計史家であれば誰もが口ずさむ言葉である。

Littleton, A. C.〔1933〕*Accounting Evolution to 1900*, New York（reprinted ed., New York, 1966）.（片野一郎訳〔一九七八〕『リトルトン会計発達史（増補版）』同文舘出版。）

戦後については、上記リトルトンの書名を真似したのかとさえ思わされるガーナーの著書をあげておきたい。しかし、この文献は原価計算発達史論である。そこで、イギリス人であるが、財務会計史を扱っているエドワードの研究書を併せて掲記する。

Garner, S. P.〔1954〕*Evolution of Cost Accounting to 1925*, University, Alabama.（品田誠平・米田清貴・園田平三郎・敷田礼二共訳〔一九五八〕『原価計算の発展――一九二五年まで』一粒社。）

Edwards, J. R.〔1989〕*A History of Financial Accounting*, London.

一方、一九八〇年代といえば、ジョンソンとキャプラン共著の書物も忘れてはならない。本書は、一見すると会計史書ではないようにみえる。しかし、管理会計史書の透逸な文献である。多くの論議を巻き起した書物であることは周知のところである。

Johnson, H. T. and R. S. Kaplan〔1987〕*Relevance Lost: The Rise and Fall of Management Accounting*, Boston.（鳥居宏史訳〔一九九二〕『レレバンス・ロスト――管理会計の盛衰』白桃書房。）

最後に、チャットフィールドらにより会計史の辞典が刊行されているので掲げる。現在の会計史の研究成果を知るのに便利である。

Chatfield, M. and R. Vangermeersch (eds.)〔1996〕*The History of Accounting: An International Encyclopedia*, New York & London.

三　会計史の主要文献（日本語文献）

それでは最後に、会計史をさらに深く学ぶために最適な日本語の文献を挙げることにする。

プロローグ

片野一郎訳（一九七八）『リトルトン会計発達史（増補版）』同文舘出版。

小島男佐夫（一九七九）『会計史および会計学史』（体系近代会計学）中央経済社。

――（一九八七）『会計史入門』森山書店。

茂木虎雄（一九六九）『近代会計成立史論』未来社。

第一章

泉谷勝美（一九六四）『中世イタリア簿記史論』森山書店。

――（一九九七）『スンマへの径』森山書店。

片岡泰彦（一九七七）『イタリア簿記史論』森山書店。

片岡義雄（一九五六）『パチョーリ「簿記論」研究』森山書店。

岸　悦三（一九九〇）『会計前史――パチョーリ簿記論の解明（増補版）』同文舘出版。

第二章

井上　清（一九七五）『ドイツ簿記会計史』有斐閣。

岡下　敏（一九八〇）『シュバルツ簿記書の研究――ドイツ会計史』森山書店。

片岡泰彦（一九八八）『ドイツ簿記史論』森山書店。

白井佐敏（一九八〇）『会計思想史序説』白桃書房。

土方　久（一九八六）『近代会計の理論展開――ディナミッシェ・ビランツの研究』森山書店。

――（一九九八）『貸借対照表能力論』森山書店。

――（二〇〇五）『複式簿記の歴史と論理――ドイツ簿記の一六世紀』森山書店。

第三章

岸　悦三（一九七五）『会計生成史――フランス商事王令会計規定研究』同文舘出版。

田中藤一郎（一九六一）『複式簿記発展史論』評論社。

三代川正秀訳（二〇〇一）『新訳O・テン・ハーヴェ著会計史』税務経理協会。

第四章

岸　悦三（一九七五）『会計生成史――フランス商事王令会計規定研究』同文舘出版。
森川八州男（一九七八）『フランス会計発達史論』白桃書房。

第五章

小島男佐夫（一九七一）『英国簿記発達史』森山書店。

千葉準一（一九九一）『英国会計制度――その展開過程の研究』中央経済社。

中村萬次（一九九一）『英米鉄道会計史研究』同文舘出版。

中野常男（一九九二）『会計理論生成史』中央経済社。

久野秀男（一九七九）『英米（加）古典簿記書の発展史的研究』学習院。

渡邉　泉（一九八三）『損益計算史論』森山書店。

――（一九九三）『決算会計史論』森山書店。

――（二〇〇五）『損益計算の進化』森山書店。

第六章

大野功一・岡村勝義・新谷典彦・中瀬忠和訳（一九八三）『プレヴイッツ＝メリノ　アメリカ会計史――会計の文化的意義に関する史的解釈』同文舘出版。

久野光朗（一九八五）『アメリカ簿記史――アメリカ会計史序説』同文舘出版。

中野常男（一九九二）『会計理論生成史』中央経済社。

中野常男・山地秀俊・高須教夫（一九九三）『アメリカ現代会計成立史論』神戸大学経済経営研究所。

第七章

小倉榮一郎（一九六二）『江州中井家帳合の法』ミネルヴァ書房。

河原一夫（一九七七）『江戸時代の帳合』ぎょうせい。

西川孝治郎（一九七一）『日本簿記史談』同文舘出版。

――――（一九八二）『文献解題　日本簿記学生成史』雄松堂書店。
西川　登（一九九三）『三井家勘定管見』白桃書房。

第八章
小栗崇資（二〇〇二）『アメリカ連結会計生成史論』日本経済評論社。
高須教夫（一九九六）『連結会計論――アメリカ連結会計発達史』森山書店。
山地秀俊（一九九四）『情報公開制度としての現代会計』同文舘出版。

第九章
伊藤邦雄（一九九六）『会計制度のダイナミズム』岩波書店。
斎藤静樹（一九八四）『資産再評価の研究』東京大学出版会。
清水泰洋（二〇〇三）『アメリカ暖簾会計：理論・制度・実務』中央経済社。
武田安弘（一九八二）『企業結合会計の研究』白桃書房。
津守常弘（二〇〇二）『会計基準形成の論理』森山書店。

第一〇章
足立　浩（一九九六）『アメリカ管理原価会計史――管理会計の潜在的展開過程』晃洋書房。
岡野　浩（二〇〇二）『日本的管理会計の展開（第二版）』中央経済社。
上總康行（一九八九）『アメリカ管理会計史（上・下）』同文舘出版。

高梠真一（二〇〇四）『アメリカ管理会計生成史——投資利益率に基づく経営管理の展開』創成社。

鈴木一道（二〇〇一）『イギリス管理会計の発展』森山書店。

辻　厚生（一九八八）『管理会計発達史論（改訂増補版）』有斐閣。

鳥居宏史（一九九二）『レレバンス・ロスト——管理会計の盛衰』白桃書房。

村田直樹・春日部光紀編著（二〇〇五）『企業会計の歴史的諸相』創成社。

第一一章

太田哲三（一九六八）『近代会計側面誌——会計学の六十年』中央経済社。

青木茂男編（一九七六）『日本会計発達史——わが国会計の生成と展望』同友館。

原　征士（一九八九）『わが国職業的監査人制度発達史』白桃書房。

小林健吾編著（一九九四）『日本会計制度成立史』東京経済情報出版。

千葉準一（一九九八）『日本近代会計制度——企業会計体制の変遷』中央経済社。

久保田秀樹（二〇〇一）『日本型会計成立史』税務経理協会。

友岡　賛（二〇〇五）『会計プロフェッションの発展』有斐閣。

第一二章

興津裕康（一九七八）『貸借対照表論の展開——ドイツにおける貸借対照表論の系譜』森山書店。

神戸大学会計学研究室編（一九五四）『シュマーレンバッハ研究』中央経済社。

谷端　長（一九六八）『動的会計論（増補版）』森山書店。

戸田博之（一九九四）『ディナミッシェ・ビランツの一研究』日本評論社。

新田忠誓（一九八八）『動的貸借対照表原理』国元書房。

土方　久（一九八六）『近代会計の展開』森山書店。

安平昭二（一九七九）『簿記理論研究序説 ――スイス系学説を中心として』千倉書房。

第一三章

青柳文司（一九六二）『会計士会計学 ――ジョージ・オー・メイの足跡』同文舘出版。

――（一九八六）『アメリカ会計学』中央経済社。

井尻雄士（一九六八）『会計測定の基礎』東洋経済新報社。

黒澤　清（一九六四）『近代会計学（普及版三訂）』春秋社。

松尾憲橋訳（一九七一）『ハットフィールド　近代会計学』雄松堂。

引用文献

茂木虎雄（一九六九）『近代会計成立史論』未来社。

補注

一、二章は、拙編著『近代会計成立史』からそのまま転載した。そのため補足が必要となる。ここでは、『近代会計成立史』の目次のみを記載して、読者の多少なりとも助けとしたい。

目次

プロローグ　会計史の意義
第Ⅰ部　複式簿記の誕生とその漸次的普及（一三世紀～一九世紀）
第一章　複式簿記の誕生とパチョーリ簿記論――イタリア簿記史
第二章　フッガー家の会計と複式簿記の伝播――ドイツ簿記史
第三章　商人国家の台頭とステフィン――ネーデルラント簿記史
第四章　ルイ十四世商事王令とサヴァリー――フランス簿記史
第五章　産業革命期における損益計算の展開――イギリス簿記史
第六章　パートナーシップの簿記と巨大株式会社企業の会計――企業形態の変遷にみるアメリカ会計史
第七章　日本の伝統簿記と洋式簿記の導入――日本簿記史
第Ⅱ部　株式会社制度の普及と企業会計（一九世紀末～二〇世紀前半）
第八章　企業集団の形成と連結財務諸表

第九章　無形資産の認識と資本会計
第一〇章　工業化社会と管理会計
第一一章　株式会社制度と会計監査

第Ⅲ部　近代会計学の確立
第一二章　シュマーレンバッハと動的会計理論の系譜——ドイツ会計学説史
第一三章　リトルトンと取得原価主義会計の系譜——アメリカ会計学説史

エピローグ　会計史研究の歩み

和文参考文献
欧文参考文献
事項索引
人名索引

補論　会計（学）と歴史
――私のかかわりについて

要旨

本章は、二〇〇五年一〇月八日、第二四回日本会計史学会において講演した原稿に追加・削除を加えたものである。本章では、次の諸点を主張している。第一は、会計学研究において史的考察が必要である。第二は、そのために会計史の研究は、隅の首石の存在である。第三は、会計学において歴史学の知見が不可欠となる。第四は、かくして、歴史学のイロハを述べる。とりわけ、史料批判の重要性を強調する。第五は、史料に基づく歴史記述において、種々の観点があることを批判的に紹介する。

キーワード：会計史、史料批判、隅の首石

中野　それでは時間がまいりましたので、今から平林先生の記念講演を始めさせていただきます。私が司会を担当いたします中野です。はじめに、平林先生の履歴、職歴あるいは業績等の概略について、ご説明させていただきます。

平林喜博先生は一九三七年に尼崎市で生まれられまして、一九六〇年に関西学院大学の商学部を卒業されました。そのときは会計学ではなくて、実際に会計学を勉強されるようになったのは神戸大学の大学院経営学研究科に入学されてからのこと。一九六三年に神戸大学の大学院経営学研究科修士課程を修了されました。そのときの指導教授は久保田音二郎先生であります。

一九六三年といいますと、普段から平林先生と親しくお話しさせていただいていてあんまり年齢を感じなかったんですが、実は私はそのとき小学校を卒業しまして。同じ学校を卒業しているんですけども、一方は小学校を出て、一方はもう既に大学院を修了されていたと。今初めて年齢の差といいますか……。普段から気安くお話しさせていただいていたんですけども、ちょっとあらためてびっくりしたというか。

それから修士課程を修了されてから、香川大学の方に九年間勤められました。そのあと大阪市立大学の商学部に移られまして、二三年間。それで定年より少し前にやめられまして。帝塚山大学の最初は経済学部、そしてそこから経営情報学部が分離したあと初代の学部長を務められたと。大阪市立大学時代も商学部長あるいは学生部長、それから確か生協の理事長も。大変な大学で勤められたのかなと思います。ただ、そのころからすでに激務ということで心臓等をちょっと悪くし、体調を崩されたりしております。そして、この春、帝塚山大学の経営情報学部をこれも定年より少し前にご退職になられました。

ご業績といたしましては、修士修了後あとしばらくして、一九六七年ですけども『ドイツ原価計算の発展』という、これは訳書でございます。ご自身の著書としましては、一九七四年に『費用理論序説』が森山書店から出版されまして、これが会計研究学会の太田賞の対象になっております。そのあと一九八〇年には『原価計算論研究』、八一年に『原価と原価理論』（共訳）、さらに九五年に『原価計算の基本問題』同じ年にシュテフェンの『生産と原価の理論』、これは共訳書でありますけども、これらを出版されております。そして今年二〇〇五年に、会計史学会の会員の方々には平林先生の方から届けられたと思いますけれども、『近代会計成立史』。これを編著者で出版されております。これは平林先生がちょうど帝塚山を退職されるということで近しい人が集まりまして、あまりそういう本がないということで分担しながら執筆しました。余談ですが、二〇〇〇部ぐらい刷ったのですけれども、もうあまり在庫がないそうで、この手の本にしてはそれなりによくマーケットで売れたのかなと思います。

それから会計史学会とのかかわりという観点からご説明いたします。この学会は一九八二年に設立されております。そのときから九三年まで総務担当幹事を務められまして、その後、理事を経て、九九年から二〇〇一年は会計史学会の会長、現在はまた理事を務められております。学会設立以来、いろんな会長の下で総務関係を中心にさまざまな業務を果たされてこられまして、会計史学会の運営のキーパーソンでありました。京都で国際会議を開催したときも、かなりの作業といいますか業務を担われました。その他、機関誌の編集長、その他さまざまな形でこれまでわれわれの会計史学会に対して貢献されてまいりました。

先ほど申し上げましたように、この春、帝塚山大学をご退職になられたということでその引退を契機として、今回この近畿大学の第二四回の大会で記念講演をお願いするといった次第でございます。

一応時間は一七時までということで今からまだ一時間一五分でございますけれども、当番校からは、恐縮なのですが時間を守っていただきたいと。ただ事前に時間を計られると九〇分ぐらいかかったということですので、少々延びてもそれはご了承いただきたいと思います。それでは平林さん、よろしくお願いします。

平林　ただいま中野先生から詳しいご紹介をいただきました、平林でございます。実は当番校からこのたび記念講演をするようにと言われました。ある面では光栄なことなのです。御礼を申し上げたいと思います。しかしながら果たして私がふさわしいのかということを考えますと、とてもそういう人間ではないということは十分承知しております。しかしながら、当番校の方から再三再四「何とか」ということでございますので、あんまり断るのもということで「それでは」ということで、今こうして立っている次第でございます。

それで引き受けた際に、何を述べたらいいのかずいぶん悩んだんです。取りあえず私の会計史というんでしょうか、あるいは会計学史の研究ということをちょっぴりやっておりましたし、今、中野先生のご紹介にもありましたように、偶然といいましょうか、会計史学会に縁ができてかかわってきたということで、そういう話をしようかなということで、お手元のレジュメ一ページ、二ページのところに「会計（学）と歴史——私のかかわりについて」というテーマで、ローマ数字のⅠ、Ⅱ、Ⅲ、Ⅳ、Ⅴというようなレジュメをお送りしたんです。しかしながら準備をしている間にいろいろ考えてみますと、どうもこの順序で話をすると五分の四ぐらいは漫談になってしまう。これはとても会計史学会という場で話をするにはふさわしくないと。学術的な話ができるわけではありませんけども、やはりそういう香りが多少でも出るような話をしなければならないんじゃないかというふうに思いました。結局、テーマは変えずに、話の内容はこのお配りしております順番とは全く違う形で話をしますし、内容も相当変わっております。一部、ここに書いてあることに触れるわけですけども、できる限り雑談に終わらないようにと心掛ける次第でございます。

一応テーマは「会計（学）と歴史」となっていますけれども、正確に言えば「会計と歴史学」、それから「会計学と歴史学」というふうに言った方がいいんじゃないかと。また、歴史というのは歴史学のイロハのところをちょっとお話ししてみたいと思っています。テーマを変えないと今言いましたけども、そういうふうにお考えいただければありがたいと思います。

歴史学の話をするといっても先ほども言いましたように、イロハのところをちょっぴり話しするだけなので、大変申し訳ないなと思っております。それで、こういう拙い話を通して、いま、会計史の研究をなさっておられる方、あるいはこれから会計史の研究をしてみようと考えておられる特にお若い方に何かヒントを与えることができればありがたい、幸いであると思っています。とはいえ申し上げる趣旨は、実は先ほど中野先生もご紹介していただきましたように、この四月に出しました『近代会計成立史』のプロローグとエピローグ（本書一・二章）で述べております。それをちょっと少し変えて言っているに過ぎないということになろうかと思います。そういう意味ではお読みになった先生方には「もう、何だ」ということで先刻ご承知ということになります。しかし同時に「おまえの歴史学に対する勉強はその程度なのか」ということでゆっくり歴史学を学んだわけでもないということでございます。そこで、大体、言わんとしているところはこれで終わってもいいんじゃないかという気がするんです。しかしそんなわけにいきませんので話を続けます。

ともかく、そういう意味で何ら目新しいことを言うつもりはありません。歴史学の世界では、もう極めて常識化している事柄を言うに過ぎません。ただむしろ心配なのは、これから申し上げるんですけども、間違ったことを言ってるんじゃないかなと非常に心配しております。それは諸先生方に対して大変失礼なことになりますので。間違ったことを言って私が笑いものになるのは一向に差し支えないんですけども、先生方に非常に無礼なことになりますしご迷惑をおかけするということになりますと、私としてはやっぱり耐えられないです。そういう意味でどうか、寛容の精神をもってお聞きくだされればありがたいと思いますし、率直なご批判をいただければありがたいと。こういうふうに思います。

さて、まず私どもが歴史に関心を持つのはどういう場合かということを考えてみたいと思うんです。これは各人各様であると推察いたします。私であれば、今解決したいと思っている問題に遭遇した場合です。その問題解明の手掛かりを求めて過去に目を向けるということになります。言い換えれば、私に一つの問題意識があってそれを解決する糸口の一つに過去、つまり歴史に目を向けるということになると思います。従って今何か解決しなければならない事柄、あるいはもっと簡単に言えば、あることを知りたいという問い、これを「なぜ」と言い換えてもよいと思います。そして実は言うまでもないことなんですけども、この「なぜ」というものが学問の世界では一番大切であり重要視しなければならないと考えておるわけです。ともかく「なぜ」という問いが生じて初めて歴史の門をたたくということに、私の場合にはなります。もちろん過去に目を向け解決の手掛かりを求める必要はないというお考えの人もいらっしゃることと思います。しかし、そう主張をする人でもある問題に直面して思考を重ね、例えばそれを論文として発表する際、過去に当該問題について論じているあらゆる文章化されたものを読むのではないかと私は拝察します。あるいは、今より前に誰かが語っていたなというようなことを思い出すかもしれません。もしそうであるとするならば、その人は当該問題を論じる際それらの文章化されたものや語られているもの、つまり口承という言い方もできるかと思いますけども、その影響を全く受けずにいるといえるかという問題です。少なくとも私であれば気にすると思います。そして仮に私の主張そのものに左右されない、従って引用するようなことはないといたしましても、何らかの影響があることは否定できないと考えます。となるとこれは事実上過去に目を向けている、歴史の戸口をトントンとたたいているということになるのではないかと考えます。ということは歴史にかかわっていると考えていいんではないかと思います。

それで、レジュメの最後の「終わりに」というところで「会計史研究に未来はあるのか」、「会計史不用論」。この不用の用という字は、「用いる」という字を使う場合と「必要性」の要を用いる場合と両方あると思うんです。けれども私がこの「用いる」というのをあえて使ったのは、会計学を研究していらっしゃる方は会計史が必要でないとは思っていらっしゃらないと推測するわけです。しかし、用いることはないという意味を込めて「不用論」というような言葉を使ったんです。そこに私はE・H・カーの言葉、それからヴァイツゼッカーの言葉、それから上村忠男氏の言葉を取りあえず引用しました。そういう意味で、われわれがある問題意識を持ってそれを解決したいと言うときに、言わず語らず過去に目を向けるということがあるんではないかと思うわけです。そして現在の問題の解決に参考にしようと考えるのではなかろうかと。こういうふうに私は思います。そういう意味では、会計学を勉強している人にとっても会計史というのでしょうか、あるいはもう少し一般化して歴史、あるいは歴史学というものとはやはり密接に関係せざるを得ないんではないかなと思います。

しかしながら、これは私のひがみかもしれませんが、会計学の分野ではこの会計の歴史あるいは会計学の歴史に対して冷ややかな目があると思います。昔のことですけれども、ある会計研究学会開催のときですが、その学会中の合間を縫って会計史研究者の集まりをしようとしてある部屋に行こうとしましたら、その部屋の使用名に「会計史の集まり」という貼り紙があったんですね。それで他の会員の方がそれをちらっと見ながら、「ああ、歴史か」とさげすむような声で通り過ぎたのを私は聞きました。私は会計史こそが会計学の「隅の首石」であると思っておりますので、思わずポロッと涙が出ました。そして「今に見ていろ」と心に言い聞かせた次第です。その後、日本の会計学界の動向を見ていますと依然として会計史という分野はマイナーであるという認識には変化はないようです。しかし、会計史の学術書等が続々と刊行され耳目を引いております。そして私事になって言いにくいんですけれども、先ほど中野先生もご紹介していただきましたように、会計史の通史としてのテキストを皆さんのご協力の下で出版をするということができました。また今日の総会でも話が出ましたように、この日本会計史学会は来年創立二五年目を迎えようとしております。ですから最近は私に「平林、ご専攻は何ですか」と問われたときに私は「会計史です」と答えますと、「いやあ、実は私も勉強したいんですが、時間がなくてね」という返事が割に戻ってくるようになりました。しかしもちろん、会計史の講義が開かれている大学はほんのわずかです。従ってまだ子どもの段階。かつてマッカーサーが「日本は一二歳とかなんとか」ということを言ったということがありますけども、その程度の認識しか会計学界ではされていないんではないかというふうに思います。

しかし会計学研究にとって歴史は必要不可欠であるという認識、これは会計学界において歴然と存在していると、私は身勝手な考えをしております。そういう意味でここまで会計史の研究を盛り上げてくださいました、会計史研究の先駆者の先生方の働きに対して衷心より感謝しなければならないと思います。同時に、若い研究者の方々に将来必ず会計史研究をすることによって実を結び、あるいは花が咲き実を結びという時代が来ると。もっと極言すれば、会計史を勉強しなければ会計学は論じられないという時代が到来すると私は確信をしております。その時代がいつなのか。多分私は生きていないと思いますけども、そうだと思います。ただし、あとで忘れると困りますので今申し上げておきたいと思いますけども。その際ご注意願いたいのは会計学者が役に立つような会計史研究をしてくださることを切にお願いしたい。役に立たないような会計史研究をやって、それを本にしてもそれは誰も見向きもしてくれないだろうと。こういうような感じがします。では、役に立つとはどういう意味かということは難しい問題なので、今日は時間がないということを理由にして割愛しますけれども。そういうことを思います。

さて今申し上げましたように、私どもは何か問題意識を持ちますと歴史に関心が向きます。すると次に私たちは何をするのでしょうか。私の場合は、私の問題点を扱っている、つまり私が解決したいと思っている、そういうことの書いてある歴史書をひもとくと思います。あるいはその前に通史といわれる歴史書を読んで、私の考えたい問題がどの程度対象となり、どこまで研究が進んでいるかをチェックすると思います。なおその際、歴史小説あるいは歴史物語、まあ伝記と言ってもいいでしょうけども、をも読みますし、また過去にこの問題について証言している人の記録なり口承にも耳を傾けると思います。しかし何と言っても要は歴史書です。その理由はあとで述べます。

そこで歴史書を精読して学ぶわけですが、その読み方でございます。結論から先に申し上げますと、歴史書は分析するということが重要であると思います。そして史実を確認することです。なお、ここで史実というのは歴史上の真実という意味です。従って、事実とは必ずしもイコールではありません。また文字通り真実、あるいは真相というものとも微妙に違います。ここのところが私には、歴史を学ぶ者にとって極めて重要なところではないかと思っています。時間の制約上これらのことは申し上げられませんけれども。ただもう一度誠にくどいことになりますが、史実と事実と真実と、この三つは混同してはならないと私は常に注意を払っています。

ともあれこのようなことから歴史小説はまさしく物語でございます。確かに史実を記述している確率は高いのですが、そこには執筆者の思い込みがあってそれがフィクションという形になって作品に現われます。従って、疑似史実という可能性があります。それに対して歴史書は、史料に基づいて必ず証拠や根拠を示した上で記述されています。それが故に、歴史書を分析するということはその執筆者が証拠や根拠に用いている史料を解釈し、その価値を評価するということにつながります。一般にこのようなことを、史料批判を通して分析、解釈をして史実を認識すると言っています。従って、読む側も暗黙のうちに史料批判をしつつ、その記述された歴史書を読むということになります。従ってもし適正といいますか間違いのない、そして史料解釈も適切であると判断すればその史料を駆使して記述された歴史書は読むに値するということになります。学術書というのはそういうものだと思います。逆にどうも評価できないと判断すれば、その叙述された書物は仮に歴史書と銘打っていても誤った史実を提供するということになりかねません。ですから先ほど申し上げました歴史小説等は、しばしば架空の人物を登場させて歴史書らしき装いをして発表されます。しかし架空の人物ですから、その人物を明らかにする証拠である史料がありません。当然のことながら、史料批判以前の問題であっていわば疑似歴史書と言えます。

このように見てまいりますと、今日大変評判の高い、司馬遼太郎氏の一連の歴史小説はまさしく歴史小説であって、学術上の歴史書ではありません。従って、司馬史観として大いにもてはやされているのも確かに一つの歴史観で、あるいは司馬氏なりの一つの歴史像というものを示しています。しかし史料批判を経た上での史料をつづり合わせた記述ではありませんので、どこまで史実として信頼してよいのか迷うことになります。むしろ、司馬史観というものが先にあって、そこへ上手に収めるために史料ないし架空人物、あるいは一歩譲って歴史上の人物を登場させている可能性が極めて高いのではないでしょうか。そしてその歴史上の人物に証拠・根拠がないのに、あたかも事実であったかのごとく、語らせ行動させてわれわれを感動させているのではないかと思います。それはまさしく歴史小説であり歴史物語であるということになります。

言うまでもないことですけども、われわれが歴史研究の入り口として歴史を学ぶ際読む書物は学術的な歴史書であって、いわば休息をとるために歴史小説を読むということになるのではないでしょうか。ここのところ、つまり歴史小説あるいは歴史物語、あるいは伝記というようなたぐいのものと、文字通り学術的歴史書あるいは科学的歴史書といいましょうか、そこのところをはっきりと峻別しておかないと歴史研究は大変な方向へ進んでしまうと思います。もっとも大急ぎでお断りしておきたいのは、歴史小説で語られていることが史実ではなくても真実を語っているという場合があります。司馬作品が読まれているのは、その点を読者がしっかりと認識し感銘を受けるからではないかというふうに思います。

ところで、ある問題意識を持ち、そしてそのためにまず歴史の本を読むということをいたしますとその次に生まれてくるのは、研究テーマをいよいよ設定するということになります。例えば私の場合であれば、レジュメの一ページのⅠのところに述べておりますように、大学院に入学をして初めて原価計算論の勉強をしたわけですけども、即座に原価計算とは何か、その起源はいつか、どこでいかにして、というような疑問が生じてきました。ところが、告白しますけども、私は大学へ入学して初めて簿記・会計学というものを教育されました。しかし最初から実はつまずいた人間でございます。その理由は他の場所で何回も語っていますし、しかも時間もありませんので割愛します。ただ一言だけ申し上げますと、これは非常に皆さんにご批判を受けるかもしれませんけども、「何だ、簿記、会計学は技術か」という印象を持ったことです。この印象は非常に鮮烈でして、今もそれが故に会計学はアート、つまり技法だと考えております。ついでに会計学と会計とは区別しなければならないのではないかというふうにも考えています。

もっと極論すると、会計史というのは会計の計算技術史であるとさえ、私自身は考えております。それはともかく、技術なら大学で学ぶものではないと考えまして、卒業に必要な単位を修得するために必須になっている会計学関係の科目を履修したのみでございます。それが大学院に入ることになりまして、会計学の一分野である原価計算論を学ぶということになりました。まさにパニック状態でございます。にもかかわらずその後、先ほどの中野先生のご紹介にありましたように、四二年間も会計学の教師として飯を食べてきたわけですから、もうこれは誠に驚きの一語につきると。誠に人生の皮肉を思わざるを得ないと思っております。

ところで本題に戻ります。原価計算論を専攻したのですが、その原価計算というものが皆目分からない。そもそも簿記会計学を全く大学時代に勉強していないんですから。当然のことなんです。そこで困り果てたんですけども助け舟を出してくださったのが、恩師の久保田音二郎先生です。久保田音二郎先生といってもご存じの方はこの場でも半分ぐらいで、半分ぐらいはどんな先生かなと思われているかもしれません。ともかく久保田音二郎先生です。それで先生が、「シュマーレンバッハの原価計算を勉強してみてはどうか」とおっしゃったわけです。シュマーレンバッハの原価計算論の特徴は、費用理論、今日は原価理論というふうにいっていますけども、そのあたりにあるからそれを一つ勉強しなさいという助言を受けました。これはまさに地獄に仏でした。実はあとで述べるかもしれませんが、私は大学で経済史のゼミに入っていましたし、また小島男佐夫先生から簿記史を指導していただいていました。それで久保田先生はこれらのことをご存じの上で、今言ったような助言をしてくださったんではないかと推察しております。しかも私はドルンの『ドイツ原価計算の発展』という本の翻訳をしましたけども、その機会を与えてくださったのも久保田先生でございます。ともあれ、シュマーレンバッハの費用理論の勉強に打ち込むというと聞こえはいいですけども、まあ勉強したわけです。それで彼は一八九九年に最初の論文、といってもこれはある新聞に掲載されたものですが、そこにすでに彼の費用理論が展開されています。そこでこの一八九九年論文から始まって彼の費用理論に関する論文､著書を全部収集し､かつ精読いたしました。その費用理論はシュマーレンバッハの経営価値計算論、ここでは原価計算論と言っておきますけども。といいますのは、彼の経営価値計算論というのは今日の制度としての原価計算ではないんです。今日で言えば、むしろ管理会計論だと思うんです。しかしシュマーレンバッハの費用理論はこの原価計算論と非常に密接に結び付いているということで、これらを総称してシュマーレンバッハの原価に関する学説研究ということです。これを勉強し私のテーマになったということでございます。

さて、こういうふうに問題意識があり、そして歴史書といいましょうか、今までその問題についてのことが書いてある歴史的な本を読み、そして自分のテーマが決定しますと次はその解明、分析ということになります。歴史研究であれば資料を収集し、その解釈をし、解析をするということになります。私は今述べましたようにシュマーレンバッハの学説史研究ですから、彼の著書論文、つまり文献を収集し解析すればまず第一歩が踏み出されたということです。しかしながら今日の中心的問題になるのですが、それが誠に厄介な問題でもあるわけです。そういう意味でまた非常に複雑なものでもあるわけで、私が上手に整理して説明できるか自信はありませんけれども、さらに話を進めていきたいと思います。

まず歴史一般論として、史料収集とその解析といいますが、そこでいう史料の問題です。前にも言いましたように、歴史は最終的には史料に基づいて過去に本当にあった事実を明らかにして史実とすることです。言い換えれば、史料と史料という、いわば点を関連付けて一つの線という歴史像を描く。つまり歴史書を記述するという、こういう行為です。これを行うのが言うまでもなく歴史家、歴史研究者の仕事ということになります。こうして歴史上の真実を明らかにすること、これが歴史学という学問の使命ではないかと私自身は考えております。このように見てきますと、史料というものが歴史学あるいは歴史においては命であると言ってよいと思います。

ところが、この史料とはいったい何でしょうか。取りあえず『広辞苑』の第三版、これは一九八三年、を引きますと、「しりょう」というところに歴史の史を使った「史料」と資本の資を使った「資料」の二つが出てまいります。まず「史料」については、「歴史記述の素材、歴史の研究または編さんに必要な文献・遺物。文書・日記・記録・金石文・伝承・建築・絵画・彫刻など」とあります。一方、「資料」は、「もとになる材料。特に、研究・判断などの基礎とする材料。データ」とあります。これが最新版、といっても第五版で一九九八年なんですけれども、次のように説明しております。「史料」とは、「歴史の研究または編さんに必要な文献・遺物。文書・日記・記録・金石文・伝承・建築・絵画・彫刻など。文字に書かれたものを「史料（歴史の史を使った史料）」、それ以外を広く含めて（資本の資を使った）「資料」と表記することもある」と、こう書いてあります。そこで「資料」のところを見ますと、これは「①もとになる材料。特に、研究・判断などの基礎とする材料。②試行の結果。または結果を数量で表したもの」と説明しております。以上のようなことから推論しますと、われわれ歴史学では「しりょう」という場合は「史料」と表記するのがやっぱり適切ではないかと思います。私自身は単にある事実を述べている、示しているものがあるというのであれば、それは「資料」と呼んでもよいのではないかと考えます。しかし、それがひとたび歴史記述のために証拠や根拠付けとして用いられるとなりますと、これは「史料」になると解しています。つまり歴史学では「資料」はやや静的な色彩が強く、「史料」という言葉を使う場合は動的な色彩が強いものになるのではないかと、身勝手なことを考えております。

ところでその「史料」ですが、今紹介しました『広辞苑』によれば文献という文言が出ております。とっ端に出てきます。われわれの会計史の世界では研究が進むに従いまして、従来の会計史研究は文献史研究であって会計学説史、会計学史ではないかという痛烈な批判が出てまいりました。つまり史料として文献を手掛かりにしているのですから、確かにこの批判は甘んじて受けなければなりません。そして真の会計史研究であるためには第一次史料とか、生の史料とか原史料とか等々といわれる史料に依存しなければならないという議論が出てきまして、それはそれなりに誠に正当な主張であると思います。しかしながらよく考えてみますと、会計学の世界にも会計学史、会計学説史という分野はちゃんとあるわけです。事実、私は先にも述べましたようにシュマーレンバッハの原価に関する学説を中心にしてドイツの原価計算論の歴史を勉強してきました。まさしくドイツ原価計算論史です。つまり、学説史の研究です。しかし、会計学の史的研究ということで会計史研究の中に入れていました。しかるにそれは第一次史料に基づかず、文献に依拠しているのですから会計史とは言えないと批判される、となりますといったいこれはどのように考えればよいのか、私は悩んでいるところです。諸先生方にもご教授をお願いしたいところです。ただ現段階で私が申し上げられるのは、『広辞苑』が述べていることは間違いがないと。文献も確かに史料である。そして会計史であろうと会計学史であろうと共に史的研究であって歴史学の範疇である。従って、その限りにおいて文献は当然「史料」と称しても何ら差し支えないというのが第一点でございます。

しかし『広辞苑』の、今度は「文献」というところの記述を見ますと、「①書き取られたものと賢者が記憶しているもの。書き伝えと言い伝え。記録と口碑、②筆録または印刷されたもの。文書、③ある研究題目についての参考文献の書誌」というふうにあります。それで、この②が実は気になるわけです。つまり史料としての文献をこの②の意味と同義に解釈し、それに基づいてのみ会計の歴史記述をするということになりますと、果たしてそれは文字通り会計史であると言えるのかどうか。会計学説史あるいは会計学史ではないのかという疑念が生じると思います。従ってわれわれ歴史家、特に会計史家はこの点を十分に注意しなければならないと考えます。それは実は次に述べようと思っていますが、史料批判を厳密にしなければならない、これが私の考えている第二点でございます。言い換えれば、会計の歴史研究においては書誌としての文献とそれ以外の文献とに分けて、仮に書誌であっても史料批判を通して史料として会計史の叙述に用いることがあるということではないかと考えているわけです。

そこで大急ぎで次の問題に移りたいと思います。それは今まで何らの説明もなく、幾度となく述べてきました、史料批判ということです。ここで史料批判というのは史料を探し出す、あるいは発見するということから始まりまして、その史料を解釈すること、その上でその史料価値を評価するということが第一です。ついで、このようにして史料が与えられますとただ一点であれば別ですけども、会計史研究の場合に比較的このケースが多いんです。ただ一点だけしか史料がないという場合が。しかし、一般には多くの史料があるわけですから取捨選択をするという作業が当然伴います。そこで私は、端的に言えば、史料の解釈・評価、そして選択、これが史料批判の核心部分だと考えております。それではその史料の解釈・評価はまず誰がするのでしょうか。当然、歴史家が、あるいはある問題について研究し分析していこうとしている人がすることになるわけです。しかし、歴史家といっても人間ですから絶対的に正しい解釈や評価ができるということは不可能だと思います。ということは、史料の解釈や評価は相対的なものにならざるを得ません。あとで述べますが、それが故にこのような史料を手掛かりにして歴史記述をした歴史書に語られている史実は、一応歴史上の真実であると言われますが、絶対的で正しく間違いのないものとは断言できないと考えます。そこから、先にちょっと触れましたが、私は史実として承認されているから、それが真実であると認識することを戒めております。極言すれば、史実はしょせん相対的に正しい真実であって絶対的なものとは断言できない面があると考えている次第です。それでは史実は信用できない、本当のところは分からないとなりますと、いったいわれわれは何を信じていくのか。「それ見ろ、信用できないのであるから歴史なんて無視してよいのだ」という声が聞こえてきます。その果ては、「歴史なんていいかげんなものなんだから、従って歴史認識などばかなことを言うな」ということになってくるわけです。多分このような考え方が会計学界において会計史がマイナーなものとして扱われている一つの要因かもしれません。ここに実は歴史家の悩みがあります。しかし、歴史家はこのような批判を十分に承知しています。少なくとも私はそういう批判、そしてそれが故の悩みというものについては十分承知しているつもりです。そして常に謙遜になって現段階で最善を尽くして史料をより正しく認識する努力をしているつもりです。つまり、史料の解釈・評価・選択という史料批判の精度を高めること、そしてその史料に依拠しての叙述をなし、史実の相対的正当性を高める努力を真摯に私自身は行っていますし、行っていきたいと考えております。われわれ会計史の研究をしている者、つまり皆さんも同じだと思います。

さて、再びその史料批判に戻ります。先ほど史料批判の中心的なものは史料の解釈・評価そして選択であると申しました。では、それらはどのようにするのでしょうか。歴史学の勉強をしてみまして現在のところでは、一言で言えば正当性と公平性ということが大切であると私は考えています。つまりその史料が、ある事実にどこまで真に迫って真実を語っているか。そこに捏造や虚偽や欺まんが含まれていないか、そしてその史料がどの程度説得力を持っているか、これらを解釈することが必要だと考えます。その際、同じ事実を語っている内外の史料とも当然に比較検討します。またすでに歴史書に用いられている史料とも比較・吟味してその正当性を評価することになります。ですから、最近大きな問題になっています鐘紡の粉飾決算に会計士が関与したという事件があります。その鐘紡の有価証券報告書を史料として、例えば鐘紡の損益状況を史的に研究するというようなことでその鐘紡の有価証券報告書を用いるとすれば、当然それは史料批判の対象になりますけれども、これは言うまでもなく「没」であると思います。もっとも「没」というように私は今言いますけれども、それは史料批判を行う前にその有価証券報告書が虚偽であるということがもう判明して三人の会計士が逮捕されているということですから、これはもう史料批判もくそもなく、こんな鐘紡の有価証券報告書は全く虚偽の史料ですからこれは駄目だということになるわけです。しかし、もしそういうことがまだ分からない前に鐘紡の有価証券報告書を使って、つまりそれを史料として使って鐘紡の損益状況あるいはそういうものを通しての鐘紡の会計的な歴史をもし研究しようとしますと、歴史家は非常に細心の注意を払ってその真意を確かめなければとんだことになってしまうんだということになるわけです。ですから、歴史家の仕事というのは非常に重いものであるということを私自身は今回のこういう講演をするに際して再確認した次第であります。

一方、史料の選択という面では公平性が尊重されるんではないかと考えます。と言いますのは、あとでまた述べますが、ともすれば歴史記述、つまり歴史の本というものを執筆する人は何らかの歴史像というものを表すものだと思います。従って歴史記述にあたりその執筆者の問題意識、分析視点、そしてその歴史像というものがどうしても出てきます。否、これがある意味で明確でないと歴史書は無意味乾燥なものになってしまいます。そこで執筆者は歴史記述をする際に、その人の歴史像に合致するような史料を選択して証拠付け、根拠付けにする可能性がありますます。このような行為は致し方のないという面があります。あとで紹介しますけども、マルク・ブロックという人は「あらゆる歴史研究はその第一歩から、調査にすでに方向があることを前提にしている。決していかなる学問であれ受動的な観察は何ら豊かなものを生み出していない」と述べて、歴史家の主体性やその意図ということを強調しています。ただ私としては、確かにそうだとは思いますけども、しかしながらやはり史料に謙虚に向かい合って公平に扱い、そこからより正当性をもっている史料を選択する必要があると考えています。ともかく今いとも簡単に申し上げましたけども、この史料批判が歴史記述の大きな鍵であるだけに、実際にわれわれが歴史を勉強し歴史の本を書くというときに、その史料をどういうふうに批判し、どのように解釈し評価し、それを使っていくのかということは非常に大変な問題であるということになります。

実は今日この席にお見えになっている豊島先生を委員長として、「三菱造船所の原価計算に関する史的研究」という共同研究に、私は参加させてもらいました。が、その際、今まで縷々述べてきました史料の収集・解釈・評価・判断・選択等々、いわゆる史料批判に私は悩みました。そのために、一番最初にこのテーマで活字にしたのは『三菱社誌』にのみ限定して、三菱造船所、当時は長崎造船所と言っていましたが。ともかく三菱造船所の原価計算に関する記述がこの『三菱社誌』にあるかを、もっぱら探しまくりまして、発見したものをダーッと羅列したんですね。これは窮余の一策だったんです。しかし当然のことなんですが、これはもう大笑いになりました。「これは何や」と。歴史学のイロハである史料批判が全くなされていないじゃないかということで、大変嘲笑を買ったということでございます。しかし私と違いまして、豊島先生はこのテーマに取り組まれまして三〇年以上たつでしょうか、七、八〇点ぐらいの論文を発表されております。それを本にすれば優に一〇〇〇ページを超えるんじゃないかなと思います。私は嘲笑を買って、「これはあかん」と思って早々に逃げたと、こういう次第でございます。

さて、テーマの設定、史料の選択が終わりますと、いよいよ記述ということになります。つまり、文章化です。しかし、これもまたなかなか厄介な作業でございます。今までにポイントは述べてきましたが、この文章化、つまり歴史記述と言ってもやはり人が執筆するわけです。当然のことながら人は主体性を持っていますし、かつ種々の歴史への思い込みがありますから種々の歴史叙述が誕生します。言い換えれば、多様な歴史書、歴史像というものが生まれます。従って極言すれば、歴史は一人一人みんなが書ける。それぞれ違ったものが出来上がるということになります。しかもそれが正当かつ公平な史料批判に基づいた史料を証拠、根拠付けにしているとすれば、もはやそこに甲乙が付けられなくなります。そこからレジュメの二ページの方にあげましたようないろいろな歴史学派が生まれてくるということになるわけです。

第一は実証主義歴史学といわれるものですが、近代歴史学という学問が社会的に認知されて誕生しますが、そこから近代歴史学ともいわれています。またこの実証主義歴史学は歴史を常に史料を通して実証するという考え方ですが、その際実証に用いる史料を文書・日記・記録等、つまり文字として存在しているものに求めています。そこから文書史料中心主義ともいわれております。しかし、先にも『広辞苑』を引用した際にお気付きのとおり、史料にはこのいわゆる文書以外に遺物とか証言とか建築とか絵画とか彫刻等々、つまり文章化されていない史料も当然あるわけです。従ってそのような文章以外の史料も大いに活用しなければ、より正しい史実を明らかにすることはできません。もちろん歴史家が今まで文書以外の史料を無視していたというわけではありません。例えばちょっと考えてくだされればお分かりのように、古代においては今日のような紙というものはありませんでした。ですから石に刻み付けるとか、木の板に記すとか、これを木簡というふうにいっていますけども、これは立派な史料です。あるいは高松塚古墳の壁画もやっぱり一つの史料ということになります。従って簿記史の世界で簿記の起源としてローマ説がありますが、現在のところは一つの仮説に過ぎないと言われております。それは史料がないからです。しかし、もし文書史料ではなくても石や板や木やその他のものに何か刻み込まれたものがあって、それをよく読んでみたら例えばバランスシートみたいなものが読めたとなれば、ローマ説は仮説ではなくて有力な起源説に浮上してくるということになります。そういう意味で実証主義歴史学があまりにも文書史料中心主義に陥ったために、次に申し上げる学派から批判を受けることになるわけです。しかしここで注意しなければならないことは、以下でも述べます他の学派にしてもこの実証主義の精神、つまり文書史料がやはり中核になるということです。なぜならば、しょせん史実は史料に根拠付けられ証拠付けられたものですが、その史料は何といっても文書類が、まあ考古学の世界はちょっと別ですけども、文書類がやっぱり多いからです。ここのところをしっかりと確認しておきませんと、冒頭に言いましたように歴史小説・歴史物語とごっちゃになってしまうということであります。

さて、今も申しましたように、実証主義歴史学に対して、実はたちまち二つの学派から批判がなされました。一つはマルクス主義歴史学です。今一つはアナール学派です。そこでまず、マルクス主義歴史学について簡単に述べます。この学派の考え方は皆さんご承知のとおりのマルクスの主張した史的唯物論に原点があります。つまり、史的唯物論を歴史学に応用しますとどうなのかということなんです。生産関係と生産力との相互促進や矛盾対立の相互作用を通じて歴史、マルクスによれば生産様式の変化ということになりますけども、その歴史が変革して発展していくというわけです。ここで生産関係というのは、生産においては人間が自然に働きかけたり、また同時に人間と人間とが互いに働きかけ合うということが存在する。言い換えれば、生産において結ばれる人と自然、人と人との社会的関連、これを生産関係と一般に言います。ところが、この生産関係が生産手段と労働力とからなる生産力の発展によって、歴史的に変化・発展するとマルクスは考えるのです。そしてその際重要なのは、つまりその変化・発展の原動力になるのが生産力だというわけです。従って生産力とは言い換えれば、経済的土台ですから生産力の発展とは経済力の発展であって、その変化によって生産関係が変わる。しかして、生産様式が変化・発展していくという論理です。

かくして歴史の発展の原動力は生産力・経済的基盤にあるということになります。それが故にマルクス主義歴史学では社会経済的背景、これを下部構造といっていますけども、皆さんご存じのことですが、これを非常に重要視してその変化で国家機構など法律的・政治的な上部構造が変革されていくとみるわけです。要するに、われわれの会計史の研究の際、またその叙述をする際、よく社会経済的背景の推移を十分に洞察することが大切であるといわれます。これはいってみればマルクス主義歴史学の影響を受けていることになるのではないかと思います。またよく何々の生成、成立、発展、展開または限界というような見出しで歴史記述する、従って歴史の本が出る場合がありますが、それはいってみれば生産様式の変革・発展パターンをいわば言い換えて表現しているのではないかと。そういう意味ではこれもまたマルクス主義歴史学の影響を受けているのではないかという気がいたします。私自身はこのマルクス主義歴史学には非常に共鳴するものを持っています。事実、今申し上げました社会経済的背景の観点を無視しては会計史は書けないと、常日ごろ言っていることはその影響です。今日お見えの諸先生方も会計史の論文なり本をお書きになる際、この観点に留意されている方々が多いと拝察します。ただご注意願いたいのは、私も同じことなんですが、この社会経済的背景、つまり経済的土台が下部構造として上部構造を規定するという考え方。つまり端的に言えば、経済的変化がなければ歴史の発展はないのかという点でございます。これには私は賛成できかねます。その理由は、時間がありませんので申し上げませんけども、例えばベルリンの壁の崩壊やソ連邦が崩れてロシアになったという事実をみるとき、マルクス主義歴史観で歴史記述が可能か、自問自答していただければ明らかではないかと思います。

歴史には人間がかかわっているのです。人間の営みの連続が歴史なのですから、その人間が物的なもののみで生きている。従って歴史を形成する根底は「もの」であるとは、私にはとてもかんがえられません。前に紹介しましたブロックも「歴史学の対象は本質的に人間である」と言っています。また「一見極めて冷徹な文章やそれを制定した者たちから非常に離れたように見える制度の背後に、歴史学がとらえようとするのは人間たちなのである」とも述べています。つまり歴史を通して常に生身の人間、丸ごとの人間を考えかつ見る必要があるとマルク・ブロックは言うわけです。その意味から言えば、歴史の本を読んで人間の生きざまが見えていないとすれば評価されないのではないかという気がします。歴史小説が盛んに読まれるのは、実は人間がそこで生き生きと描写されているからではないでしょうか。じゃあ、会計史の本で人間を見るなんて不可能だと思われるかもしれません。確かにこれは非常に難しい問題です。しかし、会計史の本を読み、例えば経理担当者がいかに苦労して記録・計算し報告書を作成しているかということが浮かび上がってくるような、そういう本ができたとしたら素晴らしいことではないでしょうか。

ところで次の話に変わるんですけれども、今引用しましたマルク・ブロックとリュシアン・フェーブルが『社会経済史年報』という雑誌を一九二九年に創刊しました。私はフランス語は分かりませんけどもドイツ語か英語か、分からないような発音で言いますと、そのフランス語が「アナール・ヒストリア・エコノミクェ・エ・ソシアレ」(Annales d' historia economique et sociale) というんです。その冒頭のアナールから名付けてアナール学派というわけです。そこからアナール学派という考え方がブロック、あるいはフェーブルによって生まれました。それでこれを称してアナール学派ということですから、アナール学派はブロックとかフェーブルの歴史観が発端であるとみてよいと思います。

そこで、そのブロックに注目して彼の主張をちょっと紹介しておきます。ブロックが歴史学において強調していることは、比較の方法と遡行的方法の結合ということに集約できると思います。それで遡行的方法というのは文字通り現在の時点からさかのぼるということであって、歴史家は例えばどの時代の研究をしていてもまず現場に足を運び、現在の状況をしっかりと押さえた上で過去にさかのぼっていくべきであるという考え方です。まさしく歴史家は現在を知るために過去に目を向けなければならないということを言っているわけです。

それでもう一方の比較の方法についてアナール学派の考え方を申し上げますと、第一は細分化された断片的知識の年代的集積としての歴史ではなく、人間事象をすべて相互関連のうちにとらえようとするものです。第二は諸専門分野の相互乗り入れを行い、しかもグローバルかつトータルに比較研究を推進するという考え方です。なお、アナール学派のその後これを確立した巨星にフェルナン・ブローデルという人がいます。このブローデルの主張をついでに紹介しておきます。「歴史学とは出来事の物語ではない。出来事とは飛びかよう蛍の発光のように華々しいがつかの間のものである。その向こう側に周囲の景色全体が再構成されるべく控えている。この景色、つまり全体社会をとらえるのが大きな歴史だ」と言っております。それでわれわれとしては、会計史研究者から二一世紀へのメッセージというのが今回の大会のテーマなんですけれども、ここにそういう観点から言えば、このアナール学派の立場というかこの考え方はわれわれ会計史を勉強していこうとする際には無視できないんではないかと考えております。

ところで、実証主義歴史学の批判から、今申し上げましたように、これは私の勝手な解釈かもしれませんけれども、マルクス主義歴史学とアナール学派が生まれてきたと言いました。このマルクス主義歴史学とアナール学派の二つの学派に対してまた、対立ないし発展的な学派が生まれてきます。一つは、マルクス主義歴史学にあえて対比させて言えば、新自由主義史観です。この立場は実証主義歴史学にしてもマルクス主義歴史学にしても、はたまたアナール学派にしても史料批判を経た上での史料に基づく証拠・根拠付けによって歴史記述をしているわけですが、その限りにおいて正当性があるか、あるいはないか、あるいは正当といってもより高い正当性があるかどうかという差はあっても、一応ともかく史料批判をした上での史料に基づいて証拠・根拠付けている歴史の考え方ですから、少なくとも非正当性とは一線を画しているということがいえます。ところが、この史料の正しい解釈や認識や選択がしょせん相対的なものであると、先ほど言いました。それでそれを盾に取りまして、史料批判なしでも歴史は語られると。むしろ重要なのはリアリティ、現実であって事実ではないという科学的歴史学を否定しかねないような説が出てきております。その代表的なものが、今言いました新自由主義史観であると思うわけです。そこでこの考え方によれば、歴史は物語であっていいと。フィクションであってもいいと。

要するに現実、リアリティをしっかりと示しておればそれでいいんだと。こういう主張であります。しかしこの歴史観に立脚しますと幾つもの物語が作られます。ということは複数の歴史像も存在するということになります。しかしこれでなくとも歴史学において史料批判をするものの、その史料が一〇〇パーセント正当であるとはいえない。逆にいえば、相対的なものである。従って歴史記述、歴史像あるいは歴史の本は相対的にしか史実というものをやっぱり表せていないんだという限界があると言っているのに、ここへきてそれに拍車をかけるように「もう相対主義的歴史でいいんだ」というふうに割り切ってしまうという考え方が出てきたということになります。しかしながら、繰り返して述べて恐縮ですけども、歴史家の間ではやはり何といっても史料批判というものをきちっとし、それをクリアした史料を使って歴史を述べる。仮にそれが相対的なものであっても、一応認めよう。そしてそこで指摘されている事実を一応史実として認めようというふうに考えていると思います。おそらく役に立つ歴史という側面を強調したいあまりに、この新自由主義史観というものがクローズアップされてきたのではないでしょうか。そういう意味では、われわれとしては、歴史はどのように役に立つのかという問題に答えるべく研鑽を重ねていく必要があると痛感しております。

いま一つ、アナール学派の発展・展開といったらよいでしょうか、社会史学の勃興です。もっともこの社会史学の勃興がアナール学派の延長線上であると言い切るのには疑念があります。そういう歴史家も多くあります。しかも社会史学というのは一つにはマルクス主義歴史学への反発から由来していると言う人、いま一つは、あとで述べますが、近代化論に対する疑問から招来していると言う人もいます。いずれも歴史を進歩であり近代化であるという描き方、とらえ方に対する批判とみてよいのではないでしょうか。それに対して社会史学は、ある論者によれば、「普遍性からローカルなものへ、抽象的概念世界から日常的世界へ、ヨーロッパ近代化モデルの相対化へという歴史認識の座標軸の転換を持っている」と言います。そしてこのような分析視点からわが国では、皆さんもご存じのとおり阿部謹也氏や網野善彦氏等の社会史研究というものが盛んになります。そこで興味を引くのは、今言いました阿部氏にしましても網野氏にしましても、中世を非常に問題にして論じているわけですね。それに先ほど紹介しましたマルク・ブロックにしたって中世のフランス中世封建制という、そこらを非常に研究した人なんですね。そういうことから会計史研究もそういう意味では中世ローマの簿記書研究が発端になっているということを考え合わせますと、中世という時代のこの奥底の深さというものを私は非常に考えさせられます。

従って会計史の研究でも、この中世の会計あるいは会計学を単に簿記書の書誌学的研究だけで終わらせるのではなくて、多面的に追求する必要性が私はあるのではないかと。これはまさしく、それが二一世紀へのメッセージだというふうにご理解いただければありがたいです。

退職の挨拶状の中に、近現代史をこれから勉強しますというようなことを私は書きまして、皆さんの中にもそれが届き見られた方があると思います。確かに近現代史も大切ですけれども、中世といういわゆるルネッサンスの祖をもう一度、今の現在の会計学の理論、今現在会計学はわが国でもあるいは世界でもいろんなもろもろの議論をしていますが、それの本当の奥底にあるもの、原点と言いましょうか、先ほどのマルク・ブロックではありませんけども、遡行的方法で中世までもう一回さかのぼって考えてみる必要があるのではないかなと。こういうふうに思います。

最後に、比較経済史学派に触れさせていただきます。この学派は大塚史学といってもよいものです。ご承知のように、大塚久雄、松田智雄、高橋幸八郎、川島武宜、丸山眞男、各氏に代表されるいわゆる近代化論を説いたグループでございます。その中心リーダーが大塚氏であるといってよいと思います。この大塚氏の発想、あるいは問題提起は日本の進むべき方向についてマルクス主義歴史学を十分に踏まえた上でどう日本の近代社会を実現していくかということにありました。このために大塚氏は近代化をいち早く遂げたイギリスに目を向けて、イギリスの近代化についてその成立過程をモデル化し、それと日本の近代化とを比較するわけです。その際、イギリスの近代化過程ということをイギリスの封建制社会から資本制社会への移行と大塚氏はとらえ、その移行過程を分析します。そして移行過程において中産的生産者層、ヨーマンの存在を指摘してこれがマニファクチャーを形成し、しかしてこの中産的生産者層が資本家と労働者とに両極分解し、近代的産業資本制社会が成立・発展すると。こういう考え方でございます。まあ皆さんご存じのことですけども。こういうシェーマを大塚氏は定式化するわけです。そしてこのイギリス型近代化に対して日本はどうであったかという比較研究をするわけです。その結果、日本の場合は寄生地主、小作人関係が戦後の土地改革までは不十分であったため、いわば両極分解は疑似的であったと。そこでこのためには、典型的な近代化を遂げたイギリス型に対して日本はどういうふうに変革していったらいいのかということが、重要な課題であるということで近代化論を展開するわけです。こうしてみますと、大塚史学というのはマルクス主義歴史学とアナール学派との影響を受けているということに気付きます。従って注目したいのは、一つはイギリス型を理念型とし、かつモデル化したということ。これは別の言い方をすれば一つの歴史像といいましょうか、歴史モデルを持っておりその人なりに一つの歴史モデルを形成していることを示唆しています。辻　厚生先生の言葉を借りれば、グランドデザインをまず描くということになるでしょう。あるいは先ほど申し上げました豊島先生は三菱の研究では先生によれば、商業簿記・工業簿記・原価計算という発展モデルを想定しそれをフレームワークとして、三菱造船所の原価計算発展史像というものを抱いて着々と研究に励んでおられると推察します。ご本人はそんなことはあり得んと言われるかもしれませんが、いってみれば大塚史学の影響を暗々裏に受けているというふうに拝察します。ところで、大塚史学は比較の方法を大変重視していることです。それが比較経済史学派と称されるゆえんです。

そして最後にマルクス主義歴史学との相違に関連し、他方アナール学派に結び付いているのですが、大塚史学は、否、大塚氏といった方が正確かもしれませんが、大塚氏はマックス・ヴェーバーの歴史観を導入しております。つまり歴史の主体としての人間、あるいは人間意識という側面を歴史記述に組み込んでいることです。事実、大塚氏は「ヴェーバーとマルクス」という副題のついた本もあるぐらいでございます。

実は、最後なんですけれども、私は大学時代、経済史ゼミに所属してもっぱらこの大塚史学に依拠して封建制から資本制への移行問題を学んだものです。ただいきなり大塚史学に飛び込み、しかも封建制から資本制への移行問題のみを集中的に学んだものですから、歴史学一般というものには無知のままでした。ですから歴史をやるにはやはり歴史学のイロハからきちっと勉強する必要があるということであり、それにやっと気付いて歴史学の古典的な名著といわれるものを、今もっぱら読んでいるということでございます。ただ会計史となりますと、会計や会計学についても一定の学びをもって知見を持つ必要があります。この点は冒頭にも述べましたように、全くこれまた私は無知に等しい人間でございます。いわば歴史学も会計学も中途半端な人間が、あえていえば、会計史を研究しているということになります。俗っぽい言い方ですけども、それで飯を食っているわけですから、常日ごろ「私は月給泥棒である」と言っているわけで、誠にいいかげんな人間であるということになります。このような人間が今日こうして高いところから雑ぱくな話をしたわけですから、誠に厚顔無礼なのもいいところであると思います。

もうちょっと時間をください。それでなお、先ほど申し上げました各歴史学派には、さらに、ムーニエ学派、あるいはフーコーの歴史学というようなものについても言及すべきであるかと思いますけども、勉強不足もありまして省略しました。また冒頭に言いましたように、何といっても会計学研究に役立つ会計史を目指す必要があると思います。先ほどの「不用論」の用が必要の要に変わるように、われわれお互いに会計史を勉強している人はそういう会計史研究をなし、会計史の本を書き、会計学を研究している人たちにぜひ必ず読んでもらいたいというふうにもっていかなければならないんではないかなと思います。会計史の分野は会計学の中でマイナーであると今はいわれていますけれども、「マイナーどころかメジャーである」と。「会計史の事柄を知らずして会計学を語るなかれ」というぐらいにならなければならない。そうなってほしい。そのためにはやっぱり研鑽を重ねていかなければならないと思うわけです。

しかし、繰り返しになって申し訳ありませんけども、さっき言いかけましたけども、何といっても歴史を記述するというときに史料批判をしなければならないわけです。私のみるところ、会計史関係の史料というのがそんなに続々と出ているわけではないんですね。極端にいえば、たった一つしか出てこないと。それをパッと、私の三菱造船所の研究のように『三菱社誌』だけをパッと見つけて「あ、これはええ史料や」と思ってそれであの文章を書いたら笑われたというような、そういうたぐいのものであってはならないと。だから、そういう意味ではすべては史料をいろいろと発掘する、発見するということにもっと努力しなければなりませんし、それからその史料批判ということをやっぱりしなければならない。そして精度を高めなければならない。そしてその史料に基づいて、それを証拠・根拠にして自分なりの歴史観といいましょうか、自分なりの分析視点で、まあいろいろな学派があるわけですけども、どれか自分なりのもので歴史、会計史書を書いていくということになるのではないかなと思います。

大変雑ぱくな話をいたしましまして申し訳ありませんけれども、何とぞご寛容のほどを。しかも時間をオーバーいたしまして申し訳ありませんでした。ご静聴ありがとうございました。

（拍手）

中野　平林先生、どうもありがとうございました。

主要参考文献

阿部謹也（二〇〇五）『阿部謹也自伝』新潮社。

網野善彦（一九九七）『日本社会の歴史』（全三冊）岩波新書。

上村忠男・大貫　隆・月本昭男・二宮宏之・山本ひろ子編著（二〇〇一―二〇〇四）『歴史を問う』（全六巻）岩波書店。

大塚久雄（一九六九―一九八六）『大塚久雄著作集』（全一三巻）岩波書店。

小田中直樹（二〇〇四）『歴史学ってなんだ?』ＰＨＰ新書。

渓内　謙（一九九五）『現代史を学ぶ』岩波新書。

永原慶二（二〇〇三）『二〇世紀日本の歴史学』吉川弘文館。

二宮宏之（二〇〇五）『マルク・ブロックを読む』岩波書店。

カー（Carr. E. H.）著、清水幾太郎訳（一九六二）『歴史とは何か』岩波新書。

フランドロワ（Flandroi, I.）著、尾川直哉訳（二〇〇三）『「アナール」とは何か』藤原書店。

ブローデル（Brandel, F.）著、浜名優美監訳（二〇〇五）『歴史学の野心』藤原書店。

ブロック（Block, M.）著、松村　剛訳（二〇〇四）『新版歴史のための弁明』岩波書店。

ホブズボーム（Hobsbawm, E.）著、河合秀和訳（一九九四）『二〇世紀の歴史』上・下、三省堂。

ホブズボーム（Hobsbawm, E.）著、原　剛訳（二〇〇一）『ホブズボーム歴史論』ミネルヴァ書房。

ヴァイツゼッカー（Weizsacker, R. von）著、永井清彦訳（一九八六）『荒れ野の四〇年』岩波ブックレット55。

本小文がこのような形で公表できるに至ったのは、帝塚山大学の橋本武久先生の並々ならぬご尽力の賜物である、この場をお借りして厚くお礼申し上げる。

Ⅱ部

久保田原価学説覚書

——会計学説史への道

三章　久保田原価学説の検討
――原価理論との関連において

一　序言

ここで久保田原価学説とは、久保田音二郎教授の原価計算論と原価理論（経営費用論）とを総称してのことである。久保田教授の原価の問題に関する理論的所説（久保田理論）といってもよいであろう。

久保田教授は原価計算論とは別個に、原価理論の存在することを意識し、これに関心をよせられ、これら両者の交渉を克明に論究された論者である。そして、原価計算論が原価理論と深くかかわっていることを理論的かつ具体的に明らかにされた。その成果をふまえた久保田原価学説は、それ故に原価理論にもとづく原価計算論であると評価され、いまなおその存在意義を失っていないのである。少なくとも、久保田原価学説の一つの大きな支柱は、原価計算論に原価理論がベースとして存在していることであると筆者（以下、Ⅱ部でも筆者という場合、平林のことである）は考えている。これは、後述するドイツ原価計算論、とりわけシュマーレンバッハの原価計算論の影響を強く受けつつも、久保田理論として完成をみたものであるといえよう。

時あたかも、第四九回日本会計研究学会は「日本の会計」という統一テーマの下、「日本の会計理論」というセクションが設けられている。日本の原価計算理論が俎上にのぼるかは不明であるが、取り上げられるとすれば、久保田理論は無視できないであろう。本章の目的は、久保田原価学説を検討し、その特徴の一つである原価計算論と原価理論とのかかわり合いを照射し、久保田理論の現代的意義を探ぐろうとするものである。

二　久保田原価計算論の特徴

久保田教授の原価の問題に関する論稿は枚挙にいとまがない。いま、久保田原価学説に関連する処女論文を示せば、昭和一一年（一九三六年）六月の「正常操業度における原価計算――若干の諸説に関連する『原価と操業度』」、『商学論究』第五号である。また、訳書として『ヘラウア経営計算論』同文舘、昭和一二年（一九三七年）がある。そして『原価構成論』宝文舘、昭和一三年（一九三八年）と続く。以下原価の問題に関する著書のみを列挙すれば次のとおりである。『間接費会計論』昭和一七年、巌松堂、『統一原価計算制度論』昭和一九年、産業図書、『工業原価計算論』昭和一九年、巌松堂、『短期損益計算論』昭和二四年、千倉書房、『原価計算論』昭和二六年、同文舘、『間接費計算論』昭和二八年、森山書店、『直接原価計算論』昭和三〇年、千倉書房、『直接標準原価計算』昭和四〇年、千倉書房。

さて、右のような労作を遺された久保田教授の原価計算論の特徴は奈辺にあるのであろうか、一つは久保田教授の手による原価計算の目的論の明確化にあると考える。教授はいう。「著者（久保田―平林註）は、価格政策又は価格計算に関連する目的と原価を下げんとする目的とがあり得ると考えている。……前者の如き目的のあることを指摘するのは、社会的に成立せる価格を通じて自己の原価分を回収しようとする意図が原価計算の目的に潜んでいるからである。この意味において価格政策又は価格計算に関連する目的の性格は『原価補償の理論』として究明し得る。これに反して、原価を引下げんとする目的は、現実に如何ほど原価を引下げんとしても引下がらない。むしろ、その背後にある生産活動の実態を合理的に運営しそこに生ずる無駄を極力少からしめることによって、貨幣価額たる原価が引下がったように見えるのである。この意味で、……後者の目的の性格は『原価管理の理論』として研究できると論理的に帰着したのである」(1)と。要するに価格計算目的と原価管理目的とを指摘し、そこから「原価補償の理論」と「原価管理の理論」の究明を課題とする原価計算論が成立すると久保田教授はいわれるのである。

いま少し久保田教授の見解をきくことにしよう。「原価計算の主要目的の一つとして、価格計算の一般的基礎となり得るのは、つまるところ、自己の原価を算定してそれが市場価格に対していかなる順応性があるか、また順応するためにはいかなる価格まで低下してもよいかなどについての考慮を払うための資料たるところにある。これを表面的には価格決定の基礎になり価格政策のための基礎資料になり得るというにほかならぬ」(2)。かくして、「各種の価格決定又は価格政策も、原価計算論からすれば、『原価補償の原理』によって理解すべきであると考える」(3)と久保田教授はいう。

原価管理目的については、「原価は自らの力で低下しない。その基底にある素材の利用消耗を合理的にし無駄を排除することによって、はじめてこの目的が達成し得るのである。この点において貨幣価額的な計算を価値計算(wertenmässige Rechnung)とせば、その素材の部面の計算は数量計算(mengenmässige Rechnung)といえる。かくて価値計算的管理統制の前提には数量計算的管理統制の意義が認識されるのである」(4)。いま「価格決定又は価格政策の基礎になる目的を原価計算論から『原価補償の原理』として理解したいことを一言したが、これに対して経営態様の管理統制の目的を価値計算と数量計算との連関において、原価計算論の『原価管理の原理』として綜合的に理解したい。したがって、原価管理の原理は、かかる原価の引下げの理論として妥当すると共に、次の操業度対策又は経営規模などの諸問題の合理的処置に対しても妥当するわけである」(5)と久保田教授は論述される。

かかる目的論ないし課題論はシュマーレンバッハの考え方に依拠していると筆者は推論している。シュマーレンバッハは、周知のように、「原価計算の目的のうち、特に二つが明白に目立っている。それは経営態様の管理と価格の計算とである」(6)と述べているからである。

また、かかる原価計算論の課題について、久保田教授は最後まで変更を必要とされなかった。すなわち久保田教授は原価の問題に関する最後の論文ともいうべき「原価会計の思考」において、原価概念の問題を論議しつつ、「原価会計における原価管理の思考」と「原価会計における原価補償の思考」とを取り上げられ、「これらの原価概念に対して、なにを狙っているのかということを帰納すると、そこには原価管理と原価補償をめぐる二つの思考から出ていることが理解できるのではないか」(7)と結論づけられている。

なお、原価計算の目的論として価格計算目的と原価管理目的とをあげて、これらを原価計算論からすれば「原価補償の理論」と「原価管理の理論」として理解するという久保田教授の見解に対して、財務諸表作成目的はいかに考えておられるのか、という疑念が生じよう。久保田教授は決してこの目的を無視されてはいない。たとえばその著『原価計算論』第一編第二章「原価計算の目的とその吟味」において、原価計算と損益確認との関係を論じている。また、「原価会計の思考」論文においても、「制度としての原価計算からいっても、原価会計が財務会計と結びついて、売上原価、販売費一般管理費、製品仕掛品などの原価を計算し、財務会計にこの原価情報を提供する目的があることはいうまでもない」(8)と述べられている。ただ、さきにも一言したように、久保田教授にはシュマーレンバッハの影響を強く受けていると考えられるのでシュマーレンバッハのように原価計算の副目的として財務諸表作成目的が思推されていたように思われる。

久保田教授の原価計算論の特徴の第二は教授の原価本質規定にあると筆者は考える。すなわち、教授によれば、原価とはヨリ本性的には自然的・物理的素材を、生産という一定の目的に関連づけて全部的または部分的に利用消耗する数量的原価なのである。しかるに、これを計算する場合には貨幣価額で評価した上でたとえば給付単位に賦課ないし配賦している。つまり価値的原価になっているのである。これが現今において矛盾しないのは、素材の利用消耗と原価とか等価関係にあり、また両者が対立関係にあるからであるといえる。

　いま、久保田教授の見解を直接きいてみよう。教授はいう。「原価の計算とは生産のための価値儀性分の数的把握であり、貨幣価額にて行うことを前提としていた。しかし、この前提が無条件に認められるか。蓋し実際の生産状態をみると、先にも一言したように生産という一定目的を達するためには原材料、労力、設備、その他の生産手段の自然的・物理的素材を調達し、これらを全部的に或は部分的に利用消耗して、その加工変形変化の過程を経て、生産物を産出するのが実相である。だから、産出した生産物もまた自然的・物理的素材である。しかし、……それは無名数であり、その数的把握にはなんらの意味がない。そこで計数に意味ある統一をする立前《ママ》から、これらを貨幣価額に統一し、……数に意味が出ると共に、それを甲品の原価（cost, Kosten, Selbskosten）……といえる。……およそ計算には自然的物理的諸単位による数量計算（mengenmässige Rechnung, quantitative Verfaren）と、貨幣価額を単位にした価値計算（wertenmässige Rechnung, qualitative Verfaren）とがあり得る。そこで生産の実相からいえば数量計算による方が合理的であるが、計算をしてもなんら矛盾を感じないのは、現代工業の経営が貨幣経済組織の中で経済活動を営み、……畢竟自然的・物理的素材の利用消耗の価値分をあたかも鏡に物を映ずるが如く価値的に等しい貨幣額で表現できるためである。換言せば、自然的・物理的素材の利用分とその貨幣価額が等価関係にあると共に、両者が対立関係にあるからである」(9)と。

　かくして、原価の本質とは、久保田教授によれば、生産目的のための原価財である自然的・物理的素材の全部的または部分的な利用消耗であって、数量的原価なのである。しかし、数量的原価が本質的なものであっても、現代の原価計算が価値的原価を主体とすることは右に述べた理由から理解できよう。したがって、この自然的・物理的素材の全部的または部分的な消費がアウトプットである製品にかかわるものであって、インプットする儀牲手段である原価財に対して原価の問題があるのでないことは自明であろう(10)。

久保田原価計算論の特徴は、その他間接費計算論、直接原価計算論等にみることができる。間接費計算論は原価理論で問題となる固定費問題との関連において久保田教授は論究されている。また直接原価計算は、これまた原価理論で論議される変動費・固定費の本質、その分解等と密接に関連をもっている。いずれも原価理論と交渉をもっているだけに、久保田理論としては無視できないものである。本章でも四節で若干取り上げてみたいが、大半は紙幅の関係で省略せざるをえない。

三　久保田原価計算論と原価理論との交渉㈠

一言したように、久保田原価学説の特徴は、原価理論にもとづく原価計算論にある。そこで、前節で指摘した久保田原価計算論の特徴である計算目的論および原価本質論に、原価理論がいかように交渉しているのか検討しなければならない。

いま、これに先立って二つのことを指摘しておく必要があろう。一つは、久保田原価理論についてである。これについては、久保田教授には『原価構成論』という原価理論の著書がある。教授によれば、「本書は『原価と操業度との関係』についての研究」(11)であるという。それを「ここでは二つの問題に分けて考える。その一つは原価変動形態についての問題であり、他の一つは原価構成態様についての問題である」(11)という。つまり、原価変動形態として、操業度について究め、これからその基本形態である絶対的操業度および相対的操業度と原価との一般的関係を明らかにするのである。一方、原価構成態様として、この原価と操業度との一般的関係が原価計算目的に関連すると――操業度としては派生形態になるが――いかに修正されその計算目的に適合して原価が構成されるか、を究められるのである。たとえば、正常操業度――もっとも、これは相対的操業度の基準でもあるので、正常操業度は基本形態でありかつ派生形態という二面性をもっている――で生起する原価およびその構成態様が何にであるかを論じられるのである(12)。しかし、久保田原価理論は、具体的にはいわゆる伝統的原価理論であって、シュマーレンバッハやメレロヴィッツの原価理論の域を出ていないことに注意すべきである。

本題に入る前にいま一つ指摘せねばならないのは、久保田教授の原価計算論と原価理論との交渉に対する関心度の高さについてである。われわれは、久保田教授がいち早くこの問題に対決され、自から積極的にこの解明にあたられた方であることに注目したい。具体的に示せば、昭和二七年の第一一回日本会計研究学会における報告において、教授は初めてこの問題を提起され、その後名著『間接費計算論』（昭和二八年）で一層深く検討され、教授の理論的骨格を形成するに至っている。しかし、教授の諸労作を詳細に検討してみると、実はこの面の研究が既に『原価構成論』（昭和一二年）に潜在しているのをわれわれは知るのである。極言すれば、久保田教授は原価計算論と原価理論とのかかわり合いについて、研究者としてのスタートからこだわり続けておられたのである。

さて、本題にもどって、久保田原価学鋭における原価計算論と原価理論との交渉について吟味してみよう。

第一に、久保田教授の原価本質規定と原価理論についてである。既述のように、教授の原価本質観は数量的原価であって、その計算は数量計算が本質的ということになる。ところが、この数量的原価、つまり原価財たる自然的・物理的素材の全部的または部分的利用消費は、操業度の投影である。たとえば、最適操業度では自然的・物理的素材の消費は最も完全に果したと考えられる。原価計算はこれを前提にして貨幣価額で評価された原価を給付単位的に計算しているのである。もし、操業度が最適操業度から最低操業度へ下れば、素材の利用消費度も変化し、したがって原価も変化する。ところが原価計算では原価の給付単位面を重要視するために、かかる事情を看過してしまう傾向にある。かくしてこれを補完するのが原価理論である。たとえば、機械設備という物理的素材の部分的な利用消耗を考えてみよう。最適操業度と最低操業度とでは当然その利用度合は相違する。しかし原価計算上は等閑に付してしまう。これは原価管理の側面からいえば重要な問題であって、固定費の管理問題としてうかび上ってくる。もはや原価理論の援用がなければ解明できないといえよう。久保田教授は右のような論理から、原価の本質規定に原価理論が交渉せざるをえないと認識しておられるように筆者は推論する。

第二に、価格計算と原価理論との関係である。この問題について久保田教授は種々論究されている。が、ここでは紙幅の関係もあるのでその要点のみを指摘するに止める。久保田教授は、価格計算としてシュマーレンバッハの得られうる価格（計算した価格）を想定されているようである。しかして、この得られうる価格を算定して、市場価格と競争しうるか、あるいは市場価格に対していかほどの順応力があるか、さらには市場価格が下落すれば、いかほどの損失負担が生じるか等を計慮するものと考えられているようである。またたとえば最適操業度に引寄せる価格政策も教授は論じている。そして、これら価格計算や価格政策の基底に原価理論があると久保田教授は認識しておられるのである。それは、シュマーレンバッハの有名な文言「経営者をしていずれの経営も逓減費と逓増費とを包蔵するのでそれを闡明にすることが肝要である。かくしてこれが原価計算の主要問題であり、逓減的に作業する部分を飽満せしめ、逓増的に作業する部分を軽減することが、製造計画の選択や価格政策の根本問題である」(13)という命題に帰するのである。つまり原価理論で問題となる限界原価が操業度政策のためのメルクマールとなり、たとえば、操業度の逓減段階では限界原価＜価格→需要増大→操業度上昇→最適操業度という図式が、一方逓増段階では限界原価＞価格→需要減少→操業度下降→最適操業度という図式が、それぞれ志向され、限界原価による操業の自動調整機能が強調されるのである。と同時に、この限界原価が得られうる価格として市場価格への順応性の測定尺度として作用し、全部原価補償ないし部分原価補償、価格下限の決定等のメルクマールとなるのである。

かくて、原価理論の認識を基底にして久保田教授は価格計算目的を展開されていると筆者は推論する。

第三に、久保田教授のいわゆる原価管理と原価理論との交渉についてはどうであろうか。これについては、二つの場合に分けて考えるのが至当のように思われる。

一つは既述の原価管理目的、端的には原価引下げ目的の場合である。久保田教授によれば、原価財たる自然的・物理的素材を利用消耗するさい、これをできる限り合理的に、したがって無駄の排除に努力して、給付に転化させることが原価管理――原価引下げ――につながるという。ところが、これはいってみれば操業度政策の問題と密接に関連するものであって、操業度の問題は原価理論の一つの課題であることからして、原価引下げとしての原価管理に原価理論が基礎理論として交渉をもつことになろうと筆者は考える。

いま一つは、シュマーレンバッハの経営価値計算（限界原価計算）による原価管理を久保田教授が考えられていたように筆者は推論する。つまり、限界価値法則にもとづく経営価値による計算によって、経営活動の状態を自動的に選択せしめ、決定し、その結果の批判もできると教授は洞察されているのである。

では、この経営価値計算による管理的意義を久保田教授が高く評価し、自己の主張する原価管理目的にも導入しようとする根拠は奈辺にあるのであろうか。教授はいう。「終局のところ限界原価の大きさ如何によって、これに組み合わした固定費の程度を示すことである。程度を示すとは固定費の利用状態を限界原価に反映していることに外ならぬ」[14]と。かかる理由から、「もともと固定費の費目への関心が原価計算論を発展せしめ、また経営価値計算論を主張せしめたのが、表面上は逆に全く関心していないが如き現象を呈している。しかし、経営価値計算は事実限界原価を通じて固定費への管理的意義をもつ仕組みになっているといわざるを得ない」[15]のである。かくして、久保田教授は、限界原価―経営価値計算―限界価値法則の一連の関係において、その管理的意義を認めるのである。けだし、「問題を当座の生産量について発生する原価増加分から単位原価（限界原価）を計算すると、その原価は比較可能の素質のある計数になり、その選択、決定、批判の基準が統一され、そして比較の問題の焦点が明確にな」[16]り、さらには固定費の管理をも可能にするからである。久保田教授の原価管理目的には、このような意味において原価理論と交渉する側面があると推論する。

四　久保田原価計算論と原価理論との交渉㈡

前節では、久保田原価計算論の根幹にかかわる問題点、つまり原価の本質規定および原価計算の目的に原価理論がいかに交渉しているかを指摘し、もって久保田理論の特徴の一端を示した。

本節では、これをふまえて、久保田教授が、㈠間接費計算論において重要な問題の一つである間接費配賦過不足額の発生原因の究明に原価理論が交渉すること、㈡原価計算の目的論を整序する上において原価理論の体系的な目的論が関連すること、㈢原価理論が直接原価計算の基礎理論として関係をもつこと、等を論証されているので、これらについて検討してみたい。前節がいわば筆者の推論であるのに対して、本節は久保田教授自から論述しておられる点で大きく相異する。ただしかし、本節で扱う㈠、㈡の問題は前節の論議からおのずと推察できるものであって、筆者の推論に大きな過誤はないものと思う。

さて、第一の問題は、間接費の配賦問題としての間接費配賦過不足額が、原価計算上では一般にその処理技術の問題としてうかびあがり、したがってその計算処理を合理的ないしは合目的に行うことが重要な要件とされているが、これに関連している。すなわち、原価計算では過不足額を計算的に処理しようとするのであるが、それをヨリ合理的にしようとすれば、その原因を明確にしなければならない。ところが、原因の究明は原価計算論では不可能であって、原価理論を援用することによって可能となるのである。いいかえれば、原価理論を基底にすることによって間接費配賦過不足額の原因がはっきり解明でき、そこでその処理の問題も合理的に解決され、ひいては間接費配賦計算がヨリ正確性をもつようになるのである。久保田教授はこの間の事情をつぎのように論じられる(17)。

間接費配賦過不足額は、間接費を一定の配賦基準で配賦計算することから始まる。たとえば、配賦基準の選定において、配賦基準は当該原価と密接に関係するものを選択するのが至当である。が、もしこの原則とまったく反対の観点から配賦基準を選べば、過不足額が生じるのは必然である。しかし、いま仮りにこの条件をみたしたとしても、配賦基準の測定において、原価理論で問題とされる操業の測定に関連して問題が生じる。たとえば技術的最高の作業状態を配賦基準とするのか、それとも経済的な意味での最適操業度ないし正常操業度の作業状態を配賦基準にするのか、によって相異が生じる。つまり配賦基準の選定はもとよりその選定する基準の測定によって配賦過不足額が発生するのである。さらに、これが予定配賦計算になると別の発生原因が生れる。たとえば配賦する間接費に変動的なものと固定的なものとがあり、しかも配賦基準の状能を仮りに最適操業度とすると、固定的間接費がその操業度に一致する以外は配賦不足額または配賦超過額を生ぜしめる。変動的間接費についても、もともと正比例的に変動するものとそうでないものとが含まれているため、やはり配賦過不足額を発生せしめる。

かくみると、配賦過不足額の処理が原価計算上の任務であるとはいえ、その発生原因をつきとめることによって、その処理がたんなる技術的問題となるのではなく、理論的な処理方法になるであろう。しかし、これには原価理論の援用が不可欠であることは前記の説明から自明のところである。しかして、以上の一般的関係が明らかになると、原価理論を基底にした間接費計算論は、たとえば部門費差額の発生のいかんとその価額の大小によって原価管理をする領域、また標準原価およびその計算制度を通じて間接費の差異分析をする分野にも、それぞれ応用しうる方途がひらけてくることは注目してよいであろう。

さて、第二の問題は、原価計算目的論の整序である。久保田教授によれば、原価計算の整序された目的論は原価計算の発展によったかといえば、そうではなくむしろ原価理論の体系的な目的論によって整序されたといわれる。たとえば、いま原価計算の目的の一つに原価管理――原価引下げ――があげられるが、いかにすればこの管理目的が達成でき原価引下げが可能となるかを考えてみよう。短絡に結論だけをいえば、このためには一方で価値計算的管理が必要であるが、他方で数量計算的管理が密接に結びつくことは既述のとおりである。そして、この価値計算的管理と数量計算的管理との関係の究明は原価理論の援用を求めなければならない。というのは、先にも指摘し、再言になるが、原価は本来的には数量的原価であって、自然的・物理的素材の全部的または部分的な利用消耗であり、価値的原価はその貨幣価額で評価されたものにすぎないからである。つまり操業度と結びついた素材の利用消耗の合理的利用が、等価・対立の関係において原価引下げとなって顕現するのである。したがって、数量計算的管理と価値計算的管理との一体化を通して原価管理は行われるが、両者の関係は前者が後者の基底である。しかして、原価理論が交渉していることは自明である[18]。

第三の問題は、原価計算と原価理論との交渉は、直接原価計算論にもみることができるという久保田教授の指摘である。すなわち、直接原価計算では原価を直接原価と期間原価との二つの原価グループに区分するが、これは素朴であるが原価理論における変動費と固定費との区分に対応していると教授はいわれる。けだし、「生産活動または操業度の変化に応じて、いかに変動費と固定費との組合せが変動するかという基本形態は、直接原価計算における直接原価と期間原価との関係でも示しうるし」[19]、また「期間原価は単に収益（直接利益）→期間原価と対応するという形だけではなく、その期間原価の利用度についても、あたかも経営費用論の固定費の利用問題を取り上げるように、期間原価の利用度とそれによって獲得する直接利益の大きさとの関係を問題として」[19]いるからである。かくして、ここにおいても原価理論が原価計算と交渉している一つの局面をみるのである。しかして、このような論証にもとづいて、久保田理論は形成されかつ展開されているのである。

五　結　言

以上、久保田原価学説について、原価理論との関連において吟味した。種々の制約があって十全な論証ができなかったが、久保田原価学説は原価理論にもとづく原価計算論である、というのが筆者のここでの結論である。しかも、原価理論は経済学と密接に関連する。そうであるとすれば、久保田理論は経済学に裏付けられた原価計算論であるともいえなくはない。それがゆえに、久保田教授はたんなる技術としての原価計算ではなく、科学としての原価計算を志向し、計算の合理性を追求されたのである。ここに久保田原価学説の現代的な意義があるといえる。

注

（1）久保田音二郎著『原価計算論』同文舘、昭和三二年、序二頁。
（2）久保田音二郎著『前掲書』一六頁。
（3）久保田音二郎著『前掲書』二一頁。
（4）久保田音二郎著『前掲書』二八頁。
（5）久保田音二郎著『前掲書』二九頁。
（6）Schmalenbach, E., Selbstkostenrechnung und Preispolitik, 6. Aufl., Leipzig 1934, S. 119.　土岐政蔵訳『原価計算と価格政策』森山書店、昭和三四年、一八二頁。
（7）久保田音二郎稿「原価会計の思考」『会計』第一一三巻第二号、昭和五三年二月、一三頁。
（8）久保田音二郎稿「前掲論文」五頁。

（9）久保田音二郎著『前掲書』四九—五〇頁。

（10）久保田教授はこの点について、「原価とは、インプットする価値犠牲の手段である原価財に対して原価の問題があると考えるのか、それとも価値犠牲からえられたアウトプットである製品に原価の問題があると考えるのかである。この問題は現今においても明確でない場合がある。……しかし、わたくしは、つぎの理由から、原価とは、後者のように価値犠牲からえられた製品に対して原価の問題があると考えるべきだと思う」といわれる（久保田音二郎稿「前掲論文」三頁）。

（11）久保田音二郎著『原価構成論』宝文館、昭和一三年、序文一頁。

（12）久保田音二郎著『前掲書』序文および第一章（序説）参照。

（13）Schmalenbach, E., Grundlagen der Selbstkostenrechnung und Preispolitik, 5. Aufl., Leipzig 1930, S. 32.　土岐政蔵訳『原価計算と価格政策の原理』東洋出版社、昭和一〇年、六三頁。

（14）久保田音二郎稿「経営価値計算の管理的意義」『会計』第六六巻第四号、昭和二九年九月、一二頁。

（15）久保田音二郎稿「前掲論文」一二—一三頁。

（16）久保田音二郎稿「前掲論文」一〇頁。

（17）久保田音二郎著『間接費計算論』森山書店、昭和三四年、二四二—二四五頁および二九四—三〇八頁参照。

（18）久保田音二郎著『前掲書』二四六—二五二頁参照。

（19）久保田音二郎著『直接標準原価計算』千倉書房、昭和四〇年、五五—五六頁。

四章　Kalkulationと久保田原価学説

一　序言

前章で、著者は久保田原価学説について論究し、久保田原価学説の特色が原価理論を基底にしていることを指摘した。またその原価理論に嚮導されて、原価計算の目的・課題が明確となり、久保田教授の所説によれば、原価計算論は「原価補償の理論」と「原価管理の理論」とからなり、前者は価格計算が後者は原価の引下げがそれぞれ課題となっていることを指摘した(1)。そして、かかる久保田原価学説はわが国の原価計算論研究において独自の地位をしめているのではないか、という示唆をした。

ところが、右のような見解に対して、即座に二つの批判ないし苦言を受けた。一つは、久保田原価学説の現代的意義についてである。筆者は右のような久保田原価学説は原価理論に根ざしているが故に、いわば経済学的研究と密着した原価学説であり、したがってそこに原価計算の科学性が指摘でき、かつ現代にも通じるものがあることを、その論証には多くの不備を自覚しつつ述べたのである。ところが、たんに原価理論に立脚しているから科学的であって、かつ現代的意義を有するのか、という疑念であり批判である。あまりにも短兵急な結論であって、とても受け入れがたいというものである。

いま一つは、久保田原価学説にはKalkulationという原価計算のキーワードに対する独特の解釈があり、そこから久保田教授の「原価補償の理論」と「原価管理の理論」という原価計算論の二大支柱が生誕しているのではないかという指摘である。少なくとも久保田原価学説のコンセプトを理解する上で、久保田教授のKalkulationをめぐる理解を看過しているようでは十全な久保田原価学説理解とはいえない、という批判である。

本章は、この後者の批判に意を留めて、しばらく久保田教授のKalkulation理解をめぐる問題について考究することを目的としている。そして久保田原価学説とのかかわり合いを追究して、同学説の一層の理解を深めたいと考える。

二　Kalkulationについての一般的理解

まず、Kalkulationについての一般的な理解を若干の論者の見解を通してみておきたい。

小学館の『独和大辞典』を引いてみると、Kalkulationについて、「(費用などの）計算、算出、算定、見積もり、評価」とまず出ている。ついで「打算、考慮、考量、予測、推定」とくる。前者の（費用などの）という丸カッコ付きの説明は十分に注意しておきたい。

さて、ドイツ原価計算論の文献ではどうであろうか。ライトナーはその著書『工業経営の原価計算』において、Kalkulationとは「費用の計算であって、原価計算（Kostenberechnung である」[2]。その目的は「調達原価ないし製造原価の算定、販売価格の算定、利用価値ないし収益の算定にある」[2]という。ここで注目すべきは、Kalkulationが、さきに引用した独和大辞典のように費用の計算・算定のみではなく、収益の算定をも含んでいるということである。事実、ライトナーはKalkulationが差額の計算（Differenzrechnung）であり、収益・利益計算でありうるとも述べている(2)。

久保田教授もその解釈の典拠の一つとされているカルメスは、『工業簿記論』において、Kalkulationとは「特定の経済活動の費用と成果について計算すること（Spezialkalkulation）、または同種製品の経済活動の費用と成果を計算するか、一定期間中の企業の全体活動または時にはその一部分の費用と成果を計算すること（Gesamtkalkulation）である」(3)と捉えている。ここでもライトナーと同様に、Kalkulationをば費用と収益・成果との両方を計算するものであると理解していることに注視しておきたい。しかして、総じて今世紀初頭のドイツ原価計算論の文献では、Kalkulation理解がライトナーやカルメスと同じであったと推論される。久保田教授もこの点に注目し、後述のようなKalkulationに対する独自の解釈をほどこされたと推察できる。

ところが、戦後刊行されたコジオール編『会計学辞典』ではKalkulationについてつぎのように説明している(4)。すなわち、Kalkulationとは原価計算の一部分である。そこでは製品単位当りの原価が算定される。そこでこの種の原価計算上の計算のために、製品別単位計算ないし単位原価計算という表現が用いられる。製品別単位計算と並んで製品別計算は製品別期間計算とも捉えられる。その目標は原価の算定であって、加工された製品につき計算期間あるいは計画期間で原価を把握することである。したがって、原価計算の他の部分のように一つの期間関連的計算である。

このような叙述は、さきに紹介したライトナーやカルメスの見解とは違っている。むしろ冒頭に引用した独和大辞典に照応する考え方がそこにはみられる。このKalkulationに対する解釈の変化をどう理解するのか。ここに原価計算思考の変遷を看取し、原価計算が広汎な計算領域を取り上げうる論拠になる、と説明するのが久保田教授の立場であるといえよう。

三　Kalkulation についての久保田教授の理解

さて、前節でみてきたような Kalkulation についての理解に対して、久保田教授はどのように Kalkulation を理解しかつ解釈されているのであろうか。いま、久保田教授の結論を端的に示す見解を引用しよう。

まずある著書において久保田教授はつぎのようにいう。「嘗って、Kalkulation を単位計算と称した頃には単位当りの給付とその原価を把握するものとしていた。しかるに、工業会計組織の確立するに至って、単位当りの給付の把握は、売上勘定又は製品仕掛品勘定在高で代用するようになって、単位計算は給付の計算を期間計算の方に委譲し、専ら Kalkulation となったのである。そこで、現今の間接費計算広くは原価計算の期間損益の確認の補助任務とは期間収益面までその補助的任務を果たすのでなく、寧ろ期間費用面についての補助的任務をつくしているにすぎないのである」[5]と。

一方、久保田教授は他の著書ではつぎのように述べている。すなわち、「原価計算は給付単位の計算であると解釈されているように、もともと原価計算（cost accounting, Kostenrechnung）なる語は弘通しておらず、むしろこれが一般化したのは、今世紀初頭前後のことである。したがって、それより以前には給付単位計算（calculation, Kalkulation, Stückrechnung, usw.）という用語の方が一般化しており、今世紀になっても、なお一部の人々はこの語を用いていたことに留意せねばならない。それでは calculation, Kalkulation, Stückrechnung という語を用いて計算していた時代には何を狙っていたのか。それは給付単位別に企業の経営活動のすべてを把えることにあった。だから、(イ)給付に要した原価、(ロ)その収益（売価または売上げ）および(ハ)給付損益という三つ《ママ》領域にわたって計算したのであり、文字どおりに給付単位の計算であった。さらに前項の表現をかりると、給付単位の価値犠牲分たるマイナス分の計算は当然のこと、さらに収益に相当するプラス分も取上げ、給付損益つまりマイナス分とプラス分との差額計算までを給付単位の計算領域にしていたのである。本来的には、かような計算的性格をもっていたのが、原価計算の母体たる給付単位の計算であった」[6]と。

さて、右のような引用から久保田教授のKalkulationに対する理解および解釈はほぼ認識できる。しかしながら、かかる理解は前節でみたライトナーやカルメスの見解と基本的には同一であって、久保田教授の独自の展開がいまだみられない。とりわけ、Kalkulationの理解を起点にして「原価補償の理論」と「原価管理の理論」とからなる久保田原価計算論のフレーム・ワークはみえてこない。

ところが、久保田教授には「Kalkulationにひそむ原価計算思考」[7]なる論文があって、公表されている。この論文においては、右に提起した疑念に対して久保田教授は明解に応答しておられる。そこでこの論文を手掛りにして久保田教授のKalkulationをめぐる諸問題をしばらく検討してみることにしよう。

まず、久保田教授は、近代的な原価計算が客体を計算の対象にして、それについて消費した価値の計算・算定を使命としながらも、たとえば原価・売上・利益の関係についての問題、または利益計画の問題までも取上げていること、さらには直接原価計算にみるように損益の計算領域までも問題にしていることを指摘する。しかして、これら諸問題がいかなる論拠から原価計算において問題にされているのか、必ずしも明確にされていない。これはまことに遺憾なことであると久保田教授は批判されつつ、問題を提起される[8]。

そして、この種の論拠づけについては、原価計算に関心がもたれた比較的初期の段階にさかのぼって考察する必要があると主張される。けだし、初期の段階では、今日のようにKostenrechnungという名称よりもKalkulationという名称の方が広く用いられていたこと、それが逆転して、現今ではKostenrechnungという名称が一般化してKalkulationがほとんど用いられていないこと、この逆転の推移の中にひそむ計算思考を究めることによって、原価計算が広汎な計算領域を取上げうる根拠がはじめて説明しうる、と久保田教授は主張される(9)。

さて、かかる問題意識にもとづいて、久保田教授はドイツ原価計算論の文献を引用して論証をこころみられる。まず、ドルンの文献を手掛りにして一八世紀末には Stückkostenrechnung を Kalkulation と称していたこともあって、Kalkulation の解釈については、実践的には統一されていなかったようであると推論される。ただ、Kalkulation には原価すなわち消極的要素と売価すなわち積極的要素との二つの計算領域が取上げられていたと久保田教授は推察されている(10)。

やがて今世紀初頭に入ると、Kalkulation を工業会計制度の一構成体として位置づけるカルメスの見解が表明される。久保田教授はこのカルメスの所説に注目されている。が、すでに前節においてカルメスの見解は紹介したので、ここではカルメスの Kalkulation 理解がどうして原価計算という形で消極的要素の計算領域中心に移行していったのか、久保田教授の説明をきくことにしたい。教授は、この移行した理由について、二つの主たる史実を指摘される。

すなわち、「その一つは、原価給付売価単位計算といっても、この計算で製品価格の採算できそうなのは、受注個別生産の場合であって、競争市場価格になると、その価格の採算の性格については違うことが目立ってくるのである。というのは、価格計算つまり採算とは、国民経済的な側面に対する問題であるが、Kalkulation とは、私経済的な計算の問題であるからである。したがって、国民経済的な側面に対するよりも、自己の企業の原価を中心に計算する方が合理的にして合目的であるという考え方が成り立つわけである。この考え方を代表するものとして、シュマーレンバッハの所説をあげることができる。いま一つは、これまでの Kalkulation は主に技術家的な計算であったが、これを会計的な計算に織り込まねばならないという企業経営上の要請が出てきたことである。繰り込むとは、簿記を土台に計算せねばならぬから、売上と損益の方は別の勘定で計算できることになり、したがって、

Kalkulationの方では原価の計算だけに限定されてくるわけである。この考え方を強調する代表的なものとして、前述のカルメスがその後において展開した所説をあげることができる」[11]と。

しかして、前者のシュマーレンバッハの所説を裏付ける文献として、彼の処女論文「工場取引における簿記と原価計算」（一八九九年）と「工場の原価計算」（一九〇二年）とを挙げておられる。そして、シュマーレンバッハ自らが、産業革命の終ったドイツの経済社会を背景にして、Kalkulationの考え方から原価の計算、つまり消極的要素の計算に強い関心を向けざるをえなくなった事情を久保田教授は論証しておられる[12]。

一方、後者のカルメスの所説については、彼の『工業簿記論』（一九一五年）を久保田教授は取り上げて論証されている。まず、カルメスが『工業簿記論』において、Kalkulationと称しながらその内容は原価計算であることを指摘する。ついでかかる情勢になってきた事情を、カルメスが簿記との関係において説明しようとしているところにあると洞察し、「簿記とKalkulationとのそれぞれの長所を失することなく、会計組織として一元的なるものにせねばならない。もしこの一元的なものにすると、Kalkulationから原価計算へと移行してくるのである」[13]と久保田教授は喝破される。

かくして、Kalkulation本来がもっていた計算上の性格がくずれ、原価計算に移行した論理的過程について、久保田教授はつぎのようにまとめられる。

「ドイツ産業革命の台頭する以前に、すでに原価給付売価単位計算の形をとっていたことが知られる。しかし、この時代には、なにぶんにも受注個別生産が支配的であったから、その給付の売価計算を『採算』という形で行ないえたから、このKalkulationに矛盾のあることが自覚されにくかったのである。ところが、産業革命の擡頭とその後の影響を受けて、市場商品生産の方が支配的となり、したがって、その商品価格は企業独自の立場から決定し難く、社会的に成立するものであるから、一般には採算という目的のためよりも、むしろ自己の原価を知って、自己の経営態様を管理し、また経営上の措置を講ずる方が合目的であることは当然である。またこれまでのKalkulationは工場技術などによって計算されることが多く、したがって技術家的立場からのKalkulationであったが、これを工業会計組織のなかに織込むと、簿記が出てくるから、ここに売上勘定棚卸品（製品仕掛品）勘定および損益勘定による記録ができるために、Kalkulationのもっている売価、単位損益の計算は重複するために、Kalkulationの方は原価計算をするだけで足るようになったことも必然的である」[14]。

要するに、大量・市場生産への経済上の移行にともなって、Kalkulationが計算上もっている性格のうち、原価の計算に注目せざるをえなくなったこと、また、工業会計組織の中にKalkulationの計算を組み込むと、売上、損益の計算は簿記が担当することとなって、原価のみが原価の計算として残り、独自の計算領域をもつようになった。これが久保田教授の論証の結論であると筆者は考える。

四　Kalkulationと「原価補償の理論」・「原価管理の理論」

久保田教授によるKalkulationの理解、またKalkulationから原価計算へ移行する歴史的・論理的説明の中に、教授の原価計算思考を読み取ることができる。しかして、教授の主張される「原価補償の理論」と「原価管理の理論」についても理解が可能となる。もっとも、久保田教授は「復古調式にKalkulationをもち出して、原価計算が原価、売価または売上収益、差額損益を取り扱いうるように説明するとせば、それはあまりにも野放し的な説明であり、また最近の企業経営の現実とは距りすぎた説明におわるというべきである。もし、この点に留意すれば、むしろ、最近の企業経営において、原価計算が表面に浮び上っている現実の姿に足を踏みしめながら、過去のKalkulationが取り上げていた『売価』『売上収益』さらには『損益』の計算について近代的に説明づけねばならぬことは明らかである」[15]といわれる。

ではどう説明づけるのであろうか。久保田教授は、まず現在の生産方式―市場―価格の開連をつぎのように解される[16]。つまり、現在の市場が完全自由競争であると想定すれば、個別受注生産であろうと大量市場生産であろうと、企業が原価計算を手掛りにして算出した製品の原価が市場価格となるわけではない。むしろそこでは市場価格に制約を受けざるをえない。いいかえれば、企業の製品原価計算は、自己の原価補償または原価回収を第一義的に考え、なお所期の利益を得たいという計算にすぎないのである。

もし、このように解するとすれば、ここから「原価補償の理論」が生起し、かつ存立する根拠が生れる、というのが久保田教授の見解である。すなわち現実の原価計算は利益の獲得を望む計算であるとはいえ、損失に関する計算を取り扱う場合もあるのであって、それが故に、計算的順序からいえば、まず原価補償または原価回収という形の計算がさきにあり、そのつぎに利益獲得の計算がくるのである。かくして、原価補償または原価回収の計算理論を導き出す必要が生じる。しかして「原価補償の理論」となって成立をみるのである。

もちろん、そこでは、原価・売上・利益の関係、利益計画の問題だけにとどまらない。その他諸種の特殊原価調査の問題も当然原価補償の計算形態であって、これらの諸形態を原価計算思考として究めるところに「原価補償の理論」の重要な研究課題がある。要するに、かつてのKalkulation理解ないしは計算思考を近代的な原価計算の立場から再構成しようとする場合に、「原価補償の理論」が必要不可欠となって、その存立基盤を持つに至る、というのが久保田教授の考えであると筆者は理解する。

それでは「原価管理の理論」はいかように考えるのか。久保田教授は「別稿において卑見を記述するから、ここでは……省略しておきたい」[17]と述べ、その見解の公表を予告されながら逝去された。したがってその見解は幻のものとなっている。

ただ、いままでの久保田教授の論理展開からおよその見当がつくように筆者は考える。つまり、久保田教授はつぎのように大要考えられていたのではなかろうかと推論するのである。

いま、利益＝売上－原価と想定する。この三者を相互に関連づけながら原価を問題にするのが「原価補償の理論」の領域であろう。ところが、売上を一定とすれば、利益の増減は原価の増減に反比例する。そうだとすれば、原価の引下げが重要な問題として浮上してくる。これが「原価管理の理論」の領域となることは久保田教授の所説からは了解されよう。事実、さきにも引用したが、久保田教授は市場価格が社会的に成立している場合、「一般には採算という目的のためよりは、むしろ自己の原価を知って、自己の経営態様を管理し、また経営上の措置を講ずる方が合目的であることは当然である」[18]（傍点引用者）といわれる。かくて、受注生産における自己の入札価格または申出価格の計算、あるいは大量市場生産における獲得しうる希望価格の計算は、たしかに「原価補償の理論」領域で問題となる。しかしこれら価格の計算による売上・利益に限界があるとすれば、原価そのものに焦点が移るであろう。端的にいえば、原価引下げ問題が出てこよう。これが経常態様の管理であり、経営上の措置を講ずることであって、「原価管理の理論」領域の内容を構成するのである。

つまり、かつてのKalkulationの考え方のうち、原価（費用）の側面を深く掘り下げていき、これを近代の原価計算思考として論じようとすると、ここに「原価管理の理論」が生成しかつ存立するのである。たしかに、まことに単純素朴な論理であるが、久保田教授の発想の根底にはかかる思惟が存在していたと筆者は推論する。

五　結言

以上、Kalkulationをめぐる理解からも「原価補償の理論」と「原価管理の理論」とが嚮導されうる、という久保田教授の見解を紹介した。たしかに、原価計算の目的論・課題論としての「原価補償の理論」と「原価管理の理論」とは、原価理論によって整序されてきたという考えが、久保田教授にとっては本筋であろうと推察される[19]。しかしKalkulationの理解からも同様の結論が導出されることは、原価計算論が「原価補償の理論」と「原価管理の理論」とから成立するという久保田教授の主張を一層堅固なものにするであろうと思われる。かくして、久保田原価学説を検討していく上で、Kalkulationについての久保田教授の理解は重要であるし、またその吟味も不可欠の要件となる。本章はその意味で省略できないプロセスとして、ここにみてきた次第である。

その結論はきわめて単純であって、とくに刮目すべきものでないかもしれない。しかし、久保田原価学説を理解すること、またその学説の独自性を指摘すること、さらにはこの学説の現代的意義を主張すること、これらがためには必須の検討課題であると考える。かくてKalkulationから原価計算への移行過程にみられる原価計算思考の変遷過程からも、「原価補償の理論」と「原価管理の理論」との存立が論証されるという見解は説得力があり、久保田原価学説のリアリティを補強することとなる[20]。

注

（1）そのさい、「原価補償の理論」と「原価管理の理論」とが、昭和三二（一九五七）年、久保田音二郎著『原価計算論』において初めて主張されたかのように紹介した。しかし、久保田教授は戦前からかかる見解を表明されていた。たとえば、昭和一九（一九四四）年に刊行された『統一原価計算制度論』では、「第一編　第一章　統制価格の決定と原価補償原理、第二章　経営能率の増進と原価統制原理」とあって、その内容が論じられている。同様に、同じく昭和一九（一九四四）年の『工業原価計算論』においては、序において「原価補償の理論」と「原価統制の理論」が基礎原理になりかつ二大支柱となること、そして第五編において「原価補償の理論」（第一七章）と「原価統制の理論」（第一八章）とが論述されている。

（2）Leitner, F., Die Selbstkostenberechnung industrieller Betriebe, 3. Aufl., Frankfurt a/M, 1908, S. 2.

（3）Calmes, A., Die Fabrikbuchhaltung, Leipzig, 1909, S. 2.　なお、松本　剛教授はカルメスのKalkulationをめぐる理解について、「Kalkulation は Aufwand（Kosten）費用（原価））と Ergebnis（Ertrag）（結果（収益））の計算であり、Kostenrechnung は Aufwand（Kosten）のみの計算、Selbstkostenberechung は工場経営において採用された Kalkulation（計算）である。イ、工場経営の費用（原価）計算が Kostenrechnung であり、ロ、工場経営の費用（原価）及び結果（成果）計算〔投入産出計算〕が Selbstkostenberechung であり、ハ、営利経済の費用（原価）及び（成果）計算が Kalkulation である。イとロは計算対象の違い、ロとハは適用企業の違いである。だから工場経営の Kalkulation は Kostenrechnung ではなくて、Selbstkostenberechung である」（松本　剛著『ドイツ商法会計用語辞典』森山書店、一九九〇年、一九五頁）といわれる。

（4）Kosiol, E, Chmielewicz, K., & Schweitzer, M., (Hrsg), Handwörterbuch des Rechnungswesens, Stuttgart, 1981, S 842.

（5）久保田音二郎著『間接費計算論』森山書店、昭和三四年、一六頁。

（6）久保田音二郎著『直接標準原価計算』千倉書房、昭和四〇年、三三頁。

（7）久保田音二郎稿「Kalkulation にひそむ原価計算思考」『国民経済雑誌』第一一五巻第五号、昭和四二年五月。なお、久保田教授は本論文では Kalkulation を「原価給付売価単位計算」と訳されている。

（8）久保田音二郎稿「前掲論文」一—二頁。

（9）久保田音二郎稿「前掲論文」二—三頁。

（10）久保田音二郎稿「前掲論文」三—四頁。

（11）久保田音二郎稿「前掲論文」六頁。

（12）久保田音二郎稿「前掲論文」六—九頁。

（13）久保田音二郎稿「前掲論文」一一頁。

（14）久保田音二郎稿「前掲論文」一三—一四頁。

（15）久保田音二郎稿「前掲論文」一七頁。

（16）久保田音二郎稿「前掲論文」一八—一九頁。

（17）久保田音二郎稿「前掲論文」一九頁。

（18）久保田音二郎稿「前掲論文」一四頁。

（19）　久保田教授によれば、原価計算の整序された目的論は原価計算の発展によったかといえば、そうではなくむしろ原価理論の体系的な目的論によって整序されたといわれる。（久保田音二郎著『間接費計算論』森山書店、昭和三四年、二四六頁以下参照。なお、この点については拙著『費用理論序説』森山書店、一九七四年、二一八頁以下も参照されたい）。

（20）　久保田教授は本章で紹介したように、KalkulationからKostenrechnungへという流れを思考されている。しかし、筆者はこの推移の過程をつぎのように考えている。すなわち、Kalkulation→Selbstkostenberechung→Kostenrechnung→Deckungsbeitragsrechnung（moderne Kalkulation）という原価計算思考の流れである。最後のDeckungsbeitragsrechnungはたとえばメレロヴィッツのいうディレクト・コスティングを初めとして、プラウトの限界計画原価計算、アクテの段階的固定原価補償計算、そしてリーベルの相対的補償貢献額計算等の計算思考を含むものであって、これを近代的カルキュラチオンといえるのではないか、と筆者は考えている。詳細な論議は他日を期したい。なお、ドイツのこのような一連の計算思考を詳述した新著に坂口　要著『ドイツ原価計算システム』税務経理協会、平成四年がある。

五章　資本利子問題と久保田原価学説

一　序言

自己資本であろうと他人資本であろうと、資本の対償である利子が原価となりうるのか否かは、原価の本質を規定する上で重要なポイントとなる。資本利子を原価であるとして利子原価説＝利子算入説をとる論者は多い。とりわけ、利子の原価性をめぐって論議が盛んにかわされたアメリカやドイツでは利子原価説をとる学者が多い。一方、当然のことながら、利子の原価性を認めない利子非原価説＝利子非算入説をとる論者も少なくない(1)。かくて、アメリカではかつて利子の原価性の有無をめぐって、アンケートまでとって決着をつけようとしたことは周知のところである(2)。

わが国においても、この影響を受けて、一時、利子の原価性の可否をめぐって論議がかわされた。しかし、わが国においては、アメリカ・ドイツのようにはっきり可とするもの、否とするものに分れて対立するというよりも、むしろ条件付き利子原価説、つまり折衷論を支持する論者が多かったように思われる。その代表的論者が吉田良三教授である(3)。これに対して、利子原価説を明言しておられる論者としては長谷川安兵衛教授(4)をあげることができる。

それでは、利子非原価説を主張された論者がわが国に存在したのか。筆者の理解する限り、久保田音二郎教授がそれに該当するのではないかと推論する。もちろん、久保田教授のはっきりと明言されている文言があるわけではない。しかし、後述の久保田教授の主張から推察する限り、利子非原価説を支持していると考えざるをえないのである。

かつて、筆者は久保田原価学説について若干言及したことがある(5)。それだけに資本利子の原価性について疑念を提示されている久保田教授の見解は注目に値いする。本章は久保田教授の見解の詳細な検討、とりわけその所説形成の追究は別の機会にゆずるとして、久保田教授の見解と吉田良三教授の所説とを比較しつつ、もって久保田教授の原価学説の特徴を明示したい。いわばわが国における利子の原価性論議をレヴューすることによって、久保田教授の原価思考の一斑を顕現させることが目的である。

二　利子原価説＝利子算入説と利子非原価説＝利子非算入説

(1)　利子原価説

以下ではまず吉田良三教授のまとめられた利子原価説と利子非原価説について、教授の論文から直接引用して紹介することから始めたい(6)。というのは、わが国において吉田教授が資本利子の原価問題について、寡聞の限りいち早く取り上げて検討・吟味を加えられていること(7)、また比較的多くの機会を得てこの問題を論議されていること(8)、さらにそれだけに最も簡潔に本題について論点をまとめられた上で、自説を展開されていること、による。しかもその総括は筆者の知る限り正鵠を得ていると考える。

まず利子原価説について。

吉田教授の解説によれば、利子原価説の論拠はつぎの三点にまとめられるという(9)。

第一は、経済理論に立脚するものである。つまり、会計学上の原価概念を経済学上のそれに一致せしめようとするのである。すなわち、「経済学に於ては資本利子が利潤と明確に区別され、利子は資本利用の報酬として、それは土地の使用に対する地代又は労働の消費に対する賃銀同様、一種の生産費と認められる。故に会計学に於ても資本利子は之を利益の一部とせずに、原価の一部と見ることが理論上正しいと云ふのである。換言すれば、会計学上普通に純利益と呼ばれているものは、経済学者に依っては之が二分せられ、一は資本が最少限度の危険を以て投下された場合に生ずる収益であって、企業から見るならば資本獲得の費用に相当し、従ってその生産費の一部をなす。其の二は企業の危険負担に対して受ける報酬で、所謂企業家利潤を意味する。普通はこの両者が区別されず、共に企業利潤に含まれ、自己資本利子は利益配当の形式にて支出され、利子としては支払はれないが、それは外面的事象に過ぎないで、その本質に於て資本利子は決して利潤の一部には非ずと主張する」のである(10)。

したがって、この論拠により、資本利子は利潤の一部とはならず、むしろ原価の一部となり、同時に企業利潤を資本利子と企業家利潤とに分割しようとするものである。要するに、経済の三大生産要素である土地、労働、資本に対して地代、賃金、利子という三大生産費が発生し、これらが原価を構成するという考え方である。ただ、等しく経済理論に立脚しながらも、後述の久保田教授の見解と上述の見解とは大きく相違している。

第二の論拠は、原価概念に基づいて資本利子を原価に含めようとするものである。すなわち、「原価概念は、既述の如く、工企業固有の目的たる経済的給付のため惹起された財貨の消費を意味し、即ち原価たるには費用の如く支出の伴ふを必要としないで、それは単に給付のために生ずる一切の犠牲に外ならない。（中略）故に原価が一定給付に係る総ての犠牲を含む以上、投下資本の利子は当然之を利用する企業の原価となすべきである」[11]という立場である。なお、ここには自己資本についても、これを「他人に貸与すれば利子なる収益を生ずる。従って之を自己の企業に使用するならば、この利子収入を失ひそれが企業のために犠牲と」[11]なるのであって、原価に計上されるといういわゆる機会原価の考え方を容認し、これを原価に計上する思考に含むものとしている。要するに犠牲をもって原価とする考え方が看取されるのである。この点、後述の久保田教授の原価の本質規定とは大きく異なることを指摘しておきたい。

第三の論拠は、実務的理由に基づくものであって、吉田教授はこれをさらに㈠公正な比較目的から原価に算入する場合と、㈡一方、原価に時間的要素（Time Element）を取り入れる必要上、資本利子を原価に算入すべき場合があるとして、それぞれ詳述している。

前者の比較目的については、たとえばつぎのようなケースを列挙されている[12]。

一、同一製品の製造にかかる異る方法または異る機械の経済性を比較する場合には、双方への投下資本額が同じでない限り、双方の製品原価にその資本利子を計上する必要がある。

二、同種の生産をする二つの経営または二つの工場につき、両者が投下資本額を異にする場合には、その資本利子を計上しない限り、両経営または両工場の給付単位原価の正当な比較をなし得ない。

三、部分品・動力・諸工具または器具等につき、これらを工場自身で生産するのと、外部から購入するのと、いずれが有利なのかを決定する場合においても、自家生産のための投下資本利子を顧慮しなければ、自製と購入との優劣が正しく比較できない。

四、工場の建物を自ら所有する場合と、これを他から賃借する場合とがあっても、前者に対しその建物への投下資本利子を建物費に計上することが、両者の原価比較上必要である。

かくして、「何れも投下資本の利子を原価に加へなければ、異なるものの間の正しき比較が出来ず、従って、経営上適切なる判断を下すことが出来ない」[13]のであって、「経営上の比較問題を利子加算の理由となす学者は極めて多く、之は実際的理由からも利子算入説中最も有力視されるものである」[14]と吉田教授は要約している。

後者の時間的要素の問題については、「多数の工業に於て、原料が購入後その使用前、又製品が完了後その販売前、相当長期間に亘り保蔵されることの必要な場合がある」[15]として、たとえば「木材の如き製造に使用する前一定期間之を乾燥する必要があり、又葡萄酒の如きその製造を終りそれが出来上っても、その品質を良くするため数年間貯蔵して古くすることの必要あるが如きである。従って、この種の原料又は製品に就ては、之を乾燥し又は古くするに要した経過期間に対する資本利子を原価に加へ、その棚卸価格に算入するが当然であると主張される」[15]のである。

（2）利子非原価説

さて、利子非原価説についての吉田教授のまとめも紹介しておこう。教授によれば、利子原価否定論者は、まず肯定論者の主張に対して反論を加えているという。すなわち、経済理論に立脚して資本利子を一種の生産費とみなし、利潤どころか原価であるとして算入を主張するのに対して、利子は利潤の一部であって、決して原価ではないと論駁しているという。しかして、「会計学上の利益は企業利潤を意味し、それは自己資本の利子をも含むと解し、資本利子と企業家利潤との分離を認めないものである。故に企業の利益を資本利子と企業家利潤とに分割し、資本利子を原価の一部となすことは経済理論に囚はれた議論であって、それは会計学上又企業経営上一般に認められる利益概念に反し、従って企業家はこの分離に依り何等得る所」[16]がないのである。また「斯くの如く資本利子迄も之を資本獲得の費用なりとして原価に加へ、苟も販売価格に影響するものを総て原価に含めるならば、正常の企業家利潤も亦資本利子同様原価に含ましめる必要を生じ、結局企業は正常利益以上の超過利益を挙げない限り利益を生じないことになる」[17]という論者の紹介も吉田教授は行っている。

つぎに比較目的の観点から原価の計上を主張する論者に対しては、「利子を原価に加へずとも、他の固定費即ち税金・保険料・減価償却費等に依る相違が、充分同じ影響を原価上に反映する。（中略）異るものの相対的経済性を比較するに当り、双方への投下資本利子をその比較に考慮するは可なるも、それがためその利子を生産費となして之を原価に計上する理由にはならない」[18]という反対論者の見解を吉田教授は紹介している。

かくしてこのような論述を踏えて、吉田教授は利子非原価説をとる論者の積極的な否定の理由をつぎの二点に集約している[19]。

一、資本利子を原価に含ますことは、製品および仕掛品の棚卸価格を膨脹せしめ、販売に先立ち利益を豫期することになる。また全然販売をなさない時においてさえ、なお営業利益が算出される結果を招来する。

二、利子原価説が認められるとしても、利子が計算される資本の基礎が、普通固定資本に限られて流動資本を無視することは理論の一貫性を欠き、また如何なる利率が使用されるべきかについても、肯定論者間に意見の統一がなく、したがってこれを決定するには実際上の困難がある。

前者についてはは吉田教授は首肯するところがあるとされている。後者(二)については、いわば実践的・技術的な理由であって、利子計算の資本元本額、計算期間、そして利率の問題はこれを定めるには実際的な困難が伴ない、そこから原価の正確性がはたして保証できるのか、という問題提起であり、疑念でもある。かくして、延々と議論が続くこととなるが、いまだ確たる結論は得られていない、と吉田教授は考えられている。

その他、利子原価否定の論拠としてなお二、三あるとして吉田教授は紹介し、かつコメントを加えておられるがここでは割愛する。

三　折衷論（説）

以上、吉田教授の解説に依拠して、利子原価説と利子非原価説を概観した。いまや、当の吉田教授の見解をきくべきところにきた。吉田教授は「惟ふに、算入説及び非算入説の主張には、共に一部の真理の存在することを認めざるを得ない。即ち算入説に於ては、それが客観的比較の基礎として、又原価に時間的要素を取入れる必要のある時に利子原価性を強調する点は首肯せらるべく、非算入説に於ては、会計学の見解が経済学のそれと必ずしも一致せず、又一致せしむるの要なしと云ふ点に共鳴が見出される。ただ総括的に評して、算入説が一般経済学に基礎を置いて、その論拠が積極的なるに対し、非算入説はそれが積極的に否定の理由を主張するよりも、その言ふ所が消極的・防禦的であって、理論よりも寧ろ実践上の困難に訴へる嫌がある」[20]と総括されている。したがって、一見するところ、吉田教授は利子原価説を支持しておられるようにみえる。しかし、教授は大急ぎで「吾人は算入説の主張に無条件に賛意を表することは出来ない」[21]といわれる。その理由として、利子原価説の論拠になっている経済理論に立脚する観点を批判される。つまり、「経済学では資本利子が生産費に含められる所から、之をその儘会計学の畑にも移し植え、利子を製造原価に加ふべしと主張するものであって、之は稍々経済学に囚はれ会計学固有の立場を軽視する嫌がある」[22]と論断されるのである。そして「元より会計学を経済理論に基礎付けることは、それを科学的ならしめると云う上に効果はあるが、それが実際界の通念に適合しない時には、経験科学たる会計学の立場としては、必ずしも経済理論に一致せしめる必要はない。要するに、利子算入論者は主として経済理論に準拠せんとするに対し、非算入論者は寧ろ実際界の通念に即して決せんとし、その立脚点に根本的な相違のあるため、資本利子が原価要素たるか否かの問題は、之を一般的に決定することは寧ろ不可能なるかの観があると」[22]

もいわれ、経済理論にもとづく利子原価説を必ずしも支持しようとされていないように察知できる。

しかし、この見解は後述の久保田教授の所説と比較すると、経済理論に立脚する観点そのものを度外視した上での不支持であって、いわば門前払いの観がある。その点、久保田教授は経済理論に立脚しつつ、利子は利潤の分割前払であると捉えて、それが故に原価とはなりえないと主張されている。

ところで、吉田教授の上述のような考え方は、利子原価説の第二の論拠づけについても指摘できよう。つまり、第二の論拠は原価概念にもとづき資本利子を原価構成分と認めるものであるが、「会計学的見地からは、資本が特定企業に投下されれば、之に関して生ずる原価成分としては、その資本を代表する資本財を通して、資本維持に要する当該資産の消費、及び之に生ずる減損を計上すれば足り、更に資本自身の利子迄も計上する必要を認めて居らない。成程資本を企業に使用するために、之を他に貸出した場合に得べき利子は失はれるが、之は収益の発生が中止されただけのことで、損失や費用の現実の発生とは異るから、原料・労働力・他人サービス価値等の消費と同一視して原価に計上することは経済学的観念に於ては兎も角、会計学的観念としては正当と思はれない。即ち会計学的見地からは固定資産に投ぜられた資本に就ては、その資産に生ずる減価償却費・修繕費等を、又流動資産に投下された資本に就ては、その資産消費に依って生ずる原料費・労力費・経費及び其棚卸減損等を原価成分とすれば充分であって、それ以上更に資本利子をも原価に計上する必要を認めて居らない」[23]と吉田教授は論駁を加えられている。

ただ、かかる吉田教授の主張も、原価の本質規定を積極的に示した上での批判ではないように筆者は考える。この点において、これまた後述の久保田教授の見解とは差異があると思う。久保田教授は原価の本質規定を明言した上で、資本利子の原価性について批判されているからである。ただし、吉田教授の、経済学的見地と会計学的見地とでは相違があるという指摘については傾聴に値いするものがあると筆者は考えている。

ところで、利子原価説の第三の論拠については、「比較問題の解決には利子を原価に加へる方が適切である」[24]として、吉田教授は支持されている。むしろ、利子非原価説の主張について、必ずしも説得力のある論拠になっていないと批判される。

かくして、吉田教授は再度利子原価説と利子非原価説とを比較して、「算入説に組すべき点がより多いとも、又之が理論会計学の進展に照し、原価計算のより進歩的方法であるとも云ひ得るも知れない。乍併、之等肯定論拠の何れを検するも資本利子を以て、他の経済的財貨の消費即ち原料費・労力費・減価償却費等と、全然同視し得る一般的原価要素なりと信ずるに足る理由を発見することは出来ない。（中略）要するに算入説と非算入説とは、利子が原価の一部なるか又はそれが利益の一部なるかを中心として廻る論争であって、算入論者は経済理論に基き之を原価なりと云ふのに対し、非算入論者は事業界一般の通念的見解に基き之を利益なりとして、全く正反対の主張をなすものである。故に前述の如く、この点は両者相対立して妥協一致の余地なく、さればとて孰れが是、孰れが非と断ずることも出来ない」[25]と論結しており、吉田教授の苦渋をここにみる思いがする。

では吉田教授の帰する立場は奈辺にあるのか。教授はいう。「斯くて吾人は肯定説又は否定説の孰れか一方に全然賛成するを得ないで、所謂折衷論者の不徹底に堕するの譏は免れないが、算入説の第三主張に於て挙げた各場合の如き、資本利子を原価に含める充分な理由と利益とのある場合に限り、利子原価肯定説を承認し、其の他一般の場合には製造原価の算定に当っては利子問題を無視するのである」[26]と。つまり、折衷論、条件付き利子原価説を支持するのである。一般論で議論することには無理があるのであって、具体的な事例にさいして、資本利子を原価要素に算入すべき充分な理由とメリットがある場合に限り、利子の原価性を肯定する、というのが吉田教授の立場である。

四　久保田原価学説

以上、資本利子をめぐる論議について、吉田教授のまとめを借用しつつ引用・紹介してきた。また吉田教授の見解・立場についても指摘してきた。本節ではこの吉田教授とは一見すると同様の見解を示しているが、根本的には相違した所説を展開していると推察できる久保田教授の考え方を祖述したい。

一見すると同様の見解というのは、上述のように吉田教授は利子原価説の第一、第二の論拠を究極的には無視されている。その限りにおいて吉田教授は利子非原価論者である。一方、久保田教授も利子非原価論者であると推論できる。というのは、久保田教授は利子問題に関する最後の論文において、原価の本質規定から「利子を原価に算入し得る理論的根拠はあり得ない。端的にいえば、利子は原価の領域で取上げ得ないのである。この意味において筆者（久保田―平林注）は利子の原価性を否定するが、その否定の理由は、過去の否定論者の理由または意味内容と違いはあれ、結論的には、過去の否定論を支持せざるを得ない」[27]と述べているからである。

ところが、いま少し詳細に吉田・久保田両教授の見解を検討・吟味してみると、既述のように、吉田教授は利子原価説の第一・第二論拠について積極的に自説を開陳して否定されていないように思われる。一方、久保田教授は逆に、この第一・第二論拠について積極的な所説の披瀝がなされた上で否定されているとみられるのである。ここにおいて、両教授の見解は分岐するところとなり、これが延いては吉田教授の折衷論となり久保田教授の否定論となるに至るのである。しばらくいままで以上に冗長となるのをゆるしていただき久保田教授の見解をきくことにしよう。

久保田教授はおよそつぎのように主張される。第一に「本来利子の経済的性質には様々の論議があるが、利子は利潤から分割したものであると解釈されている。この点から見ると、支払利子は利潤の大きさが確定してから支払を受くべき筈である。然るに、利潤の大いさの確定を待たずに支払を受けるのだから、利潤の分割的前払である。換言せば、利子に利潤性があっても原価性はないのである。この理由で先ず卒直に支払利子は原価要素とは考へられないのであるにも不拘、損益計算ではこれを収益としないで損費項目にしているのは従来の損益計算の仕組が企業家利得（又は損失）を算定するやうになっているから、企業家自身から見れば自己への帰属利得の大いさを計算するために、これを控除せねばならなかったのである」(28)。

第二に「原価計算の目的に応じて様々な原価が算出されるが、現代の価格経済社会組織のもとにある工業の原価である限り、一様に貨幣価額で表現されている。ところが、工業の生産過程に於ける実相を見ると原材料、労働力、設備等の自然的・物理的素材を全体的にか部分的にか利用消耗して、それを変形して製品を作り出している。素材の利用消耗そのものは原価でないが、これを貨幣価額で言い現はしたところにこそ『原価』概念がある。故に素材の利用消耗と貨幣価額とは価値的に見ると等価関係であるが、然し、等価であっても両者は同一物でなく相対立しているのである。然るに、利子は資本の利用に対する対償であるといふが、他の原価財の如く相対立している素材の利用消耗がない。この意味で利子には原価の計算対象がないのである。敢へて利子の原価性を主張するとせば、如何に利子を原価計算するのであるかと反間せねばならない。尤も、利子には資本という実体が背後にあって対立しているようであるが、それは他の素材と根本的に違っている。資本は自然的・物理的素材ではなく、徹頭徹尾経済的なものである。敢へて資本に素材を求めると資金となり、資金は更に一般的交換用具になる以前の金属、貝殻、毛皮等であるかも知れぬ。然し、それは貨幣の素材であっても資本の経済的形態ではない。資本は最初の形から貨幣価額的な表現物である。この理由からも利子には亦原価性がないと思ふ」(29)。

前者が経済理論に立脚する場合の久保田教授の見解であり、後者の第二が原価概念に立脚する場合の同教授の見解であることは理解されよう。しかして、既述のように吉田教授とは違った所説を展開するところとなっている。ここに久保田教授の特徴の一つがあると筆者は考える。

ところで、吉田教授によれば、資本利子を原価に含める充分な理由と利益がある場合に限り、利子原価説を容認し、それが故に利子原価説の第三論拠を一定是認して、折衷説を主張するところとなっている。それに対して、久保田教授の場合はどうなのであろうか。久保田教授はつぎのような論理を展開するのみで、明確な立場が現在の筆者にはよみとれないのである。したがって、現在のところ久保田教授は利子非原価論者であるとしておきたい。

久保田教授はいう。「元来、利子を問題とする生産経営は現代経済社会組織を地盤とし、これに制約せられた範囲内に於てのみ考え得べきである。故に、利子の経済的性質は仮令原価計算に於ても埒外にできぬ。利子の経済的性質は原価計算目的の相対性と同様に重要な計算的意味をもつ。而して、利子の此の性質と原価計算目的の相対性とは亦密接なる相互依存関係にある。利子問題が原価計算論上、錯雑をきはめる理由の一つは利子の経済的性質に(イ)利子が利潤性あること。(ロ)利子が価格性あること。この二形態を同時に潜在することに拠るのである。而して此の経済的性質からすれば、利子には原価性がないのである。利子の非原価性。然るに原価計算目的遂行のため利子の非原価性を歪めて恰も利子に原価性があるかの如く取扱ふだけである。若し、此の点を無視して無批判的に利子の原価性を主張するならば、それこそ此の種論者には原価性たる論拠を説明付けねばならぬ義務が根強く残るのである。本来的に利子の非原価性を原価性と仮定して原価構成要素とするのだから、右の経済的二性質が原価計算目的に関連して意識的にしろ、無意識的にしろ如何に顕現するかを見なければならぬ。仮りに価格決定乃至価格政策のための原価計算に利子が原価構成部分となったとする。利子は名称的、表面的には単なる利子であっても、原価構成部分となったところの利子は利潤性から由来している。此の時、利子の価格性たるの性質に由来して原価構成要素に評量せられたのではない。また原価計算目的が経営態様の管理統制にあったとする。利子は亦問題となる。

けれども、それは利子の価格性に由来しているが、利潤性からではない。斯して、価格計算——利子の利潤性、経営態様の管理統御——利子の価格性。これ原価計算目的と利子の経済的性質とが密接な相互依存関係にある所以である」(30)と。

みられるように、この叙述は利子の経済的性質としての利潤性・非原価性と原価計算目的における利子の利潤性（価格計算目的）・価格性（経営態様の管理統制目的）との関係を説いたものである。したがって、この文言から久保田教授が原価計算目的によっては利子を原価構成部分とするのを是認しているのか判然としない。少なくともこの論述からは原価に算入することを肯定しているとは看取できないように思う。今後の研究課題としたい。

五　結　言

利子の原価性について、久保田原価学説を検討するべく、迂回をして吉田教授の本題についてのコメントとその自説を祖述してきた。そして最終的に久保田教授の見解と比較検討してみた。久保田教授の見解は吉田教授のそれと同じようにみえるが、既述のようにその根拠付けについては相当の開きがあるのである。とりわけ、経済理論に対する考え方、原価の本質規定については、両教授間では相違している。久保田教授がこれらについて積極的に自説を開陳しているのに対して、吉田教授はどちらかといえば利子原価説の第一・第二論拠の批判に終始しておられるように拝察する。

しかし、吉田教授が経済学的見地と会計学的見地とでは相違があると指摘して、利子原価説の第一の論拠である経済理論に立脚する観点についてあえて関説されなかったとも推察される。もしそうであれば、それはいわばマクロとミクロとの問題であって、今日でも充分に考慮に入れておかなければならない問題点である。その意味では、久保田教授がこの点をどのように考えておられたのか問いたいところである。経済学でいうところの利子は利潤からの分割前払いであるという考え方が、はたしてストレートに会計学に適用できるのか、われわれは改めて考究しなければならないと考える。

もっとも、久保田教授は原価の本質規定からも、いなこれに最も依拠して利子の原価性を否定しておられる。この点、吉田教授は極めて簡潔な説明に終っている。会計学的見地を重視するのであれば、吉田教授の原価本質規定についていま少し知りたいところである。

最後に、久保田教授の利子の経済的性質は企業利潤である、という見解と、上述の原価の本質規定は奈辺にその根拠を置いているのか、考えなければならない。誤解を恐れずに推論すれば、恐らく労働価値論にもとづくものと思われる。しかし、これは重要な問題であるので別の機会に論究してみたい。

【付記】　末尾一秋教授記念号への執筆にあたり、まず奈良産業大学経済学会当局に感謝申し上げる。末尾先生とは会計情報研究会（故久保田音二郎先生主宰）等を通して多くのご教示を賜わっている。ここに末尾先生が久保田先生のご高弟であることに因んで表記のごとき拙文を草することとして、責を果したい。

注

（1）　アメリカやドイツにおいて、どのような著名な学者が利子原価肯定論者であり、また利子原価否定論者であるかは、たとえば吉田良三教授や長谷川安兵衛教授の著作にそれぞれ名前があげられている。
筆者はそれら論者の見解を原典にあたって確認していないので、いちいち名前を列挙することを割愛する。とりあえずどのような論者が肯定・否定に分れているかは吉田良三著『間接費の研究』（森山書店、昭和一一年）、八六―八七頁および長谷川安兵衛著『原価会計学』（東京泰文社蔵版、昭和一〇年）、七九三頁と八〇二頁を参照されたい。

（2）このアンケート調査についての詳しい事情についても、筆者は資料にあたって確認していない。久保田音二郎教授によれば、前世紀末に「米国機械技師協会」が自己資本の取扱方法について質問書を出しているという。しかし、これ以外に、ニコルソン・ロールバッハの一九一九年の調査と原価計算人協会（NACA）の特別委員会の一九二一年の調査がある、と久保田教授は述べ、その要点を紹介している（久保田音二郎稿「原価計算利子論の史的研究」『研究年報』神戸大学経営学部、一九五七年、二三三―二三四頁参照）。なお、このアンケート調査については、長谷川安兵衛著『前掲書』七九二頁および久保田音二郎著『間接費会計論』（巌松堂書店、昭和一七年）、七八―七九頁においても言及されている。

（3）吉田教授は多くの機会をとらえられてかかる折衷論を主張されている。ここではその最初の表明と思われる論文「利子は原価の要素たりや」『商学研究』（第六巻第二号、大正一五年一〇月）を紹介しておく。

（4）長谷川安兵衛著『原価会計学』（東京泰文社蔵版、昭和一〇年）参照。

（5）拙稿「久保田原価学説の検討」『会計』（第一三八巻第五号、一九九〇年一一月）、同じく「Kalkulationと久保田原価学説」『会計』（第一四二巻第二号、一九九二年八月）（本章の三・四章）を参照。

（6）ここでは吉田良三著『間接費の研究』（森山書店、昭和一一年）、第五章　資本利子に依拠している。なお、引用は原文に忠実であることを心掛けたが、諸般の事情から当用漢字、現代かなづかいに変えて用いている場合がある。

（7）さきに指摘した吉田良三稿「利子は原価の要素たりや」『商学研究』が、寡聞の限りわが国では資本利子の原価性を取扱った最初の論稿と考える。

（8）因みに吉田教授の主たる論稿を列挙しておきたい。教授の著書であっても、あえて章題を示すこととした。
「利子は原価の要素たりや」『商学研究』（第六巻第二号、大正一五年一〇月）。

「原価計算上資本利子の取扱に就きて」吉田良三著『工業会計研究』（森山書店、昭和五年）所収。

「利子原価問題に就て」日本会計学会編『原価計算』（森山書店、昭和一〇年）所収。

「資本利子」吉田良三著『間接費の研究』（森山書店、昭和一一年）所収。

（9）吉田良三著『間接費の研究』（森山書店、昭和一一年）、九七頁以下。

（10）吉田良三著『前掲書』九八頁。

（11）吉田良三著『前掲書』九九頁。

(12) 吉田良三著『前掲書』一〇〇―一〇一頁。
(13) 吉田良三著『前掲書』一〇〇頁。
(14) 吉田良三著『前掲書』一〇一頁。
(15) 吉田良三著『前掲香』一〇二頁。
(16) 吉田良三著『前掲書』一〇三―一〇四頁。
(17) 吉田良三著『前掲書』一〇四頁。
(18) 吉田良三薯『前掲書』一〇五頁。
(19) 吉田良三著『前掲書』一〇三頁。
(20) 吉田良三著『前掲書』一一一頁。
(21) 吉田良三著『前掲書』一一二頁。
(22) 吉田良三著『前掲書』一一三頁。
(23) 吉田良三著『前掲事』一一四―一一五頁。
(24) 吉田良三著『前掲書』一一五頁。
(25) 吉田良三著『前掲書』一一九―一二二頁。
(26) 吉田良三著『前掲書』一二二頁。
(27) 久保田音二郎稿「原価計算利子論の史的研究」『研究年報』(神戸大学経営学部、一九五七年)、二六五頁。
(28) 久保田音二郎著『間接費会計論』(巌松堂書店、昭和一七年)、一〇七―一〇八頁。
(29) 久保田音二郎著『前掲書』一〇八頁。
(30) 久保田音二郎稿「利子の評量的性質(其二)」『商学論究』(第一四号、昭和一三年九月)、九四―九五頁。

補注

この五章の論稿を執筆したさいは、久保田原価学説の特徴を浮き彫りにしたい、という思念が強くあった。しかし、今回転載するにあたり、改めて冷静に且つ客観的にこの論稿を検討・吟味する機会を得た。その結果、吉田良三先生と久保田音二郎先生とは究極的には同一見解ではないか、と思考するに至った。それ故に、本章の結論を訂正する次第である。

たしかに久保田原価学説の方が、極めて精緻な論理展開をしている。しかし、所詮利子の原価性有無はその計算目的に依拠する、という一点において久保田先生と吉田先生との間に相違はないと認識した。つまり、その原価計算目的が製造原価の算定、価格決定、価格政策等であるとすれば、利子の原価性は利子の利潤性から認められない。一方、もしその計算目的が経営態様の管理統制＝原価管理目的等であれば、利子の原価性は利子の価格性の故に是認される、という久保田原価学説は吉田原価学説と同じく折衷説であるということになる。但し、再言になるが、久保田原価学説の論理一貫性には敬服する。加えて、利子の経済的性質に利潤性と価格性の二面がある、という久保田所説についてのいま少し詳細な論述があればなお説得力が増すであろう。

Ⅲ部

書評にみる会計史の研究覚書

『日本とアメリカの原価計算――明治末期』

山下正喜 著

一　はじめに

明治・大正期の三菱造船所の原価計算について精力的に調査・研究され、数々の研究成果を発表されている山下正喜教授（長崎大学）が、このたび『日本とアメリカの原価計算――明治末期』（長崎大学東南アジア研究所　昭和五六年三月三一日）なる高著を上梓された。まことに貴重な研究であり、学界への貢献も極めて大きい。しかし、何分にも非売品のため、多くの読者の目にふれることが少ないと思われるので、ここに簡単にその要旨を紹介するとともに、若干の読後感を加えて本書の書評としたい。

二　本書の内容

本書は「明治・大正期の三菱造船所の原価計算と同時代のアメリカの巨大企業数社の原価計算とをその計算手続・管理的側面において比較し、三菱造船所原価計算のアメリカ企業のそれとの相違点・特徴をさぐり、もってこれからの我国原価計算・管理会計の方向を見極めようとする場合の一助とすることを目的としたものである」（序一頁）。と同時に、当時後進国であった日本の企業の一つ三菱造船所が、先進国からどのようにして近代原価計算技術を学び、それを経営管理や企業発展に役立てたかを明らかにし、もって現在開発途上国にある東南アジア諸国の発展と比較するさいの参考にしようとするものである。

本書は四つの章からなっている。いまその章題を示すとつぎのとおりである。

第一章　三菱造船所の原価計算の生成
第二章　材料費計算と原価低減
第三章　労務費計算と労務費分析
第四章　製造間接費の処理

第一章は「明治・大正期の三菱造船所の原価計算システムの概要や導入の背景について考察し」（序一頁）たものであって、本書のいわば総論部分にあたる。これに対して、第二章—四章は各論であって、「明治四一年の三菱造船所の『組織規定』によりながら、各材料・賃金・経費についてその計算手続・管理的側面を同時代のアメリカの数社のそれと比較を試みながら検討」（序一頁）したものである。

以下では各章についていま少し詳しく内容をみてみることにしよう。

まず第一章では、三菱造船所の原価計算の系譜について述べることから著者は筆をおこしている。そして、著者によれば、三菱造船所の原価計算は西洋複式簿記＝三菱会社簿記法が、三菱造船所の前身である三菱製鉄所に引継がれ、これがイギリスから持込んだと思われる三菱製鉄所での素価を中心とする原価計算と結合しているといわれる。また、三菱造船所のもう一つの前身である工部省長崎造船局の工業会計からも大きな影響を受けていると指摘される。さらに、海軍省の工業会計にも少なからず影響を受けたことが予想されると著者は推察している。

しかして、具体的には、明治二九年頃三菱造船所では製造（半成工事）勘定の形成がみられること、また明治三三年には近代原価計算技術を導入するに至ること、さらに明治の終りには製造間接費の配賦基準に賃金を用いているが、大正六年には機械運転時間法を採用するようになると述べ、三菱造船所の原価計算の発展を素描している。

第一章第二節「三菱造船所の工業会計の勘定図」では、節題のとおり、三菱造船所の明治期の原価計算システムを工業会計勘定図で示し、前節で強調した明治二九年や明治三三年の重要性を資料的に裏付けている。しかし、そこに若干の疑問を感じるが、それについては後述する。

第一章第三節では原価計算導入の背景について叙述されている。その結論は、著者によれば、三菱造船所では技術・設備の立遅れがあり、しかして「材料・賃金のコスト高からくる原価引下げの要請、多額の減価償却額を中心とする間接費の原価分析による回収の要請（間接費認識により製造原価へ算入して回収をはかる、あるいは受注見積価格に間接費を正確に算入し、見積誤りによる損失を回避するなど）、さらに受注原価価格の正確な算定の必要という諸要因から、ついに原価計算を導入するに至った」（六頁）のであるとされる。

第二章はいわゆる明治四一年の「組織規定」にもとづいて、三菱造船所の材料費の計算および材料費の管理について、そしてこの問題についてのアメリカの企業との比較・検討等が行なわれている。しかして、三菱長崎造船所では明治四一年に至り、業績を比較するために、その前提となる「アイテム」ごとの原価集計を意図したことを指摘される。また、材料費計算において、実際にこの計算事務・分析管理を担当するのは会計役、予算技師、倉庫主管等であることから、当時の長崎造船所の組織概要を検討し、材料費の計算・管理のために各担当者がどのような責任体制をとっていたかを詳述している。

材料費の計算については、「購入代価に運賃のみならず内部副費も算入しており、倉庫の元帳も整備され、直接材料・間接材料の区別をなし、材料戻り品についても厳密な管理を行なっている点などかなり近代的な計算システムをとっていたことがわかる」（一七頁）と結論づけられている。そして、その上で同時代のアメリカにおけるNational 社の材料費計算手続と比較し、製造令の発行者、材料仕入に関する帳簿、払出価格等について似かよったものが析出できるといわれる。かくして、「一般の予想に反して、欧米の原価計算が試行錯誤を辿りながらその完成までに数十年あるいは一〜二世紀を要したことを考えるならば、三菱造船所の近代原価計算技術の導入・実務適用は、アメリカの先進企業におけるそれと全く時を一にしており、あまりにもそのスピードが早くそれまでに類を見なかったものといえよう。これが三菱造船所のあるいは日本の原価計算の特徴の一つであるといえよう」（二五頁）と指摘される。

材料費の管理について、著者は、「三菱は早くから予算制度を採用していたが、材料費についても『アイテム』ごとの予算・精算比較をなし、材料費の原価低減などに利用していた」（二三頁）といわれる。しかも、この「アイテム」はアメリカにおける企業の最小の「作業単位」と全く同じ考えにもとづくものであると断言し、Struthers Wells & Company や National Switch & Signal Company の事例を説明している。

その他、第二章では、ウォークス・オーダー、内部副費の原価算入、部門別計算、材料に関する統計について詳述されている。いずれも材料費の計算と管理にとって不可欠のものであって、三菱造船所の原価計算がいかに進んでいたかを傍証する役割をはたしていることに注意しなければならない。

かくして、繰り返えしになるが、第二章の要諦は、一つは「アイテム」を基礎とした材料費管理の方法であり、いま一つは材料費の計算手続・帳簿記入の整備であって、三菱はこのような近代的な原価計算にもとづく原価管理によって、コスト引下げや日露戦争後の経済恐慌に対処してその後の発展の基礎を築くことになるのである。

このような考え方は労務費の計算と管理についても同様にあてはまるものであった。すなわち、著者は明治四一年の「組織規定」を基礎資料としつつ、労務費計算の核心部分をつぎのように要約しておられる。「①工場支配人は職工の傭罷及賃格（賃率）の決定を行なう。②工場主任技士は『作業報告書』……に賃率・作業時間・賃金等を記入し、これを工場支配人を経て勤怠主事に廻付する。③勤怠主事はこれをもとにして、各人の賃料を算出し各職工の救護金・出世積金などとともに、『賃料計算票』……に記入し、その後『人工調書』（作業の時間数と賃金などを記入したもの）を作成しこれを毎半か月毎に会計役場に廻付する。④会計役はこの『人工調書』にもとづいて、原価帳……に一工事即ち『オーダー』番号毎に賃銭を記入する。⑤予算技師もこの『人工調書』にもとづいて、人工の数、賃銀の高などを原価明細表……に記入する。⑥会計役は、原価帳にもとづいて一月ごとにまとめてmonthly journal（主要簿としての月間仕訳帳）に仕訳し、元帳の wages a/c に転記し、works on progress（仕掛品勘定に振替える」（四三・四四頁）と。また、三菱造船所とアメリカの企業の原価計算との比較については、七つの比較項目をあげて検討され、ほぼ同じであるといって良いと結論づけておられる。

一方、労務費の管理については、労務費分析が必要であるが、このためには賃金制度、作業時間等の問題を知っておく必要がある。これについて、著者は、三菱造船所が「従来の時間払制賃金制度に Premium Time System や Piece Works System, Increased Time system を採用し、自然と不能率に流れ勝ちな作業に、能率の改善をはかることになった」（六五頁）こと、作業時間については、「休憩時間を従来の三〇分を二～三時間に長くしてこれまた作業能率の向上をはかるように努め」（六五頁）たこと、等を詳述している。そして、三菱造船所では「一定の最小単位に近い生産・管理・計算集計単位である『アイテム』を定めていた。職工はこの『アイテム』を中心として作業をなし、この『アイテム』別に作業者別に、作業時間が集計報告される。したがって、予算・実績の比較を行なっていた予算技師は、この『アイテム』ごとの予算・実績の比較を行なうから『アイテム』ごとに差異が算出され、さらにこの『アイテム』の作業者の責任が問われることになる。このようにして三菱造船所では労務費の管理・労務費削減に努力していた」（六八頁）といわれる。なお、さらに労務統計を作成して経営管理に役立てていたことも三菱造船所の特徴であると指摘されている。

第四章　製造間接費の処理においては、まず、明治三三年には製造間接費が認識されていたこと、そして大正二年にその製造間接費が直接賃金法にもとづいて製品に配賦されるようになること、を実証されている。つぎに、製造間接費の一項目として金額的にも重要である減価償却費の原価性について考察している。しかして、「三菱造船所では減価償却費は明治一七年の創業当初から計上されていたが、それが大正二年に製造原価に算入されるまで三〇年程かかっている。このような傾向は一人三菱造船所のみならず、内・外の他の企業でも見られるところである」（八〇・八一頁）と述べ、アメリカの企業と比較考察し、「アメリカの Struthers 社では、部門別損益計算などその近代的原価計算システムを採用しているにもかかわらず、減価償却費については、集合損益勘定において計上され、製造原価に算入されるまでには至っていない。また比較的早くから原価計算を採用していたアメリカの Lyman Mills 社においても、減価償却にのみ近代的な方法が用いられるに至っていない。このように製造間接費の中で減価償却費のみが長い間製造原価に算入されなかったのは、固定費回収の考え方が現在と異なっていたからではあるまいか。現在でこそ減価償却費は業績の如何にかかわらず毎期一定額が製造原価に算入されているが、当時は業績の良い場合にこれを回収するという考え方があったと思われる」（八一頁）と推論される。

一方、製造間接費の管理については、三菱造船所の場合、「現存のデーターや当時行なわれていた原価計算制度からは、大正二年から製造間接費の管理が行なわれたと推定される。しかし変動費・固定費区別による分析がなされたかどうかは、明らかでない。製造間接費の実際発生予想額の見積りは、……予定操業度・製造間接費発生予想額ではなく、前年度の実績によりなされていた」（八二頁）といわれる。しかし、これが具体的にどのように行なわれていたか、また製造間接費差異分析、その分析結果にもとづく改善策等については明らかでないともいわれる。ただ、大正時代に入ってではあるが、しかも神戸造船所ではあるが、間接費低減研究委員会が設けられ、間接費の低減が真剣に討議されたことを紹介し、製造間接費の管理の一端を垣間見ることができると指摘されている。

アメリカの企業との比較としては、National 社を中心にして紹介されている。しかして、「製造間接費の場合……物量による標準を立てることは困難であるから、予算と実際の比較が部門ごとあるいはそれ以下の配賦単位について行われる。National 社では勘定科目の細分化された科目ごとにバウチャー・システムによって、製造間接費の管理を行なってきた」（八六頁）と説明される。

三　結　び

以上、紙幅の関係もあって十分に内容を紹介できない面もあったが、大要は紹述したつもりである。最後に、本書の特徴と若干の疑問点を述べ結びとしたい。

特徴としてつぎのような点が指摘できる。

一、わが国の原価計算の史的研究は決して多いとはいえない。いな未開拓の分野の一つであるといっても大過なかろう。山下教授はこのいわば前人未到の分野に挑戦し、わが国の原価計算の一断面ではあるが、三菱造船所の原価計算の生成・成立を跡づけられたのである。われわれはこれに対して高い評価を与えるものである。恐らくこのような成果を公表するまでに幾多の困難があったと推察する。資料の収集はもとより、その解読・分析、そして総合化と、歴史的研究につきまとう困難を克服してこのような香り高き学術書を公刊されたことに敬意を表するものである。

二、しかも、たんに事実の羅列ではなく、原価計算の原価管理目的に注目して、この視角より、アメリカの企業の原価計算との比較史的観点をも加えて、体系化されているところに本書の特徴があるといえる。その意味で、わが国の原価計算発達史の一側面の研究というよりは、管理会計発達史の一側面という感が深い。

三、著者は、三菱造船所の原価計算について、明治三三年、同四一年、大正二年、同六年を特に強調される。それらの年がいわば三菱造船所にとって節目になっているともいえよう。そして、この当時のアメリカの企業の原価計算と比較して類似している点が多く、その意味で三菱造船所の原価計算が相当進んでいたことを指摘される。この点は著者の卓見であって、注目すべき見解であると考える。

四、かくして、本書は極めてユニークな労作であり、学界に貢献するところ多大である。原価計算の歴史的研究にとって久々の労作の出現に喝采を送りたい。

一方、若干の疑問点もなしとしない。たとえば、つぎの諸点がさしあたり指摘できる。

一、まず本書の表題について一種の不可思議さを感じる。つまり、何故にアメリカの原価計算と比較されたのか、その理由が判然としないのである。三菱造船所はイギリスの影響が強いと一般にいわれている。著者もイギリスからの導入ということを述べておられる。もしそうであれば、イギリスの原価計算と比較してこそ真に意味あるものになったであろうと思われる。なお、ささいなことであるが、『日本とアメリカの原価計算』という表現もいま少し限定すべきではなかろうか。というのは、本書はあくまでも三菱造船所の原価計算とArnoldが紹介しているアメリカの企業の原価計算とを比較しているにすぎないのであって、いわば日・米原価計算の一断面にすぎないのである。

二、著者は明治三三年を三菱造船所の原価計算にとって一つの重要な時期であると考えられている（たとえば、三頁、一三頁、七三頁）。しかし、何故に重要であるかについていま一つ判然としないものがある。注記の文献から推察すると、ルイスの原価計算を咀嚼したのが明治三三年であるということが根拠らしいが、具体的にルイスの原価計算のどこが三菱造船所の原価計算と類似ないし一致しているのか、著者は明確に述べていないように思われる。

三、著者が図示された二頁および四頁、そして九・一〇頁の図表は疑問がある。いま少し具体的に説明してもらいたいと思う。たとえば、二頁の図・表一についていえば、イギリスの原価計算に影響を受けたといわれる三菱造船所の原価計算が図・表一では当初点線、つまり間接的影響を受けたようになっている。また、四頁の図・表二の勘定図についていえば、明治一七年より三二年までそのような勘定図であった資料を提示してもらわないと説得力に欠けるであろう。事実、明治一七年より三二年まで同一勘定図であったかのように図示されながら、図・表三で明治二九年の勘定図が別に示されている。何故に明治二九年だけが違った勘定図なのか、という疑念も生じるが、同一の勘定図の図示に対する矛盾ではなかろうか。さらに、九・一〇頁の三菱造船所系譜図についていえば、三菱造船所の前身土佐開成商社の存在についていては今日疑問が提示されていることは周知のところである。とはいえ、本書がわが国の原価計算発達史を研究するものにとって必読の文献であることは間違いない。ただ、非売品のため広く閲覧の機会が得られないことが残念である。しかし、幸いにも一〇〇頁弱の著書ゆえ、コピーの許可を受け、精読されることをすすめる。なお、著者は既述のように三菱造船所の原価計算に関して数多くの論文を発表されているので、それらの業績をも併わせて読まれることをすすめたい。

（山下正喜著『日本とアメリカの原価計算――明治末期』A五判、長崎大学東南アジア研究所、一九七八年三月刊）

『部分原価計算論序説』

阪口　要　著

一

一九七八（昭和五三）年の秋、海外留学で評者（以下、Ⅲ部で評者という場合は平林をさす）はチュウビンゲン大学に滞在していた。記憶に間違いがなければ、同年一一月一日、同大学のシュヴァイツァー教授の招待で、教授宅を訪問した。昼食後、教授は一冊の邦訳書をみせて下さった。それは溝口一雄監訳・阪口　要訳『原価計算システム』（同文舘）であって、原書はシュヴァイツァー・ヘティッヒ・キュッパーの Systeme der Kostenrechnung. 1975. であった。そして、シュヴァイツァー教授は「この邦訳書をどう思うか」と問われた。即答は難しいと思いつつ、同書の序、日本語版への序、目次、第一部AのⅠの一「原価計算の概念」を拾い読みして、「先生の意図を正確に伝へているすばらしい訳書である」と答えた。というのは、既に原書をシュヴァイツァー教授から恵与され、少しずつ読んでいたからである。教授は喜びにみちた顔をされ、その後、同書をめぐってしばらく話しがはずんだ。しかし、同時に評者は阪口氏という名前を心に深く刻むこととなった。

時がたち、昨年、すなわち一九八六（昭和六一）年九月再びチュウビンゲン大学にシュヴァイツァー教授を訪ねる機会に恵まれた。教授は阪口訳のおかげで日本でその名が広く知られるところとなっていることに感謝の意を表されていた。又、邦訳書の原書第四版を記念に贈呈されたが同版には阪口氏に対して謝意を述べておられる。阪口氏の貢献はまことに大きいものがあると考える。

その阪口氏が『部分原価計算論序説』を昭和五九年九月に上梓されている。刊行時に数日間かけて読んだが、今回再び評者の研究の一里塚として再読する機会を得た。本小文はその印象を記したものである。独断と偏見にみちた読後感であるがご寛容願いたい。

二

阪口　要著『部分原価計算論序説――西ドイツ部分原価計算論の基礎的研究』の構成は次の通りである。

第一章　Schmalenbach の部分原価思考
第二章　統一給付単位計算とブロック原価計算
第三章　西ドイツにおけるディレクト・コスティング
第四章　限界計画原価計算論の展開
第五章　限界計画原価計算論の拡張
第六章　段階的固定原価補償計算論
第七章　標準限界価格計算論の展開
第八章　相対的直接原価計算論
第九章　部分原価計算システムの分類について

このような構成から明らかなように、本書は西ドイツ部分原価計算論の発展史ともいえる。著者は「西ドイツにおける直接原価計算の諸形態についてその基礎的研究を行い、さらにそれぞれの計算システムがもつ独自性と類似性とを明らかにすることにある」（序文一頁）といわれるが、それを歴史的に展開している。評者はこの歴史的展開方法を高く評価したいと思っている。もっとも、著者によれば歴史的展開という接近方法はとっていない、といわれる。が、評者は部分原価計算に対する現代史的アプローチであるとみている。

本書の第一・二章は戦前の部分原価計算論の研究である。評者の関心事の一つはここにある。しかし、枚数の関係でここでは簡単に著者の見解をみてみよう。

著者はシュマーレンバッハが部分原価計算論の出立点であるという認識をもっている。そこで、その後の「西ドイツにおける部分原価計算論の展開との関わり合いの上で理解する」（三頁）ことは不可欠の要件であるとされているように思われる。ただ、著者はかかるシュマーレンバッハの研究をザイヒトの所説に依拠して検討している。たしかに、シュマーレンバッハの業績が会計学全般にわたるだけに、論点の多様性はもとより、歴史的変遷という要素も加わると、その全貌を明らかにすることはきわめて困難である。しかして、ザイヒトの見解を手掛りとしながら――それが一つの視点を提供するにすぎないという限界を意識しつつ――シュマーレンバッハの学説における若干の基礎的概念を著者は検討している。なお、著者の論述は、したがって著者の見解をストレートに出すというものではない。この第一章でいえば、ザイヒトの見解を媒介にして述べるという方法である。つまり、他の論者の見解をもって著者の考えを代弁させるという、いわば間接話法の方式が本書を貫いている。

さて、第一章は、原価理論、計算価値、原価計算の諸目的等について、シュマーレンバッハの見解が検討されている。そのいきつく結論は、シュマーレンバッハの一八九九年段階での原価分解論に、部分原価計算システムの前提の一つである比例原価と固定原価とを区分しようとすることが認められること、一九三〇年になりシュマーレンバッハが主張した数量原価計算は、ドイツ語圏でのディレクト・コスティングあるいは比例原価計算として知られている部分原価計算の前身ないしその基本形態であること、等である。評者もまたこれら著者の結論には同意するものである。

第二章は、章題から明らかなように、ルンメルの統一給付単位計算ないしブロック原価計算が検討されている。すなわち、ザイヒト、メレロヴィッツ、キルガーの見解を斟酌されつつ、原価理論、統一給付単位計算、ブロック原価計算について著者は詳述している。そして、ルンメルの理論が「技術的思考と経済的思考の結合の上に企業が構築されるべきだとする企業観」（三〇頁）に支えられていることに注意を促し、彼の原価計算論が後の多くの論者の原価計算論の基礎となるに至っていることを論証している。とりわけ、ルンメルの理論が計画原価計算に結びつきうる構想を示唆していること、又、ルンメルの固定原価問題の分析がその後の部分原価計算の展開に貢献していること等を著者は指摘している。

第三章ではメレロヴィッツの『現代原価計算論』を手掛りにして、部分原価計算としては最も単純な形態のディレクト・コスティングに集中して論議している。その意図は当初の「ディレクト・コスティングの基礎的構造を確認し、これに続く部分原価計算の諸形態の展開を理解するための出発点」（七五頁）としたいからである。いま、その詳細な紹介は割愛するが、評者の理解によれば、著者のメレロヴィッツの理論理解は正鵠を射ているといえる。なお、著者がこの第三章において「直接原価計算」といわず「ディレクト・コスティング」となぜ表現しておられるのかについて一言しておく。それは、直接原価の概念が帰属計算可能性の観点から導出されるのに対して、ディレクト・コストは変動原価を表するためのものであって、両者を峻別する必要があるからである。又、リーベルの相対的直接原価計算を意識していることもある。かくしてこのような著者の心配りが本書の随所にみられ、本書が密度の濃い書物となっている一因であることを付言しておきたい。

第四章はいわゆるプラウトの限界計画原価計算の検討を行っている。著者はプラウトの一九五〇年代の文献を中心にして検討しているが、著者の見解も披瀝され、本書はいよいよ佳境に入る。

まず、限界計画原価計算という名称は、一九五三年のプラウトの論文タイトルとして知られているが、著者はその前年の一九五二年のプラウト論文に既に見出すことができるという。そして、このような理論の叙述のさい、ルンメルの名前がプラウトによって繰返し強調されていることを指摘する。さらに、プラウトがアメリカの直接原価計算を相対的に重要視したのに対して、他のドイツ語圏の原価計算論者はクールにみつめていることを強調している。かくして、プラウトが、「アメリカの原価計算論を一つのよりどころとしていること、および計画原価計算から限界計画原価計算への展開を、歴史的事実としてのみではなく、後にみるように論理的必然として把握している点」（八一頁）に対して著者は疑念を提示しておられる。

ところで、限界計画原価計算は「ディレクト・コスティングに代表される部分原価計算の形式的基盤ないし計算構造に、計画原価による評価を適用した原価計算方式」（九九頁）である。したがって、そこでは計画原価（計算）が限界原価計算と結合することが不可欠の前提となる。しかして、著者はこのような見解を持つプラウトの主張を「西ドイツ部分原価計算論における一つの見識として積極的に評価しなければならない」（八七頁）とされる。「この点こそが、限界計画原価計算論の最大の特徴であるといえるかもしれない」（八七頁）とも著者はいう。しかしながら同時に、「原価計画および計画原価の側面を重視するあまりに、全部原価計算対部分原価計算、ならびに実際原価対計画原価という対概念を混同した感のある」（八七頁）ことを著者は批判している。

第五章「限界計画原価計算論の拡張」は、キルガーの動的限界計画原価計算への拡張発展を扱っている。当然のことながらキルガーの大著『弾力的計画原価計算』が狙上にのぼる。しかし、著者は他のキルガーの論文をも渉猟してキルガーの見解を克明に追究している。しかして、これが分析的原価計画、計画給付単位計算の前提、計画単位計算の検討、動的限界計画原価計算という各節で論じられるのである。そして、著者によれば、キルガーの所論は「従来の部分原価計算の構造を根本的に変革しようとするものではないが、意思決定指向的原価計算システムの今後の拡張発展への一つの方向を示唆するものといえるであろう」（一一四頁）と論結している。

なお、第五章において、西ドイツ部分原価計算論の流れについての著者の考えが示されている。著者は、シュヴァイツァー・ヘティッヒ・キュッパーやゲッティンガー・ミハエル等の見解に依拠しながら、部分原価計算のシステムを二つに大別し、一つを「変動原価に基づく部分原価計算」（九七頁）、いま一つを「相対的直接原価に基づく部分原価計算」（九七頁）とされている。かくして、この二大潮流について、本書はそれぞれの計算構造を祖述するかたちで論述されているのである。評者もまたこの分類には賛成であり、したがって著者の論述に関心をもつものである。

第六章はアクテとシュヴァルツの段階的固定原価補償計算論が紹介され、それに対するザイヒトの批判を取り上げている。さらにザイヒトが主張した段階的限界原価計算が祖述されている。

アクテの段階的固定原価補償計算は、要するに全体固定原価を、製造固定原価、製品グループ固定原価、原価部門固定原価、領域固定原価、企業固定原価の五つのブロックに分けて計算しようとするものである。一方、このように区分されたブロックをさらに支出作用的原価と支出非作用的原価とに区別することを提唱しているのである。この計算思考について、ザイヒトはアクテが「二つの全く異なった観点、つまり原価計算の観点と財務計画の観点を一つの計算のなかで混同し、その結果として、有効な財務計画も、またすべての要請を満たす原価計算も得られなかった」（一二一頁）と批判する。しかし、著者は、「固定原価の除去可能性と支出作用性のいずれの観点を優先すべきかという問題は、一律には論じえないと考えている。それを決定するのは、意思決定状況のいかんによるといわざるをえない。また、Agthe 自身も、このようないくつかの観点を必ずしも相互排他的には考えていないようである」（一二二頁）とのコメントを加えている。

シュヴァルツの見解は一企業の全体の固定原価をたんに二つのグループ、つまり特殊固定原価と一般固定原価に区分することを提唱している。これについてザイヒトの批判を紹介しているが、著者は基本的にその批判に賛同している。

ザイヒトの段階的限界原価計算について、著者は、「いろいろな要請に可能な範囲で適合しうる計算システムは、『限界原価計算の枠内における段階的固定原価補償計算』の提唱者達が開発した補償貢献額計算の形式に、経営数値に対する帰属計算可能性に従って区分表示された固定原価をさらにその硬直性によって区別するような計算シェーマを結合させることによってのみ得られる」（一二八―一二九頁）ものと要約している。つまりザイヒトは、「固定原価を、個々の製品種類、製品グループ、原価部門等に対する帰属計算可能性に従って区分するだけでは不十分であり、この種の帰属計算が意味をもちうるためには、これら個々のブロックをさらにその変更可能性に従って区分すべき」（一三二頁）であると主張するのである。けだし、「個々の原価負担者、原価部門、領域などがそれぞれの原価に対してもつ責任を明らかにすることが、固定原価をブロックによって帰属計算することの最終目的ではなく、むしろこのような責任を認識したうえで、さらに合理的な意思決定を得ることが重要」（一三二頁）だからである。しかし、このようなザイヒトの主張に対して、著者は批判的である。評者もその批判は当を得たものと考えている。けだし、合理的意思決定の観点のみならず、原価管理ないし責任会計的な観点も重要であるし、又、硬直性ないし変更可能性にしたがった固定原価の区分は、ある特定の意思決定状況の下でしか関連性をもちえないからである。

さて、以上の紹介からも明らかなように、西ドイツ部分原価計算論は、当初の素朴な形態から徐々に複雑なものに発展している。しかも、その間、西ドイツ部分原価計算論は隣接するいくつかの学問分野の成果に影響を受けながら展開されてきているのである。このような隣接諸科学のうち最も大きな影響を部分原価計算に与えたものとして経営数学ないし応用数学の分野で開発されたいくつかの数学約手法がある。ＯＲやＬＰがその代表的なものであって、このような近代的な数学的手法を取り入れた部分原価計算としてヴェーム・ヴィレの標準限界価格計算がある。第七章はこのヴェーム・ヴィレの標準限界価格計算論の検討が主題である。

著者によれば、ヴェーム・ヴィレの標準限界価格計算には大きく三つの特徴があるという。一つは生産要素の費消としての原価側面の把握よりも製品からみた給付側面ないし収益側面の把握を相対的に重視していること、二つは、ヴェーム・ヴィレのディレクト・コスティングおよび限界計画原価計算に対する批判であって、彼等によればディレクト・コスティングや限界計画原価計算では、機会原価による稀少生産要素の評価が全く行なわれないために隘路状況の下では正しい意思決定ができない、という基本的欠陥があること、最後に、ヴェーム・ヴィレの理論は、シュマーレンバッハのいうプレチアール・レンクンクのシステム構想がその核心をなしていること、これである。

しかし、これらの特徴をもつヴェーム・ヴィレの標準限界価格計算について、ザイヒトは評価しているが、キルガー、ハックス、ケルン、ドラム等の批判が一方にあり、したがってなお検討すべき点が多いと著者は論結している。

第八章はリーベルの相対的直接原価計算を取り上げている。しかし、周知のごとく、リーベルの相対的直接原価計算は難解な点が多く、彼の所論を紹介するだけでゆうに一冊の本が上梓できる。事実、両頭正明著『現代西ドイツ直接原価計算論序説』はそれに真摯に取組んだ高著である。著者阪口氏はこのような点をふまえ、第八章ではリーベルの相対的直接原価計算の基礎部分を明らかにし、その本質に迫ろうと努力されている。

まず、リーベルの相対的直接原価計算の特徴について、著者はメレロヴィッツの所説を敷衍して三つにまとめられる。一つは「相対的直接原価計算に於いては、たとえばディレクト・コスティングなどの他の部分原価計算システムとは異なり、原価負担者に帰属計算されるのはその直接原価のみであり、変動間接原価は配分されない」（一五五頁）こと、二つはリーベルの補償貢献概念がきわめて広義に解されていること、最後に、リーベルの計算理論は基礎計算と応用計算を区分していること、これである。

つぎに、著者はリーベルの相対的直接原価計算の機能について言及される。そのさい、リーベルが多面的な議論をしているので、その全体を論議することは困難であるとして、もっぱら価格計算をめぐる議論に焦点を合わせて考察している。その考察は詳細をきわめているので、評者はとてもここで簡潔にまとめられないのが残念である。が、著者の省察を通してのまとめはまことに適切であって、リーベル理解には格好の参照個所といえる。

ところで、リーベルの相対的直接原価計算はどう評価されているのであろうか。著者はメレロヴィッツ、ラスマンの所説を敷衍しながら、相対的直接原価計算について検討し、そのメリット、デメリットを論述している。そのさい、メレロヴィッツやラスマンの批判に対して、著者はリーベルの立場を弁護されているようである。

さて、以上みてきたように、著者は西ドイツにおいて展開されてきた部分原価計算の代表的なものを取り上げ、個別的に検討している。しかして、そこで取り上げ考察した八つの部分原価計算の諸形態の取捨選択には誤りはないものと評者は考える。しかしながら著者はまことに慎重であって、その取捨選択、あるいは各部分原価計算システムの特質の祖述等に重大な過誤がないかチェックされようとする。そのこころみが本書の最終章である第九章「部分原価計算システムの分類について」である。ここでは部分原価計算のシステムの分類ついて、ライヤー、メーヴス、シュヴァイツァー・ヘティッヒ・キュッパー、キルガー、エーベルト等の見解を吟味され、その類型化をこころみられる。そして著者が展開した部分原価計算論の統一性・全体性を補完されているのである。

ライヤーの所説は、八つの基準、つまり、①直接原価および間接原価の相対化、②配賦による真の間接原価の配分、③操業固定原価と操業比例原価の区分、④不変期間に従った固定原価の細分化、⑤そのほかの原価作用因の考慮、⑥支出作用性の考慮、⑦経営構造原価の分離、⑧計算目的の区分基準から、彼が選択した八つの部分原価計算システム、つまり(a)経営価値計算、(b)ブロック原価計算、(c)相対的直接原価に基づく補償貢献額計算、(d)ディレクト・コスティング、(e)「固定的」原価計算、(f)限界計画原価計算、(g)階梯式給付単位計算、(h)標準限界価格計算のそれぞれについて検討しているものである。しかして、著者によれば、ライヤーの分類による「固定的」原価計算と階梯式給付単位計算についての言及が八章までの叙述では欠けているとして、ここで補足説明している。

メーヴスの部分原価計算分類論の特徴は「すべての計算方式を一たん補償貢献額計算という集合名のもとで一括把握し、しかる後に、各々の場合によって補償貢献額の概念に帰属される具体的内容の相違に応じて個々のシステムを特徴づけようとしている点にある」（一九七頁）と著者は規定し、総括的固定原価補償を伴うヴァリアブル・コスティング、段階的固定原価補償を伴うヴァリアブル・コスティング、総括均固定原価補償を伴う比例的直接原価計算、段階的間接原価補償を伴う純粋の直接原価計算のそれぞれについて検討している。

それに対して、シュヴァイツァー等による分類論は、既述のように変動原価に基づく部分原価計算（限界計画原価計算）と、相対的直接原価に基づく部分原価計算（相対的直接原価計算）の二分類であって、形式的にはメーヴスの立場と同じである。ただ、シュヴァイツァー等はこの変動原価に基づく部分原価計算と相対的直接原価計算との間には、㈠適用される原価概念、㈡操業度の測定尺度、㈢賃金および減価償却費の帰属問題、㈣真の間接原価の帰属計算の観点からみると重要な相違があるとしているが、著者はそれについて詳述している。

キルガーの所説は、シュヴァイツァー等の見解とほぼ同様の立場であるが、異なった分析視点を提供している。それというのも、キルガーは、周知のように、一貫して限界計画原価計算システムを展開し、その理論的な精緻化に腐心した論者だからである。その意味で、キルガーの見解は、彼が主張した限界計画原価計算とリーベルのいう相対的直接原価計算の相違を浮き彫りにする一つのよりどころとして著者によってここで取り上げられているようである。しかして、著者は、原価分解、原価の計算原則、補償貢献額計算、原価概念、準備原価の期間配分の五つの論点を検討している。かくして、リーベルの相対的直接原価計算は、「確かに部分原価計算および補償貢献額計算をめぐる議論の内容を豊かにはしたが、その実務上の適用は一般に問題にならない」（二二七頁）というキルガーらの結論に対して、「前者の主張については賛意を表するが、後者の主張を全面的に受け入れるのは早急にすぎる」（二二七頁）と著者は批判している。

エーベルトの所説については、著者はまず部分原価計算システムとしてのディレクト・コスティングについて紹介している。ついで、エーベルトが最も重要なものとしてあげている部分原価計算としての成層原価計算、相対的直接原価計算、限界計画原価計算、標準限界価格計算、固定原価付加計算、固定原価補償計算について著者は検討している。これによって、部分原価計算論に対する多様な接近法のあることを示すとともに、比較的最近の西ドイツ部分原価計算論の現状が明らかになると著者は考えるのである。

かくして、第九章は部分原価計算システムの分類論であって、著者の分類論の欠陥を補完するものとなっているが、一方では著者の分類論の適切性を黙示的に明らかにしているものと評者はみる。

三

以上、各章ごとに簡単にその内容を紹介し、同時に評者の若干の感想を記した。最後に全体についての評者の印象を記しておこう。

本書は部分原価計算の諸形態についてそれぞれの計算構造を中心にして祖述しているところにその特徴がある。その意味で著者がねらった「本書では、その基本諸形態の計算構造を謙虚に祖述することに焦点を絞っている」（序一頁）という目的は十分に達成されている。

又、本書で取り上げた部分原価計算の諸形態について、著者によれば「網羅性と歴史的展開」（序一頁）が欠けているといわれる。しかし、評者によれば、その取捨選択は正鵠を射ているし、シュマーレンバッハの経営価値計算論以降リーベルの相対的直接原価計算論まで歴史的に展開されている。読者は本書を通して西ドイツ部分原価計算論の流れを学ぶことができるのであって、学術書であるが同時に啓蒙書としても秀れた労作である。

しかも、祖述するという意図から、各計算形態について広く文献を捗猟し、その計算構造を中心にして深く掘り下げて論じている。著者の禁欲的なまでのこの態度に評者は好感をもつものである。本書が江湖の好評を博するのもここにあるとみる。

しかし、若干の望蜀を述べることをゆるしてもらいたい。

まず、各計算システムと社会経済的背景との関係についてである。たしかに、著者はこれについてはたなざらしのままであると断っておられる。しかし、最少限の叙述があれば部分原価計算の諸形態が立体的に浮き彫りにされたであろうと思われる。そもそも何故に西ドイツにおいて部分原価計算論が生成し展開されているのか、これは社会経済的背景の考察を抜きにしては明らかにならないであろう。かくして、多少とも言及してほしいところであった。

つぎに、著者は各計算システムの批判をされるさい、例えばザイヒト、キルガー等の批判的見解をもっておきかえておられるように思われる。しかし、ストレートに著者の批判なり見解を披瀝されても良いと考える。たしかに著者の謙虚さ、慎重な論理の運びをそこにみるのであるが、卒直な見解を示されるのもまた学界は好感をもって迎えてくるであろう。

最後に、著者は各論者の名前を原文で、たとえばシュマーレンバッハであればSchmalenbachと本書では記されている。しかし、評者は、日本語で上梓されたのであれば、カタカナ表記が望ましいものと考えている。たしかに表記が難しい。それによって誤解を与えることにもなる。しかし、どう表記するかも著者の力量のうち、と考える人もあることからすれば、ここはカタカナ表記をこころみてほしかった。

もちろん、このようなことで本書の価値がいささかも下るものではない。西ドイツ原価計算論は結局のところ部分原価計算論にその特色がみられるといって大過なかろう。そうであるとすれば、西ドイツ部分原価計算論の研究は西ドイツの原価計算論研究にとって必須のものである。かくして、なによりも西ドイツの原価計算研究者に本書が広く読まれることを期待する。又、比較研究の意味でもすべての原価計算及び管理会計研究者さらに一般の人にも読まれることをすすめる。

著者には、本書が「序説」であるとすれば、「本論」の研究に精進され、著者の本格的な部分原価計算論の展開を期待してやまない。

（阪口　要著『部分原価計算論序説』A五判、税務経理協会、一九八四年九月刊）

『西ドイツ固定費理論』

深山　明　著

一

一九七四（昭和四九）年の春だったと思う。いまは亡き久保田音二郎先生が主宰されていた「会計情報研究会」に一人の院生が出席された。久保田先生のご紹介で、同学兄が関西学院大学商学研究料の博士課程に在籍している深山　明氏であることがわかった。ドイツの原価理論、とりわけ固定費理論を研究したいということで、久保田先生が研究会への参加をすすめられたとの由であった。

以来、評者との交誼が続き、もう十有余年となる。同じドイツの原価理論を研究テーマとしていることもあって、研究会等を通して親しくお交わりをいただいている。口数は多くないが、いうべきことはきちんといわれる礼儀正しい人、という初対面の時の印象は今も変らない。真面目に固定費理論に取り組む真摯な態度も変っていない。この深山氏がこのたび『西ドイツ固定費理論』なる労作を上梓された。まさしく固定費理論に真剣に取り組まれた所産である。まことに慶賀にたえない。

このたび、この深山氏の著書を書評することになった。評者の研究の一里塚として、また著者の今後の研究の進展に参考になればと思い、独断と偏見にみちた書評を草することにしたい。

二

深山　明著『西ドイツ固定費理論』の内容は次の目次からほぼ推察されよう。

第一部　固定費と固定費問題
第一章　三つの固定費概念
第二章　固定費問題と固定費理論
第二部　固定費問題と能力理論
第三章　ケルンの能力理論
第四章　能力理論の展開と限界
第三部　固定費問題と固定費除去理論
第五章　ジュッフェルクリュップの固定費除去理論
第六章　最適休止時点決定の理論
第七章　ベールの生産・休止決定モデル
第八章　ルートハルトの休止計画論
第九章　固定費の変動費化論
第四部　固定費問題と経営構造費理論
第一〇章　経営構造費理論の特質

みられるように、文字通り戦後西ドイツの固定費に関する理論的研究である。結論は第一部で明快に述べられている。つまり、固定費理論を固定費ならびに固定費問題に関する理論と解し、固定費理論を能力理論、固定費除去理論、経営構造費理論の三類型に分類するこころみを提案しているのである。そして各類型の理論的特質について第二部以下で明らかにするという構成である。

かくして、論述手法は抽象から具象へと進むのであるが、抽象化の前段に固定費問題に直面した西ドイツ経済社会とその影響下の企業に対する著者の鋭い洞察のあることを指摘しておきたい。

さて、固定費といっても様々な概念と種々の定義があるといわれる。著者は第一章においてその固定費概念について検討している。このためにキュルピック、ジークヴァルト、そしてシュヌーテンハウスの各固定費概念が俎上にのぼる。

まずキュルピックの見解である。彼によれば、固定費は操業なる作用因に対しのみ固定的であって、固定費は操業固定費なのである。そしてかかる固定費は実質的側面、つまり固定費の発生源泉からみれば経営準備原価であるという。したがって、キュルピックは徹底して操業に依存するか否かに原価の固定であるか変動であるかのメルクマールがあると考えるのである。それ故に、彼にあっては「固定費を定義するに際して、考察期間、操業区間、生産要素の分割不可能性を考慮に入れることは『概念の相対化』を招来するのであり、否定されねばならない」（一〇—一一頁）と著者はいう。しかして、著者はこのキュルピックの見解、つまり固定費を操業に依存しない経営準備原価である、という理解を支持している。評者もまたそれには賛成である。

一方、ジークヴァルトによれば、固定費は「時々の給付生産に依存せず各期間ごとに一定の大きさで生じる原価」（一二頁）と理解されている。しかし、著者はこの見解は固定費の本質を捉えていないという。というのは、固定費が非弾力的原価として把握されており、固定費が操業に依存しない原価であって、その大きさは変化することを看過しているからである。

シュヌーテンハウスの固定費理解は上記二人のそれとは異っている。彼によれば、固定費の理解には目的原則が基礎とされなければならないという。つまり、「原価の区分も、操業を基準として行われるのではなくて、原価が惹起される目的に従って行われる」（一五頁）のである。

ではその目的とは何か。著者の紹介によれば、シュヌーテンハウスは次の二つをあげている。一つは、全体としての企業およびそれの構造要素の維持、いま一つは企業の生産物（給付）の生産・処理、である。この前者の目的のために経営構造領域で惹起されるのが経営構造費であって、これが実はシュヌーテンハウスのいう固定費を形成する。したがって、彼の場合、その固定費が独自のユニークな観点から把握されていることが分る。著者によればシュヌーテンハウスの理論は「特定の経済的状況を背景とし、特定の要求に応えるべく生まれたきわめて恣意的な思考を基礎としている。したがって、……彼の主張する固定費概念は、一般に支持され得るものとは考えられない」（一七一一八頁）という。評者も同感である。

第二章は本書の白眉である。著者の率直な考え方が本章において平明達意な文章でもって表明されている。まず、著者は、固定費は常に企業において問題となるわけではない。それは特定の状況の下において初めて問題になるという。ではその特定の状況とは何か。著者によれば操業が低下し、相対的に経営能力が過剰となる場合が一つ。いま一つはこれをさらにつきつめると、能力が過剰となり、利用されない特定の能力部分が増大する場合であって、この能力部分に対応する固定費部分、つまり無効費用が問題を起す場合であると指摘する。かくして、著者は、固定費問題とは無効費用の問題である、と理解されているようである。評者もかつて固定費とは究極的には無効費用であると主張したことがあるので、著者との間に意見の相違はない。

そこで無効費用が問題となる。著者は無効費用の概念を、グーテンベルクの考え方を基礎にしながら、本章ではキュルピックの所説に依拠して叙述している。紙幅の関係でいまその紹介は割愛する。

ともあれ、無効費用部分が発生し、かつこれが増大してくると、ここに固定費問題が発生することになる。ヨリ具体的にいえば、低操業にもとづく無効費用の増大が企業の収益性を圧迫するのである。一方、操業度低下にもとづく無効費用は流動性をも圧迫する。かくして、「固定費問題は、『能力利用が能力（能力準備）を下回ることにより生じる無効費用が収益性と流動性を圧迫する問題』として理解することができる」（一七頁）と著者は述べている。

ところで、かかる固定費問題に対処する方策として、著者は大きくは二つの施策があるという。一つは固定費の管理の側面に関するもの、いま一つは固定費の補償の側面に関するもの、がそれである。前者はさらにこれを能力利用の増進と固定費の除去とに分けられる。ここで能力利用の増進のための方策とは、著者によれば、「現在の能力利用可能性を肯定して、能力利用度の上昇を図ることによって、固定費を利用の局面で管理することをめざしている。したがって、それは固定費の逓減効果を利用しようとするものであり、固定費の相対的逓減の実現がめざされるのである」（一八頁）という。一方、固定費の除去とは、「能力利用の増進による問題解決の可能性がないということを前提にして行われる。そして、それは、現在の能力利用可能性を否定して、経営準備の変化（縮少）によって固定費を発生の局面で管理することをめざしている。それにより、固定費の絶対的低減が意図されるのである」（同頁）。

かくして、固定費問題に対する方策としては三つが考えられると著者は主張する。そして、この三つの方策のいずれに注目するかによって、固定費理論の三つの類型が得られるという。すなわち、能力理論、固定費除去理論、経営構造費理論がそれである。「能力理論は、現行の操業を前提として、能力利用度の上昇による当該問題の解決を志向する。そのために、能力の厳密な側定と、きめ細かい管理によるそれの有効利用が主張されているのである。また、固定費除去理論の場合は、現行の操業が前提とされず、経営準備の縮少したがって適切なより小さい経営準備が追求されるのである。そして、通常は、それによって生産量減少に適応することが強調される。そのための方策として、固定費の削減と負担転嫁が提示され、企業管理者による決定の側面がきわめて重視されているのである。さらに、経営構造費理論においては、現存の能力が肯定され、将来において操業を一層高めることがめざされるのである。また、能力を維持・拡大することが強調されている。そのために、もっぱら固定費の補償の側面に眼が向けられるのである。そして、それを可能にするために、固定費負担を生産物の価格に転嫁することが主張され、それを意義づけ、正当化するための論理が展開され」（二九頁）るのである。

評者は、著者の固定費理論の三類型のこころみは卓見であると考えている。ただ、経営構造費理論という名称は再考を要するように思われる。固定費補償理論と称した方がわかりやすい。

以上、第一部、第一章と第二章は本書の序論部分であると同時に、著者の結論的部分でもある。以下の各章は上述の三つに類型化された各理論の特質について詳論している。枚数のゆるされるかぎり、著者の説明・批判等をみてみることにしよう。

第三章はケルンの能力理論が祖述されている。著者はケルンの見解を高く評価して、能力概念、能力規定要因、能力の算定、能力の利用という節に分けて叙述している。その結論は、①「能力、能力利用、能力利用度がそれぞれ操業要因と、給付要因により構成されるものとして説明されている」（五〇頁）こと、②「ケルンの研究は、個別的考察をその特色としており、その意味でメレロヴィッツの全体的考察と対照的なものとなっている」（同頁）こと、これである。そして、「その根底にあるのは、個々の生産単位に関して能力を厳密に把握し、きめ細い管理を行うことによって現存の能力をできるだけ利用するということへの徹底した志向」（五一頁）であると著者はみている。

さて、ケルンの能力理論はその後どう展開されたのであろうか。第四章において著者はこの問題を論じている。著者によれば、能力理論の考察は、ケルンに比してヨリ詳細かつ具体的になったこと、そして能力利用の具体的な方策が説明されているという。しかし、結論としては、ケルンの能力理論を超えるものはいまだ現われていないと著者は指摘している。

とはいえ、ケルン以降、能力理論の研究は行なわれているわけであって、そこではいくつかの問題点が取り上げられ、論究されている。

著者によれば、それらはすべて過剰能力の問題であるという。つまり、能力準備が能力利用を上回る過剰能力が構造的なものになっていることに関連するのである。これについて、著者は、まずディーンストドルフ、ハックシュタイン、バルテス等の所説を検討し、当該問題を能力需要と能力供給の問題、つまり能力需給の調和の問題と理解し、そのためには能力計画が必要であることを強調する。次に、過剰能力の状態が恒常的になると、生産費に占める人件費の割合が高い西ドイツでは、この人件費に由来する固定費問題が生じる。それは究極的には人件費の除去という問題にまでなるのであって、ここに人間労働力の削減問題が惹起されるのである。最後に、このような過剰能力問題は経営経済的政策のみでは問題の解決が困難であるという認識が深まってくる。そこで、これを克服するために経営経済を超えた全体経済的政策の必要性が主張されてきている、と著者は述べている。

ところで、過剰能力の問題はたんに能力利用だけでは解決しないことは多言を要さない。上述のところでもその示唆があったように固定費の除去がいま一つの解決策となろう。本書の第三部（第五章—第九章）はこの固定費除去の理論を考察している。

第五章はジュッフェルクリュップの固定費除去理論についての検討である。彼の理論は、著者によると、一九六〇年代後半の過剰能力と経済の不安定性を背景として生まれ、固定費の除去を企業者の処理的決定にもとづく企業政策の観点から展開しているという。

ジュッフェルクリュップの固定費の除去についての考え方は、「固定費に対する特定種類の処理だけを理解するのではなくて、この上位概念の下に、経営から固定費の負担をとり除くすべての可能性を総括する。それらは、……防衛的な（defensiv）性格を示す」（八三―八四頁）という文言にみられると著者はいう。そして、固定費の除去は固定費の削減と固定費の負担転嫁という二つの形態を通して実施されるという。

ここで固定費の削減とは、ジュッフェルクリュップによると、固定費を惹起する諸要素の経営からの最終的な排除であるとしている。一方、固定費の負担転嫁とは、固定費を惹起する要素が、経営の廃止されるべき部門から、当該要素の利用が可能であるような部門へ移転されるような現象であって、固定費の総額は変らないが、付加的な固定費を経営が負担することが回避される場合である。

かくして、ジュッフェルクリュップはこの固定費除去理論を積極的に展開する。著者はこれを高く評価しているようである。しかし、ジュッフェルクリュップの理論は「防御的な方策の理論という性格を有している。……そこで、われわれは、ジュッフェルクリュップの固定費除去理論を、固定費問題から企業を防御する可能性追求の理論として特色づけることができる」（九一頁）と著者は総括している。

第六章以降は、広い意味で固定費除去理論を考える場合に想起される経営休止問題を、固定費問題に対する一つの方策として考察している。ここで経営休止とは文字通り経営の給付活動の休止を意味するが、著者はクルコフスキーの見解を引用し、経営休止を「意図されずに経過するプロセスではなくて、経営の決定者(Entscheidungstrager)によって意図的に惹き起こされる事象」（九六頁）として理解したいとされる。かくして、まずルードルフの所説が考察される（第六章）。

ルードルフの研究は最適な休止時点の決定にある。周知のように、経営休止には「休止するか否か」と「いかなる時点で休止を実施するか」という二つの面がある。前者は価格下限論の枠内で以前から論じられている。しかし、後者の問題については、ルードルフによって初めて考察の手が加えられたといって大過ない。すなわち、ルードルフは「固定費の時間的拘束性すなわち固定費の除去速度（Abbaugeschwindigkeit der Fixkosten）を考慮に入れた最適休止時点の確定を試みている」（二〇一頁）のであって、「そこでは、固定費の除去可能性の休止時点に及ぼす影響に主として関心が示されている」（同頁）のである。そして、利用期間の理論の基本式を前提とし、それを援用することにより、資本価値が最大となる期間を求め、最適休止時点を確立しようとしている。

著者は、このようなルードルフの所説が固定費に関する問題の一環として論じられていることに注目している。ただ、その場合、固定費という原価の除去可能性も考慮に入れる必要があるので、四つのケースに分けて著者はルードルフの見解を検討している。そして、引続いて具体的な休止計算に言及している。かくて著者の論究は正鵠を射ていると評者は考える。

しかし、著者の次のルードルフ批判は鋭い。すなわち、「ルードルフの研究において最も重要であると思われるのは、休止が行われた後の依然として生じる原価K（s, t）の経過とそれの最適休止時点確定に及ぼす影響である。それゆえ、依然として生じる原価が重要な地位を占めることとなるのである。しかしながら、彼の示している四つの場合において、この原価の経過については、何ら具体的な根拠づけがなされていない」（一一〇頁）。したがって、「ルードルフの議論はきわめて形式的・中性的なものになってしまっており、そのことが彼の所説の致命的な限界となっている」（同頁）。要するに、「われわれにとって重要なのは、単なる数学の理論それ自体ではなく、経営経済の論理である。したがって、経営経済的な裏付がなされてこそ彼の所論も意味もつ」（同頁）のである。

さて、いままでみてきた固定費除去理論を整理してみよう。固定費除去理論には、ジュッフェルクリュップの指摘通り、固定費の削減と固定費の負担転嫁の二つの側面がある。前者は文字通り、固定費を除去してしまうことになる。しかし、後者の問題は固定費が除去されるわけではない。廃止または休止される部門からはたしかに固定費は削減・除去される。しかしその固定費は利用される部門へ移転・転嫁されるのみであって、企業全体の固定費としては除去されない。したがって、固定費の負担転嫁の問題を固定費除去理論で包括することには若干の疑念がないわけではない。しかし、この固定費の負担転嫁の問題が、除去の問題と同様にいわゆる経営休止問題に関連することは事実である。

ところが、この経営休止について、①実施するか否か、②いかなる時点で休止を実施するか、③実施するとしてどのくらいの期間を考えるか、が重要な問題となる。①の決定はドイツでは価格下限の問題として古くから論じられている。②の最適休止時点の決定問題は本書の第六章で論じられていること、すでに指摘したとおりである。そこで、③の最適休業期間の確定問題が俎上にのぼる。著者はこの問題を第七章「ベールの生産・休止決定モデル」で考察している。

そこでは、章題からも明らかなように、主としてベールの所説が検討の対象である。ベールの所説の結論は、著者によれば、「一時的休止を前提として、休止費、休業費、除去可能な固定費および操業再開費の統合たる総休止費を休業期間の関数として統一的に把握し、それを組み込んだ最適生産プログラムを展開したものである」（一三五頁）という。これによって、従来看過されていた最適生産速度、最適生産期間、そして問題の最適休業期間の確定が可能になるのである。したがって、ベールの研究では、期間全体にわたって生産をするか休止するか、という二者択一の問題のみを取り上げているのではない。期間全体においては常に生産を続行しつつも、あるいは継続を意識しつつも、その期間中の休止問題を考えているのである。

さて、経営休止の問題を上述とは少し違ったメルクマールで区分してみると次のような休止事象が生じる。つまり、最終的休止と一時的休止、全体的休止と部分的休止等がそれである。上述の指摘では、ある場合には最終的で全体的休止が、ある場合には一時的休止で部分的休止等が想定されるものの、その休止事象は判然としないものがあった。本書の第八章「ルートハルトの休止計画論」は、このいわば等閑視されていた問題にずばり切り込んでいるのである。そこでは、ルートハルトの所説にそくして部分経営休止の問題が考察されているのである。

まず、ルートハルトの休止概念をみてみよう。著者の理解によれば、ルートハルトの場合、「企業者による自律的な決定と計画性に基づく部分経営の給付生産の中止が、経営経済的な適応方策としての休止」（一四二頁）なのである。そして、次に休止原因については、ルートハルトは企業内部の休止原因の場合と企業外部のそれとに区分している。前者についてはこれをさらに企業目標、空間的原因領域、実質的原因領域という三つのメルクマールをベースにして考察している。後者については、それらは本源的な休止原因とみなされるのであるが、企業内部の休止原因の場合と同様に、「達成が阻害される目標、空間的原因領域および実質的原因領域にしたがって整理される」（一四五頁）という。

さらに、ルートハルトは休止種類の問題に論及する。これは「休止するか否か」の問題ではなく、「いかに休止するか」の問題に関連する。つまり、全体企業が存続するという前提の下での部分経営休止であるから、全体的休止に比して、いかに休止するかの種類は多いので、その選択・決定の問題が生じるのである。

最後に、ルートハルトは休止目標について述べている。著者の紹介をみてみよう。ルートハルトにおいては、休止目標は最上位の企業目標から演繹されねばならないという。企業の最上位の目標は成果目標であるから、休止目標は当然それに制約を受ける。つまり、「休止が行われる際に追求されるべき目標内容は、正／負の休止成果の最大化／最小化」（一五三頁）となるのである。

以上、著者の紹介にそくして、ルートハルトの部分経営休止論の第一段階をフォローした。第二段階は、当然、部分経営休止にみられる多数の休止種類（代替案）の選択であろう。このために、まず休止種類を列挙することが必要となる。かくして、ルートハルトは、「狭義の休止対象、給付プログラム構造、休止が行われることにより利用されなくなる潜在性、休止開始時点、休止遂行の速度、休業期間という六つの休止メルクマールを用いて休止種類を整理・体系化」（一五七頁）している。

休止種類が示されると、つぎは各休止種類の成果、つまり個々の休止目標の達成の成否に及ぼす作用に関する確定が問題となる。これについて、ルートハルトは、休止成果算定の形式的問題と実質的問題とに分けて論じている。「かくして、種々の作用およびそれらの休止成果に及ぼす影響が把握されるのである。それによって、特定の休止種類の休止成果が算定され、このようにして得られた休止成果が比較考量されて、最適な休止種類が確定される」（一六九頁）と著者はいう。それが最適休止種類の選択である。なお、著者によれば、このようなルートハルトの休止理論の確立を目ざす問題意識や思考様式には注目すべきものがあると述べている。

ところで、固定費除去理論は、固定費除去に関する方策の理論とみなされうる。ジュッフェルクリュップはこの方策として固定費の削減と負担転嫁をあげていることはすでに述べた通りである。ところが、著者は、固定費除去の方策として、これ以外に第三のものがあると主張される。固定費の変動費化がそれである。ここで固定費の変動費化とは、「経営準備の変更を通じて、固定費の実質的性格に即して行われる」（一七八頁）ものであって、「固定費を計算技術的に比例化して、これを比例費ないし変動費として認識しよう」（同頁）というのではない。したがって、「固定費の絶対的低減が意図されるので」（一七九頁）あるが、「固定費は経営準備原価であるから、固定費の絶対的低減は、経営準備の自己保有を制限することにより実現されるのであり、そのために経営準備の全面的あるいは部分的削減が行われる」（同頁）のである。

かくして、著者は「固定費の変動費化論」（第九章）を論じるのである。そこでは、ベルクナーの所説が研究されている。ベルクナーによれば、「自己の経営準備の削減により固定費負担の軽減を図るが生産量・販売量は維持されねばならないということが、基本的な問題意識となっているのである。そして、彼は、経営準備の削減と生産量の維持という二つの条件を同時に満たす方法を示さんとし、それを固定費の変動費による代替に求めている」

（一七九―一八〇頁）のである。

ベルクナーは、かかる方法として、生産深度の縮少を伴う方法と生産深度の縮少を伴わない方法、の二つをあげている。前者は、生産深度の縮少により自己の経営準備を削減する可能性を与えるものであって、「経営準備の企業に対する量的な拘束の変化により、固定費負担の軽減を達成しよう」（一八二頁）とするものである。一方、後者は、リース等の場合であって、「経営準備の企業に対する拘束性がその態様と程度とにおいて変化させられ、いわば質的な拘束の変化の実現がめざされる」（一八二頁）のである。

かくして、ベルクナーは適応可能性の増大、いいかえれば量的および質的な拘束性の変化の問題を論じ、真の意味での固定費の変動費による代替を実現する方法の追求がおろそかになっていると著者は批判する。しかし、著者はかかるベルクナー等の所説を固定費除去理論の第三のタイプと位置づけている。評者は著者のかかる見解を高く評価したい。けだし、著者が原価性格の実質的変化と、その形式的・計算技術的な処理による変化とを峻別しているからである。後者の形式的・計算技術的な処理による変化を強調すれば、その固定費の変動費化は能力理論の範疇に入るであろう。

本書の第一〇章「経営構造費理論の特質」において、著者はシュヌーテンハウスの経営構造費理論について詳論している。それはまた、固定費問題に対する第三の方策としての固定費の補償の側面を強調した理論の祖述でもある。なお、第一〇章前半は、シュヌーテンハウスを経営構造費理論、あるいは目的論的固定費理論として位置づけるクルツの見解が紹介されている。しかし、ここでは割愛する。

経営構造費理論そのものに移ろう。経営構造費理論においては、「企業が構造構成要素あるいは組織構成要素（Struktur-oder Organisationtrager）により形成される経営構造または制度（Institution）として捉え」（一九九頁）られている。そのさい、構造構成要素としては、空間、経営手段、人間という組織個別構成要素と、この組織個別構成要素の統合された全体としての企業である組織共同構成要素の二つが考えられている。しかして、この二つの構成要素の維持ないし拡大という目的の下に経営構造費は生じるのである。そして、この経営構造費の定義のために、保全、保障、維持という基準が導入されるのである。

さて、以上のように理解される経営構造費は、その拘束性にしたがって、次のように分類される。すなわち、A.拘束的または因果的構造費　(a)短期的拘束的構造費、(b)長期的拘束的構造費。B.非拘束的または目的関連的構造費。

かくして、経営構造費理論においては、生産物原価の算定は事前に次のように行われる。まず、「当該生産と直接的な関係をもつ機能的原価（funktionale Kosten）たる生産物組成費と短期的拘束的構造費が、それぞれ生産物領域と経営構造領域に帰属させられる。次に、当該生産と直接的な関係をもたない非機能的原価（nichtfunktionale Kosten）である長期的拘束的構造費と非拘束的構造費が、経営構造領域に帰属」（二〇二頁）させられる。なお、そのさい、とくに共通費の性格をもつ長期的拘束的構造費と非拘束的構造費（＝長期的構造費）は、点数制なる方法によって政策的に生産物に配賦され、回収される。したがって、そこには部分補償という観念はまったくみられない。すべて何らかの形で補償されなければならないのである。

このような経営構造費としての固定費を生産物に配賦し、回収・補償するという経営構造費理論の性格を、著者は、シュヌーテンハウスによって提起された一九四〇年代後半の時期と、クルツにより再評価された一九六〇年代後半の社会経済事情に求めている。つまり、「シュヌーテンハウスの所説は、一九四〇年代後半の大量の未利用能力、生産の急速な増大および自己金融政策の推進を背景としており、また、クルツの所説は、一九六〇年代後半の大規模な過剰能力、景気の好転による生産の回復そして企業の市場支配力の強大化を背景としている」（二〇九頁）のである。その背後には、不況からの脱却、生産の急速な回復という共通の経験が存在しているのである。いわば経済に対する楽観的な見方が、かかる理論を生起させていると評者は考える。同時に、かかる理論はわが国における総括原価主義の考え方に一脈相通じるものがあると思う。そうであればかかる思考が常に主張されることは否定できない。

三

以上、各章ごとに簡単にその内容を紹介し、同時に、評者の寸評を加えてきた。最後に、全体について評者の印象を記しておこう。

一、本書は西ドイツに限定しての固定費理論の著書としてはわが国では初めてのものであって、学界に対する貢献はまことに大きいものがある。

二、内容的にも、多少紹介の域を出ない個所もあるが、西ドイツの固定費に関する文献をあますところなく渉猟し、固定費理論を、能力理論、固定費除去理論、経営構造費理論の三類型にまとめている。このこころみは評者のみるかぎり成功している。

三、この三類型化のこころみは、内外において初めてのものと評者は考える。しかして、このこころみはまことに卓見であって、現在のところ、評者もこれに代わりうる類型化論をもちあわせていない。

四、しかも、この三類型の生成・成立の社会経済的背景の指摘も的確に行なわれ、歴史と理論との整合性にも注意がはらわれている。

五、論述は非常に緻密であって、難解なドイツ文献を平明達意な日本語にしている。もちろん、固定費理論そのものが難しい側面をもっているので、精読する努力が読者には要求されよう。

かくして、戦後西ドイツの固定費理論の研究書として、その目的は充分に達成されたものと考える。本書が江湖の好評を博することは疑いないものと考える。

とはいえ、評者には若干の希望事項がある。一つは、本書が戦後西ドイツに限定しているのでやむをえないが、戦前のドイツ固定費理論にも論及してもらいたかったことである。また、戦後でも、たとえばヴォルターの固定費理論にはぜひ言及してほしいところであった。さらには、固定費理論を三類型化されたわけであるが、これら三類型に共通するものを捉え、統合化した著者の固定費理論そのものを提示してもらえれば、という希望を付言したい。これには、たとえばシュマーレンバッハの経営価値計算論――この理論は著者のいう能力理論と経営構造費理論（評者の名付けた固定費補償理論）とを統合化したものである――やアメリカで主張されているキャパシティ・コスト論が参考になるであろう。

今日、固定費問題は、わが国においても、緊要の課題となっている。この時期に本書が刊行されたことは、まことにタイムリーであって、本書の広く読まれることが期待される。そして、固定費の本質が理解され、本書が説く三つの考え方、つまり能力理論、固定費除去理論、経営構造費理論が実践において適用されかつ検証されることを望むものである。

なお、評者は、固定費除去理論をさらに固定費削減論、固定費の負担転嫁論、固定費の変動費化論に分類することを主張したい。その上で、固定費の負担転嫁論は経営休止論と考え、これを最適休止時点論、最適休止期間論、部分経営休止論に分けることを考えているので、ここに付言しておきたい。

ともあれ、著者の今後のご活躍を祈るものである。

（深山　明著『西ドイツ固定費理論』A五判、二〇九頁、森山書店、一九八七年刊）

『ソフトウェア原価計算』

櫻井通晴　著

高度情報化社会における情報サービス産業の占める位置はまことに高いものがある。しかして、情報サービス産業の経営基盤の確立は緊要の課題である。とりわけ、情報サービス産業の原価計算制度の充実は焦眉の急であるといえよう。かかる時期に『ソフトウェア原価計算』なる労作が公刊されたことは、まことに時宜を得たものと考える。『ソフトウェア原価計算』の特徴を、評者はつぎのように考えている。

一、時代を先取りして、新しいテーマに取組んだまことに意欲的で貴重な労作である。

二、表題からは誤解をうけやすいが、決してハウ・ツーものではなく、重厚かつ緻密な理論武装をした学術書である。

三、とはいえ、その叙述には細かい配慮がなされ、ソフトウェア原価計算を初めて学ぶものにとっても、最後まで退屈させない魅力あふれる書物である。

四、ソフトウェア原価計算について、その基礎理論（第一部）、ケース・スタディ（第二部）、実態調査（第三部）といういわば三位一体的構成をとっており、理論と実践との統合化がはかられている。

五、ソフトウェア原価計算について各種の提案が示されており、まことに含蓄のある内容である。評者は著者達の提案の個所でしばしば考える機会を得た。

かくして、評者は本書を自信をもって広く推せんする。学界に対する貢献も大きい。

さて、著者達のソフトウェア原価計算に対する基本的立場は、「ソフトウェア原価計算といえども、ハード原価計算と本質的な相違はない。それゆえ、ソフトウェア原価計算では、ソフトウェアの開発場所を〝情報の製造工場〟として位置づけ、その生産物を工業製品ないし知的工業製品として認知し、基本的には製造業と同じ発想で原価計算を実施していく必要がある」（三五頁）というところにある。

とはいえ、ソフトウェア原価計算とハード原価計算とではいくつかの重要な相違点もみられる。そこで、第三章では、「原価計算対象、インプット・アウトプット関係、原価構造、個別原価計算との対応、および研究開発活動や建設工事との類似性の検討を通じて」（三五頁）ソフトウェア原価計算の特徴を述べている。

一方、第四章では考察対象を情報サービス業に限定し、そこにおけるソフトウェア開発に重点をおいて、ソフトウェア原価計算の機構を考察している。とりわけ、システム作成過程におけるソフトの原価計算を費目別計算、部門別計算、製品別計算の順に論述している。

第五章はソフトウェア製作原価の原価管理の問題を扱う。このために著者達は種々の提案を試みているが、論述の範囲は、原価管理の前提としての正確な原価算定と原価計算制度、コスト・マネジメントの内容をなす原価統制としての標準原価管理、そして原価低減の方策としての原価企画、予算管理等である。

第六章はソフトウェア価格決定の機構を考察している。そこでの結論は、きわめて大雑把ないい方であるが、「受注ソフトウェアはコスト・プラス方式、汎用パッケージソフトウェアはマーケット・プライシング法で決定される」（一二五頁）ということである。但し、これとて公式論の域を出ず、現実の世界では通用しない面のあることを看過してはならない。

本書の特色は、既述のように、理論的研究と同時に、ケース・スタディと実態調査が報告されているところにある。ケース・スタディ（七章〜九章）としては、ソフトハウスの実例が三件収録されている。

第一〇章は実態調査であって、情報サービス産業協会が一九八六年度中に実施したものである。その分析結果について執筆者の一人櫻井教授がコメントをつけたものである。評者は率直にいってこの実態調査に一番の関心をもったことを告白せざるをえない。

本書は、外国文献研究の方法がとりえないので、その理論的形成に難渋したにちがいない。が、通産省や情報サービス産業協会の協力をえ、共同研究が行われここに結実した。いわば産官学の協力の結晶である。

（櫻井通晴他著『ソフトウェア原価計算』A五判、二二四頁、白桃書房、一九八八年刊）

柳田　仁著『ドイツ管理会計論』

一

ドイツ原価計算の史的研究で健筆をふるっておられる柳田　仁教授にご拝眉がかない、話し合いができたのは一九八七年（昭和六二年）五月のことである。関西大学で日本会計研究学会が開催され、期間中に社会関連会計研究会が開かれて初めて出会ったのである。その時、初対面なのに厚顔にも柳田教授が西ドイツに留学中入手されたヴェトシュタインの文献を拝借することを申し入れ、心よくお貸し下さったことを記憶している。この一九八七年九月に柳田教授は『ドイツ管理会計論』を上梓された。

早速、評者の研究の一里塚として書評をこころみたく拝読したが、もたもたしているうちに大学行政にかかわるはめになり、今日に至ってしまった。このたび、機会を得たので再読し、ここに独断と偏見にみちた読後感を記す次第である。

二

柳田　仁著『ドイツ管理会計論』の構成は次のとおりである。

第一部　原価計算論の生成と発展
第一章　原価計算の生成
第二章　近代原価計算論の成立
第二部　計画原価計算論の展開
第一章　実際原価計算から正常原価計算への発展
第二章　計画原価計算
第三章　計画原価計算から限界計画原価計算への展開
第四章　部分原価基準に基づく原価計算システム
第三部　西ドイツ管理会計論――現状と展望
第一章　目的志向の原価計算システム
第二章　意思決定改善のための新しい原価計算システム
第三章　弾力的限界計画原価計算論
第四章　結合限界全部原価計算論
第五章　相対的個別費・補償貢献額計算
第六章　今後の展望

書名にドイツ管理会計論という名称を用いられた理由は、第三部が本書の中心であることを示唆してのものと推論する。つまり西ドイツにも利益管理のための意思決定志向の原価計算システムが開発されていることに著者は注目され、これらを「利益指向の管理会計論への足がかりを探る」（序文一頁）ものとして位置づけられているのである。評者もこの点において異論はない。

本書の構成をみて、さらに注目しておくべきは、本書が発生史的考察法をとっていることである。その典型は第一部・第二部にみることができる。もっとも、西ドイツの戦後の原価計算論を論述しようとすれば、発生史的方法をとらざるをえない。キルガーの『弾力的計画原価計算論』にそのフォームが提示されていて、これをふまえるのが一般的であるからである。むしろ、各原価計算システムの主唱と社会経済的背景との関係に注意を向け、かつ言及することが肝要であろう。そうでなければ、各原価計算システムの平板な説明に終始するところとなり、いわゆるメリハリのないつまらぬ論述となろう。

それはともかく、本書が他の類書と違う特色をもっているのは、第三部第四章にあると評者は考える。つまりムンツェルの結合限界全部原価計算論を詳細に検討・吟味しているのである。従来、ムンツェルの所説についてはほとんど言及がなかっただけに、本書がこの論者の主張に特に意を用いていることは注目しなければならない。

なお、論者の名前の表記について多少気付いたことを申し添えておこう。つまり名前の表記に不統一がみられるのである。たとえばリトルトン（Analias C. Littleton）、シュマーレンバッハ（Schmalenbach）（三頁）というように名前の原文挿入に不統一がみられることである。また、注において、「例えばキルガーは、計画原価計算の起源としてF・W・テーラーの」（八八頁）というように名前をカタカナ表記しているかと思えば、「Frederic Winslow Taylor（一八五六―一九一五）は」（八九頁）というように名前に原語を用いられている。さらに注記でいえば、引用文献に発行年および出版社の明記は自明であろうと思われるが、本書では欠けているところが散見される。高著だけに残念である。

さて、いま少し内容に入ってみよう。第一部第一章「原価計算の生成」は、ドイツにおける原価計算の生成・成立を追究したものである。著者は、ドルンの所説に依拠しつつ、一八世紀に既に原価計算の端緒としての給付単位計算が出現しているとはいえ、一九世紀後半から今世紀二〇年頃までの発展過程を克明に論究している。そして、この時代を「近代的原価計算の本質ともいうべき『原価管理思考』がほとんど不在であった。そういった意味において近代原価計算の前段階ということができる」（一五頁）と結論づけている。原価計算の発展段階について、原価管理思考をメルクマールにして区分するのは、評者には若干の異論がある。しかし、著者が大きく管理会計でくくろうとしている限り、この時代の原価計算は近代的原価計算の前段階ということになろう。

第二章はシュマーレンバッハの原価計算論について論述している。初めにシュマーレンバッハの生涯を紹介し、その上で彼の原価計算論についての所説を考察している。そして、シュマーレンバッハの「原価理論・原価計算論は意思決定志向の経営経済学・管理会計論の出発点と見なしてもよいであろう」（二七頁）と著者は考えている。

第二部第一章「実際原価計算から正常原価計算への発展」は、題目どおり実際原価計算から正常原価計算への発展過程を考察したものである。またこの章に続く第二章は「計画原価計算」であって、いずれも全部原価基準にもとづく原価計算システムである。著者はこのようなシステムは一定のメルクマールまたはその組合わせによってできるものであるとして、注目すべき図を示している。参考のためにここでも再掲しておきたい（第一図参照）。

さて、実際原価計算については、キルガーにならって、㈠実際原価計算の基本型、㈡固定計算価格を用いた実際原価計算、㈢計画値を用いた実際原価計算、の三つの類型に分けて著者は考察している。また、正常原価計算については、㈠固定正常原価計算と㈡弾力的正常原価計算とに区分して論述している。ともに、オルフェルト、キルガーの所説に基本的には依拠しており、手際よくまとめられている。著者の非凡な才能を垣間見る思いがする。

第二章「計画原価計算」は、「その計算過程に計画原価を含んだ原価計算である」（五四頁）と述べ、「計画原価計算の本質は、計画原価が計画価格および計画消費量から構成されており、かつそれと実際に生じた原価とを比較する。すなわち標準・実際分析を実施することにある。その場合、固定計画原価計算においてはおよその差異を、弾力的計画原価計算においては操業度差異および消費量差異別に差別化した差異を算定しうる」（五四頁）と著者は明解に述べている。そして、計画原価計算が発展段階的には、固定的計画原価計算から弾力的計画原価計算へ発展したことに思いを馳せ、この両者の特徴を要領よく解説している。さらに計画原価計算の構造にもどり、これについて詳述し、弾力的計画原価計算や弾力的限界計画原価計算の登場を示唆している。前章と同様にそのまとめの簡にして要を得ていることを評者は評価したい。

第三章「計画原価計算から限界計画原価計算への展開」は、その副題――ここでは省略している――が示すように、プラウトの所説を祖述したものである。第二章の補完という意味と第三部への橋渡しという意味を含んでいる。プラウトは、周知のように、計画原価計算をアメリカの標準原価計算の輸入とみなし、計画原価計算と標準原価計算とを同一視する立場の論者である。すなわち、「まず計画原価計算の起源をテーラーの科学的管理法に求める。つぎに有効なコスト・コントロールをするために確立しなければならないものとして内部経営固定価格システムにふれる。そして内部会計制度の課題を充たすための諸条件を検討し、限界計画原価計算に及ぶ。更に、事例をあげて全部計画原価計算と限界計画原価計算とを比較して後者の長所を述べ、この限界計画原価計算を有効に実施するために原価技師養成の必要性を強調している」（八八頁）のである。

ところで、全部原価計算システムは二つの重大な欠陥が潜在している、と著者はいう。すなわち、㈠固定費を比例化すること、㈡共通費の配賦基準が適切でないこと、がそれである。この短所を避けるために部分原価計算システムが展開される。しかし、部分原価計算システムといっても多くのものが考えられる。著者はシュナイダーの総括表を示し（第二図参照）、このうち直接原価計算と固定費補償計算を第四章で詳細に論じている。限界原価計算

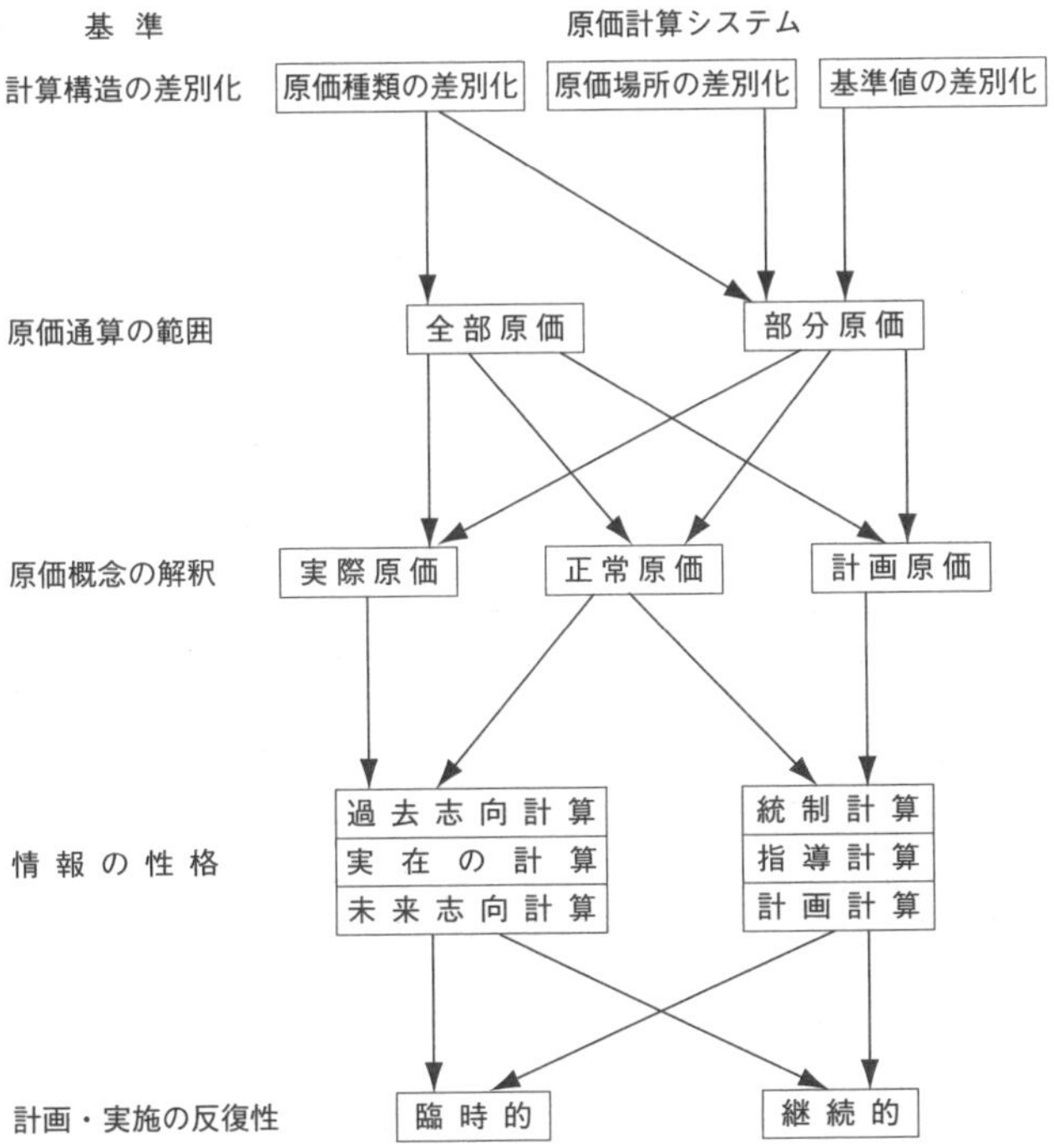
基準
原価計算システム
計算構造の差別化
原価種類の差別化
原価場所の差別化
基準値の差別化
原価通算の範囲
全部原価
部分原価
原価概念の解釈
実際原価
正常原価
計画原価
情報の性格
過去志向計算
実在の計算
未来志向計算
統制計算
指導計算
計画計算
計画・実施の反復性
臨時的
継続的

第一図

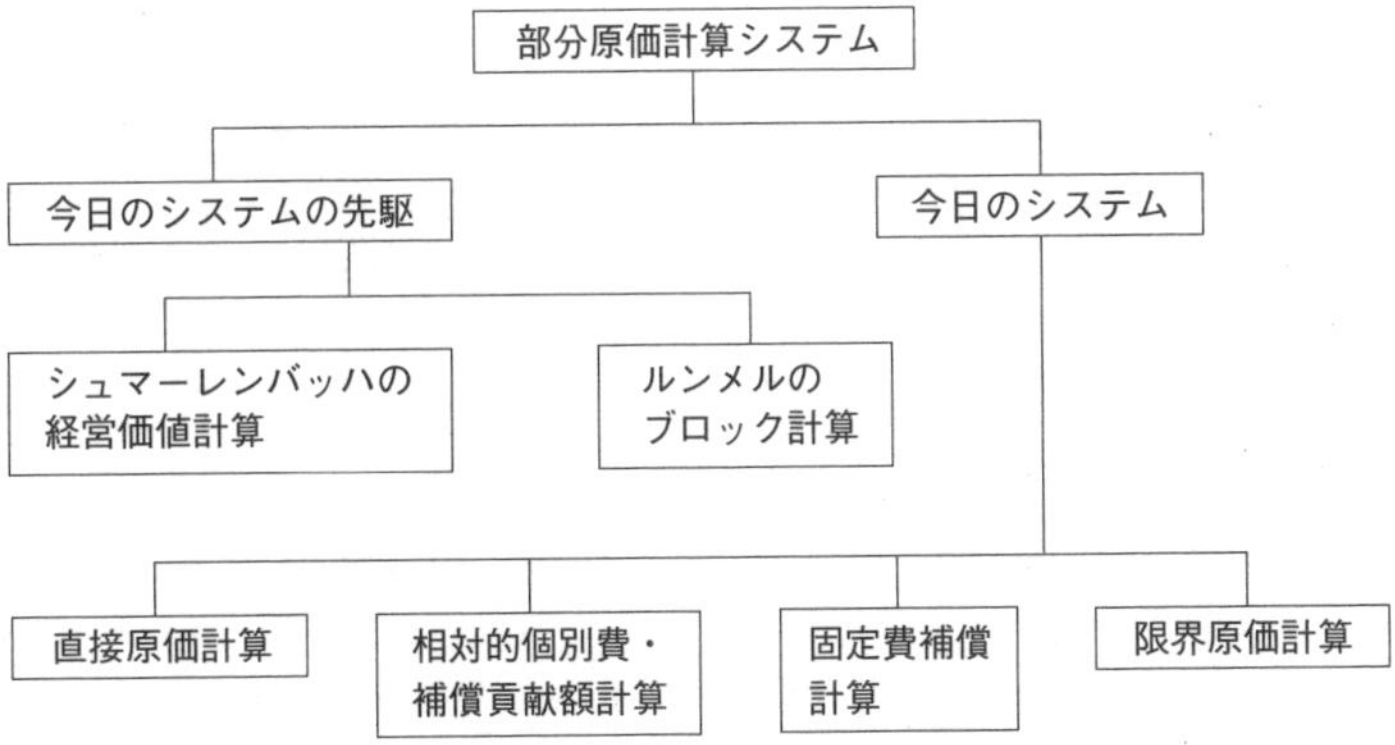
部分原価計算システム
今日のシステムの先駆
今日のシステム
シュマーレンバッハの経営価値計算
ルンメルのブロック計算
直接原価計算
相対的個別費・補償貢献額計算
固定費補償計算
限界原価計算

第二図

は前章および第三部第三章でその発展したシステムを述べ、相対的個別費・補償貢献額計算は第三部第五章の課題としている。その意味で本四章は第二部の終章であるが、第三部への序論としての役割を担っているものと考えられる。

さて、第四章で論じている直接原価計算について、著者は直接原価計算を㈠単段階式直接原価計算と㈡多段階式直接原価計算とに区分し、それぞれについて原価種類別、原価場所別、原価負担者別に分けて、その計算について論述している。そして、事例を挿入し、最後に単段階式直接原価計算と多段階式直接原価計算の基本型を示し、直接原価計算一般の長所と短所の指摘に及んでいる。同様に、固定費補償計算についても「直接原価計算の長所を確保し、その短所を避けようとする直接原価計算のより発展した方法である」（一〇二頁）と著者は述べて、この計算の前提、計算手続等について詳述し、最後に長所・短所を指摘して、しめくくっている。

第三部は「西ドイツ管理会計論――現状と展望」であって、本書の核心部分である。

第一章は西ドイツ管理会計論の現状までの展開過程を回顧している。そこでは原価計算の目的として、記録計算、経済性のコントロール、意思決定資料の提供があり、それに相応して原価計算システムは発展段階別に㈠記録計算に役立つ原価計算システム、㈡経済性コントロールに役立つ原価計算システム、㈢意思決定準備に役立つ原価計算システムに区分できると著者はいう。そして、㈠では実際原価計算や正常原価計算が、㈡では計画原価計算が、㈢では部分原価計算システム、たとえば限界計画原価計算、弾力的限界計画原価計算等が、考えられるという。しかして、この第三段階の原価計算システムはまさしく「意思決定」に役立つのであって、著者はこれを管理会計的原価計算システムと考えられているようである。

ところが、「すべての意思決定に役立つような原価計算システムは存在しない。個々の意思決定ケースに対する意思決定の準備のためには、ケース別に個々の原価情報が必要である」（一一七頁）と著者はいわれる。そして、そこで重要なのは一次的原価計算であるという。この点を強調しているのが第三部第二章である。ただし、わずか四頁の叙述であって、評者にはやや理解が困難であった。なぜこの章を設けなければならなかったのか疑念なしとしない。設ける以上は、いま少し深い論述があっても良いように思われる。

第三部第三章はキルガーの主張する弾力的限界計画原価計算論の論究である。ほぼキルガーの所説に依拠して祖述し、論評を加えている。つまり、実際原価計算から正常原価計算へ、正常原価計算から計画原価計算へ、計画原価計算から弾力的計画原価計算へ、そして弾力的計画原価計算から限界計画原価計算へ、最後に限界計画原価計算から弾力的限界計画原価計算へと論述を進めている。西ドイツ原価計算の発展形態をコンパクトに示した章であるといえる。著者の力量を如実に示している個所であるともいえよう。

第四章「結合限界全部原価計算論」はムンツェルによって主張された原価計算システムである。戦後の西ドイツ原価計算システムの展開を取り上げる中で、なぜかこのムンツェルの所説は軽視されてきたように思われる。著者はこの点を大変遺憾とされているように推察する。しかも、著者によれば、部分原価計算と全部原価計算とを結合した原価計算制度も「継続時に企業の意思決定に役立つものである」（一五三頁）という考えであって、本章ではこの結合限界全部原価計算論を展開するのである。

もちろん、ムンツェルの所説に依拠するのであるが、著者は「弁証法的にみれば、テーゼ（伝統的全部原価計算）とそのアンチテーゼ（限界原価計算）からジンテーゼすなわち結合限界全部原価計算または修正全部原価計算が成立する」（一六三頁）という。そしてこのシステムは「そのまま受け入れうるし、また直接原価計算論者によっても拒絶されない」（一六二頁）であろうと著者は評価する。

かくして、結合限界全部原価計算について祖述するのであるが、そのさい結合限界全部原価計算実施上の諸原則をまず述べ、その上で生産政策上の意思決定に結合限界全部原価計算がいかに適用されるかを検討している。とりわけ、製品の長期的生産中止に関する意思決定と新製品の採用に関する意思決定について、多くの事例を用いて詳細に述べている。そして最後に、結合限界全部原価計算の長所と短所について要領よくまとめている。

既述のように、評者は、著者のこの結合限界全部原価計算の論究を本書の最大の評価すべき点であると考えている。平素からの地道な研鑽の成果がここに端的に具現していると考える。

第五章は、いま最も関心を集めているリーベルの相対的個別費・補償貢献額計算の論考である。当然のことながらリーベルの祖述が中心となるが、著者はリーベルとも面談し、質疑応答をされており、これらの成果ももりこまれている。また、わが国のこの方面の研究成果も十分に咀嚼している。したがって、本章もまことに要領よくリーベルの所説をまとめている。とくにリーベルの相対的個別費・補償貢献額計算の長所・短所を指摘されている点は良い。リーベル原価計算システムを学ぶのに格好の個所といえよう。

第三部第六章は、「今後の展望」と題して、実証的管理会計の台頭を指摘し、最近「西ドイツ管理会計論の分野でも、……実証的研究が盛んに行われるようになり、アメリカ的な研究法に接近しつつある」（二〇八頁）という。評者も今後この実証的研究が一層盛んになると考える。著者と同様に今後のこの動向に注目していきたいと思う。

三

以上、各章ごとに簡単にその内容を紹介し、かつ評者の若干の感想を述べた。著者の取り扱った西ドイツ原価計算論の範囲はまことに広い。時代的には一九世紀から今世紀八〇年代までに及ぶ。また取り上げた原価計算システムは実際原価計算から始って、リーベルの相対的直接原価計算まで二桁に及ぶ。この広範囲にわたる原価計算システムをコンパクトに手際よくまとめられ、解説・論評されている。特に、各原価計算システムについて長所と短所をきっちりと指摘されていることに評者は高い評価を与えたい。けだし、そのことが論理的にはつぎなる発展形態の原価計算システムを生み出す原動力になっているからである。

ただ、ムンツェルの結合限界全部原価計算を中心においたためか、リーベルの相対的直接原価計算をめぐる論議についての言及がやや少ないように思われる。いま最も関心の深い原価計算システムだけに、そのシステムの内容を要領よく論述すると同時に、これをめぐる論争についての検討結果も述べてほしいところである。また、ベェーム・ヴィレの標準限界価格計算についての言及が欠けている。さらにいえば、俎上にのぼった原価計算システムのうち、なぜ「ドイツ管理会計論」となりうるのがあるのか、これについていま少し説明がほしいところである。

たしかに、「ドイツ管理会計論」という名称は関心をひくとともに、かつて井上康男教授がやはり『ドイツ管理会計論』という高著を刊行されたことを思い出す。西ドイツでは「管理会計」という言葉をあまり使用しないので、わざわざこの名称を使われるのは、柳田教授のなみなみならぬ意図があったと推察される。それだけに望蜀の感が深いのである。

ともあれ、評者の独断と偏見にみちた読後感であって、多くの過誤があると思う。著者のご寛容を願うものである。が、本書が広く読まれ、ドイツにも管理会計が実質時には存在していることを認識して下されば、本書の存在価値はさらに高まるものと思われる。本書が江湖の好評を博するのもここにあるとみる。

（柳田　仁著『ドイツ管理会計論』A五判、中央経済社、一九八七年九月刊）

『現代経営費用論』

西村慶一 著

待望していた西村慶一助教授の高著『現代経営費用論』が刊行された。西村氏が現代の経営費用論について克明に追究されていただけに、このたびの上梓はまことに慶びにたえない。恐らく、多くの研究者が本書の出版を鶴首して待っていたに違いない。当然のことながら、本書は期待に沿う力作である。

本書は、グーテンベルクの経営費用論を踏まえつつ、ハイネンの経営費用論の考察方法である分析的・総合的原価モデルと意思決定アプローチのフレームワークを採用し、さらにハイネンの価値的原価概念を中心にすえた傑作である。かくして経営費用論は「数量的、貨幣的および時間的な原価作用要因の分析と生産に伴って発生する原価額との間の可能な限り正確な因果関係を理論的に究明しようとするものである」（一九頁）と著者はいう。本書の特徴は少なくとももつぎの諸点にあると評者は考える。

一、ドイツ経営経済学としての生産理論と原価理論とを合わせて、これを経営費用論としたこと。これは、わが国において戦前「経営費用論」と称していた時代の継承と、戦後「原価理論」と呼んでいたことへの抵抗と解されるかもしれない。が、それらはすべて誤解である。著者は原価理論の基礎に生産理論をすえることの必要性を懇切丁寧に説明し、これら生産理論と原価理論とからなる経営費用論を現代の経営費用論と呼称するのである。著者はいう。「経営費用論は、経営の『生産』を原点として、生産要素の投入と産出との間の関係を分析する生産理論を基礎とする。ここにおいて、生産の要素の種類と数量的関係、部分的生産過程を基本単位として形成される経営の生産構造ならびにモノの流れの時間的構造とそれらの間に存在する原価作用要因の解明が基本的な課題である。／原価理論は、基本的には、……生産理論を基礎とするモノの流れの貨幣的評価のモデルである。経営費用論は、生産理論と原価理論によって構成されており、相互に発展していかなければならない」（四二頁）と。

二、このため、生産理論の究明に本書は力点をおいている。それがために極めて生産理論研究の色彩が強い。が、その論述は簡にして要を得た説得力のあるものである。グーテンベルク以降の生産理論について、図表・等式等を随時用いて説明し、難解な諸生産理論をわかりやすく論述している。これは著者の力量の大きさを示すものである。

三、生産理論は上記引用のように、生産要素の投入・産出の関係を分析するものであるが、それを端的に表現するのが生産関数である。著者はこの生産関数をA型からF型まで示し、それらを中心にした経営費用論を展開している。すなわち、伝統的経営費用論（A型）、近代的経営費用論（B型）、運動的経営費用論（C型）、投入産出型の静態的経営費用論（D型）、投入産出型の動態的経営費用論（E型）、ネットワーク型の動態的経営費用論（F型）に類型化して詳述している。そこに名付けられた名称はそれぞれの経営費用論の物量的基盤としての生産理論（生産関数）の特色と限界を明解に示し、本書の中心部分を構成している。

四、現代経営費用論は、それ自体で一つのジャンルを形成している。一方この経営費用論は原価計算、管理会計等の基礎としての役割を持つ。著者はこのことを十分に認識して、「今後、これらの生産理論モデルと原価理論モデルは、説明、予測および意思決定モデルとしての機能を果たすとともに、生産管理、原価計算、原価管理、短期成果計算などとの交渉を一層深化させる方向で発展していくものと考えられる」（四二・四三頁）と述べている。けだし至言である。

五、著者は、本書執筆の隅の首石として、現代の管理会計の動向を的確に掌握している。生産領域におけるＦＡ、

ＦＭＳ、ＣＩＭへの移行等を十分に視野に入れ、それらに対応しうる経営費用論の構築を意図している。この方向性には評者も賛意を表する。

かくして、本書は、わが国における現代経営費用論研究の最高水準を示すものであって、広く江湖の好評を博するものと信じる。

（西村慶一著『現代経営費用論』Ａ五判、二一八頁、税務経理協会、一九九二年刊）

『ドイツ簿記史論』

片岡泰彦 著

わが国において、簿記、会計史の研究が平成の時代に入ってから本格化して、非常な進展を示している。毎年数点の簿記・会計史書が公刊されているのがその証左である。したがって、雑誌論文ともなると、もはやすべてをフォローするのが困難となっている事情にある。ここまで簿記・会計の歴史的研究を推進せしめた原動力は奈辺にあるのか、については別途考えねばならない。が、若い頃より簿記・会計史の研究に取り組み、数多くの研究成果を公表されてきた片岡泰彦教授の功績は注目しなければならない。その片岡教授がこのたび、『ドイツ簿記史論』を上梓された。教授の著書『イタリア簿記史論』の続編ともいうべきものである。

『ドイツ簿記史論』はドイツの主として一七～一八世紀を研究対象期間として取り上げ、ドイツにおける簿記事情を歴史的に研究して、ドイツにおける簿記史研究のいままでの欠落部分を埋めようとする野心的な著書である。周知のように、ドイツの簿記史研究は一五～一六世紀を中心とするものが大部分であって、一七～一八世紀は黙視され、会計史上の暗黒ともいえる時代であった。したがってドイツ簿記・会計史研究は、一五～一六世紀から再び脚光をあびる一九世紀に飛んでしまうのである。このような事情を十分ふまえて、片岡教授は『ドイツ簿記史論』を執筆され、一七～一八世紀にドイツで出版された簿記書を逐一検討し、ここにその全容を明らかにされたのである。まことに簿記・会計史研究にとっては、刮目に価する事柄であって、その業績は高く評価されるべきである。

『ドイツ簿記史論』は四部構成である。いま、著者の叙述から引用してその内容の一端を示そう。

「第一部は、一四〜一五世紀から一六世紀にかけての商人の実践簿記・会計の生成について論述する。ハンザ諸都市の会計帳簿及び南ドイツ諸都市（特にニュルンベルク）の商人の会計帳簿における複式簿記の萌芽、フッガー家の財産法による損益計算、シュヴァルツの代理人簿記と損益計算そしてウェルザー家の会計帳簿等である。

第二部は、複式簿記論導入期と言うことができる一六世紀に出版された簿記文献を詳述する。ドイツで最初に簿記文献を公刊したシュライベル、ドイツ式三帳簿制の簿記を解説し、後世に大きな影響を与えたゴットリープ、パチョーリ簿記論のドイツでの最初の紹介者であるシュヴァイケル、パチョーリ簿記論導入を確立したガムメルスフェルダー、そして期間損益計算と大陸式計算の例題化を遂行したゲッセンス等の簿記文献である。

第三部は、複式簿記発展期と言える一七世紀に出版された重要な簿記書を考察する。イタリア式簿記を解説し、受託買付商品勘定及び独特の商品帳を示したレリーチェ、ドイツ式簿記を解説し、独自の決算諸表と商品勘定の三分割を示したボルフ、日記帳、補助簿、合計試算表及び残高試算表等を例題化したハーゲル、ドイツ式簿記とイタリア式簿記を解説したシュルツ、イタリア式簿記の改善と発展に努めたヘルムリンクとラーデマン、精算表を作成したディベルン等の簿記文献である。

第四部は、複式簿記確立期と呼ぶことができる一八世紀に出版された簿記書のうち、会計史上貢献を果たしたと思われる簿記書をとりあげる。商品勘定と帳簿組織を確立し、独特な決算諸表を作成したハイネ、減価償却の概念を会計に取り入れたマーゲルセン、イタリア式簿記の展開と理論化を遂行したクリューゲルス、フライシャーそしてフリューゲル等の文献である。そして、最後に、オランダのスティーヴンの簿記論をドイツ簿記史の観点から考察する」（「筆者のことば」一—二頁）。

右の筆者自らの紹介でもって、本書の内容は理解できよう。ただ、評者はつぎのような補足を加えておきたい。

まず、第一部ではハンザ諸都市、つまり北ドイツと南ドイツ諸都市の商人の会計帳簿と複式簿記との関係が分析されている。とりわけ、フッガー家やウェルザー家の会計帳簿が検討されている。そして一五世紀のニュルンベルクがドイツ複式簿記の起源論として主張されている。さらに、フッガー家の会計主任シュヴァルツの簿記論が吟味されて、シュヴァルツの損益計算法は財産法と損益法の二つの方法によるもので、彼独自のものである、という新しい見解を示している。

第二部では、パチョーリ簿記論、北ドイツのダンツィヒで出版されたガムメルスフェルダーの簿記書によって、一応の確立を見たということ、時期でいえば一六世紀の七〇年である。そして、この頃からドイツ簿記の歴史は南から北へと舞台を移す、と著者はいう。

第三部では、ディベルンの簿記書はデンマークのコペンハーゲンで出版されているが、ドイツに伝統的なイタリア式簿記をドイツ語で解説しているので、本書で取り扱っていることを筆者は付言している。

第四部ではスティーヴンの簿記書を取り上げて、ドイツ簿記書との関係を再検討している。しかして著者によれば、スティーヴンのドイツ簿記史に与えた影響はあまり見るべきものがないと結論づけている。

ともあれ、本書は実に二二人の著者の簿記書とフッガー家とウェルザー家の会計帳簿を検討・吟味している。しかも一人の著者が二冊以上の簿記書を公刊している場合もあるので、資料としての簿記書等は二五点を超えている。かかる資料の解読に精力的に取り組み分析された著者に対して敬意を表したい。

さて、このような多くの簿記書等を検討された著者は、一八世紀までのドイツ簿記の歴史を三つの期間と領域に分類できるという。

第一は、ハンザ諸都市及び南ドイツ諸都市の商人、具体的にはフッガー家、ウェルザー家、そしてシュヴァルツに代表される実践的簿記である。時期的には一五・一六世紀であって、ニュルンベルク、アウグルベルクを中心とする南ドイツ諸都市である。

第二は、一六～一七世紀であって、ニュルンベルクで出版された簿記書が圧倒的に多く、その上ドイツ式簿記を採用していることである。ここではドイツ式簿記の解説はもちろん、パチョーリ簿記論のドイツへの紹介、財産法と損益法による期間の損益計算、商品の仕入、売上、繰越商品という三分法の採用等がみられる。

第三は、一六世紀の末から一八世紀にわたって主として北ドイツ、すなわちハンブルグやダンツィヒを中心に出版された簿記書である。ここでは、パチョーリ簿記論の影響を受けたイタリア式簿記を扱っている。そして簿記の高度化が達成され、暗黒の一七～一八世紀簿記が、実はドイツにおける簿記の精緻化の時代であったのである。この第三の期間と領域の分析が本書の特徴を示すものであって、そこにみられる著者の見解は瞠目に価する。

紙幅の関係で本書の評価すべき諸点を指摘しておきたい。

一、まずなんといってもドイツ簿記史研究が本書の公刊によって一段とレベルアップしたことであろう。既に、ドイツ簿記史研究は、たとえば井上　清教授の『ドイツ簿記会計史』、岡下　敏教授の『シュバルツ簿記書の研究』等によって相当高い水準に達していたが、いかんせんそれらは片岡教授のいわれる第一と第二の時期と領域であって、片岡教授の『ドイツ簿記史論』はこれら先駆的研究を引継ぎつつ、さらに新たなる領域を開拓されたのである。しかもそこに指摘されている見解は新たなるものであって、高く評価される。

二、つぎに注目したいのは、本書では一七～一八世紀のドイツ簿記書が検討されているが、その検討の綿密さである。各簿記書について、帳簿組織、決算方法等、たんに各簿記書の総論部分のみでなく、例題をも吟味した上で、一定の評価をしている。このことは、歴史研究における原典主義にもかかわることである。つまり著者は各簿記書について最大限原典にあたっておられるのである。

三、したがって、本書は大変難しい内容を持っているにもかかわらず、著者によって、ドイツ簿記書が適正かつ公正に取り扱われ、評者のように必ずしもドイツ簿記史研究に従事していないものにも容易に理解できるよう平明達意に叙述されている。章題に必ず副題がつけてあり、その副題でもって、その章の内容がほぼ判別できるというのは一つの例である。ドイツ簿記史研究に関心をもってもらいたいと願っている評者にとっては、まことにありがたいことであって、本書の熟読を契機にして、多くの研究者が輩出し、ドイツ簿記史研究の水準が高度化することを望むものである。

四、前後したが、著者による新しい見解も見落としはならない。とりわけ、繰り返しになるが、一七～一八世紀の簿記文献を紐解き、貴重な簿記書の指摘をなしつつ、ドイツ簿記史上に新たなる見解を付け加えたことは看過できない。また、フッガー家の財産目録と貸借対照表、ウェルザー家の会計帳簿、シュヴァルツの損益計算法等についても筆者独自の見解が披瀝されている。さらにいえば、一六世紀の簿記文献に新たなる簿記書を発掘して付け加え、解読して祖述していることも注目に値いする。

五、最後に、歴史研究でよくいわれる社会経済的背景との関係であるが、著者はこの点においても十分に熟知しており、必要に応じて随所で論及している。

評者は相当以前から、ドイツ一九世紀の工業簿記・原価計算の解明が必要であると主張している。そのことは、当然のことながら一八世紀以前のドイツ簿記において工業簿記がどのようであったか、という関心事につながる。著者片岡教授に、今後ぜひこの辺りの文献・資料を発掘していただき、解読・分析してもらいたいと願う。ドイツにおいては、一八世紀の最後の四半世紀に工業簿記が複式簿記と交渉を持つようになっているのではないか、と評者は推察している。

ともあれ、広く江湖の好評を博すことの間違いない本書の上梓を喜びたい。

（片岡泰彦著『ドイツ簿記史論』A五判、三七五頁、森山書店、一九九四年一一月刊）

『近代会計制度の成立』

友岡　賛　著

一　序　言

重厚な著書を読了した。地道にコツコツと研鑽の努力を重ねれば、自ずから刮目すべき著書が完成する。これがいまの評者の偽わらざる心境である。

この重厚な著書は、「意義」、「制度」、「約束」という三つのキー・ワードを用いて、一九世紀英国に目をそそいで会計という行為のはたらきについて、つまり会計の本質的機能について考察している。ただし、「行為」、「納得」、「認知」というワードもキー・ワードにしたらどうであろうか、と評者は考える。

一九世紀英国に目をそそぐ、というから会計の歴史書、つまり会計史書かというと、著者は大急ぎで歴史的研究を意図したものではないと否定する。ただ、近代会計制度の成立プロセスというものをみようとして、たまたま一九世紀英国に焦点をすえたにすぎないと著者はいう。しかし、評者の読後感は、これはこれで一つのりっぱな会計史研究であるとみる。

たしかに、本書はシティ・オヴ・グラスゴウ銀行を分析対象として、一九世紀英国において近代会計制度と近代監査制度が成立していくプロセスを解き明かしたものである。しかし、そのプロセスの叙述が綿密であり、論理的である。またできうるかぎり第一次史料を用いての分析が本書を重厚な歴史研究にしている。読者は本書にしばしば出てくる株主と同様に一読してこれを「納得」するであろう。

二　本書の内容

書評の常道であるプロローグから本書の内容をみていくことにしよう。ただし、ここでは、著者の論述を重視してみたい。つまり本来ならば評者の理解した表現でもって叙述するのが正当である。しかし邪道かもしれないが、本書の内容をできるかぎり浮き彫りにするために、著者の表現を直接引用するかたちで綴ってみたい。そこにわれわれは著者の独特のいいまわしに気付くであろう。そしてそれがまた本書の一つの重要な特色であることを見破るのに時間はかからないと思う。著者独特のいいまわしには念のため傍点をつけておく。

プロローグはエピローグと並んで著者の考え方を簡潔に述べている。いわば本書のフレームワークを提示したものである。そしてその内容を第一章から第五章にわたって論述しているのである。念のために第一章以下各章の章題を付言しておこう。

第一章　近代会社法制度の形成プロセス
第二章　シティ・オヴ・グラスゴウ銀行
第三章　一九世紀英国の事業観と監査の意義
第四章　会計プロフェッション
第五章　独立のプロフェッショナル監査

前半三章が、シティ・オヴ・グラスゴウ銀行に関連させて近代会計制度の成立プロセスが論じられている。後半二章はそれに対して近代監査制度の成立が追究されている。

さて、会計とは「財産運用の受託者から財産運用の委託者への説明」（一頁）であると著者は定義している。そして会計に関する「約束」とは「委託、受託関係にかんする約束である」（三頁）という。さらに、会計に関する「制度」とは「委託、受託関係にかんする制度である」（三頁）という。いささか同語反復のきらいがあるが、いま少し著者の語るところをきいてみよう。

著者によれば、上記の論理から「近代会計制度は近代的な委託、受託関係にかんする制度である」（三頁）という。かくして、委託と受託という関係が重要となる。しかし、それは会計に関する約束であって、委託者が委託者たりうること、また受託者が受託者たりうることを意味している。つまり、受託者は委託者に財産運用について説明するという「約束」が存在し、その「約束」が社会的に定着して初めて「制度」というものが成立するというのである。しかして、「制度は約束」（一頁）となる。

ところで、著者は「会計というものは、本来的に、監査がなければなりたたないし、また、監査というものは、本来的に、独立性、そして会計にかんする専門性がなければなりたたない、といった理解は、結局のところ、独立のプロフェッショナル監査、という約束の社会定着をもって近代会計制度成立のメルクマールとする」（一一頁）という。つまり、会計と監査あるいは会計制度と監査制度というものが密接不可分の相即不離の関係にあることを著者は指摘している。では監査とは。「監査とは、財産運用の受託者から財産運用の委託者への説明、の監督、検査、である」（三頁）と著者は定義する。そして監査に関する約束は「会計にかんする約束であって、委託、受託関係にかんする約束である」（三頁）という。

監査を会計と表裏一体のものとみていく、という思考は格別目新しいものではない。たとえば、財務会計のウラは会計監査である。会計監査のオモテは財務会計である、というような語り口にしばしば接するが、これはまさしく会計と監査とをいわば盾のウラ・オモテと考えている証左である。ただ、本書においては、監査制度というものを会計制度よりも重いものと認識しているのではないか、と評者は推察する。つまり、監査制度の成立が実は会計制度の成立になる、と著者は考えているのではないかと推察するのである。著者はいみじくも「われわれのシェーマは独立のプロフェッショナル監査という制度の成立をもって、近代会計制度の成立としていたのであった」（二四四頁）と告白している。

それはともかくも、かくして上記のいわば仮説を証明する舞台として、著者は「一九世紀英国に近代会計制度の成立プロセスをみようとしている」（一二頁）。具体的にはシティ・オヴ・グラスゴウ銀行と独立のプロフェッショナル監査の担い手としての会計プロフェッションが主役として登場するのである。

かくして、「われわれのアプローチをひとことでいってしまえば、それは、会計という行為、あるいは監査という行為の意義の社会的認知のプロセスとして近代会計の生々《せいせい》をみようとする」（六頁・ルビ友岡）のである。それはとりもなおさず、「会計にかんする約束、あるいは監査にかんする約束が、意義の社会的認知をうけて、会計制度、あるいは監査制度となりゆくプロセスとして近代会計制度の生々をみること」（六―七頁）となるのである。しかして、本書はその第一ステップであると著者は位置づけている。著者の歩みは極めて慎重である。それは先述の主役をただちに登場させないで、予備的サーヴェイとして一章をもうけているところに端的にみられる。

（1）予備的考察

そこで第一章の内容に入ってみよう。第一章では、章題どおり近代会社法制度の形成プロセスが論述されている。中心はもちろん一九世紀英国である。が、著者は一七一九年泡沫会社禁止法から説き始めている。というのは一九世紀英国においては「特許主義から準則主義への移行をその要とした」（一五頁）からである。一七一九年の泡沫会社禁止法はまさしく特許主義であった。しかし、法人格なき株式会社の設立は泡沫会社禁止法の廃止を求め、一八二五年には廃止のための法案が議会を通過した。

この特許主義に代わって誕生したのが準則主義である。通称グラッドストーン委員会の検討結果をうけて制定された一八四四年鉄道会社法および一八四四年株式会社法は、法人設立を容易として準則主義的会社法の生誕となった。続いていわゆる公益事業会社をその対象とする一八四五年会社約款統一法が制定された。さらには、「有限責任をもってする事業形体」（二一頁）を認めた一八五五年有限責任法の制定が続く。

そして、これらの法制定の見返りとして、会計や監査についての規定がかなり盛り込められることとなったことは注目してよい。たとえば、一八四五年の会社約款統一法では「アカウンタントにたいして、監査人の補助者として決算監査に関与する資格を公的にみとめることとなった。すなわち、すくなくとも公益事業会社にかんするかぎり、会計プロフェッションというものが、そうした監査業務に進出する糸口があたえられたのであった」（二〇頁）。いいかえれば、「こうした規定によって、従前のアマチュア監査からプロフェッショナル監査への転成のきっかけがあたえられた」（二〇頁）ことは看過できない。

ところで、一八四四年の株式会社法、一八五五年の有限責任法などを廃止して、一八五六年の株式会社法が制定された。これは「それまでの規定を改変のうえ体系的にまとめあげたものであった」（二四頁）。

この一八五六年の株式会社法には会計、監査について看過することのできないことがふたつほどあった」（二五頁）。一つは「一般会社法上、会計、監査法制定の、任意規定期、と称されるものがそこにはじまったこと」（二五頁）。いま一つは「この一八五六年法が、その附則B表において、前述の一八四五年会社約款統一法の規定［第一〇八条］とほぼ同様に、監査人は、その補助者として、アカウンタントその他の者を会社の費用をもって雇用することができる［附則Ｂ表第八三条］としただけでなく、さらにまた、監査人は株主であることを要しない［附則Ｂ表第七六条］としたことであった」（二五―二六頁）。

かくして、「近代会社法制度の体系的統合の結実は一八六二年会社法であった。つとに、会社にかんするマグナ・カルタ、とすらいわれるそれは、いわば近代的な会社法の嚆矢であった」（二六頁）ことによる。

とりわけ有限責任関連規定が整備された。しかし、会計や監査についてはやはり強制規定とはされなかった。しかして、一八四四年株式会社法において、強制規定とされた会計、監査関連規定が、一八五六年の株式会社法や一八六二年の会社法において、わざわざ任意規定になったことはある意味において一つのナゾであると著者は述べているが、評者も同感である。

なお、鉄道会社については、この時代「かのいわゆる複会計システムを法規定にとりいれたことをもって銘記される一八六八年鉄道規制法の制定をみせていた」（二八頁）という指摘は、著者の緻密な論理のはこびの一端を示すものとして評価したい。

本題にもどって、一八六二年会社法は、以後一八六七年会社法、一八七七年会社法と二度の改正がおこなわれた。そして三度目の会社法改正として一八七九年会社法が制定される。そこでは監査強制規定の再導入がみられるのである。それを引継いで一九〇〇年会社法は「すべての会社は年次株主総会において監査人を任命することを要す［第二一条］とした」（三二頁）。したがって、一八七七年会社法と一八七九年会社法や一九〇〇年会社法との間に何が起ったのか、と著者は自問自答している。つまり、監査強制規定の再導入の裏になにがあったのか、ということである。ここに、既述の主役シティ・オヴ・グラスゴウ銀行が登場してくるのである。著者の筆のはこびの巧みさに感嘆するのみである。

（2）シティ・オヴ・グラスゴウ銀行

さて、いま主役の登場といったが、実は主役の退場といった方が正しい。というのは、一八七八年一〇月二日、「グラスゴウはヴァージニア街二四番。開店時刻をすぎてもシティ・オヴ・グラスゴウ銀行の扉はとざされたままであった。支払い停止。それはかれの生涯において二回めのことであった」（三五頁）。「この国スコットランドにあって最多、一三三の支店数をほこるこの銀行はおよそ三九年間の短い生涯に終止符をうった」（三五頁）のである。

一九世紀後半をむかえた時、スコットランドにあった一七銀行のうち七行が以後およそ三〇年の間に姿を消した。うち四行は吸収合併、残り三行は悲劇的な終末をむかえたのである。しかし、われらの主役シティ・オヴ・グラスゴウ銀行はスコットランド・ウェスタン銀行とならんで積極的な拡張政策を展開していた。しかし、これは、これらの銀行が新参ものであったことによる。それがゆえにアグレッシヴな経営方針を実施することができたのである。だが、このようなアグレッシヴな経営戦略の足下をすくう事態が到来した。一八五七年の恐慌である。

スコットランドにあっては、この年の一一月九日に、「スコットランド・ウェスタン銀行が支払いを停止、一一日にはシティ・オヴ・グラスゴウ銀行も支払い停止においこまれた。取り付け騒ぎが発生、恐慌は最高潮に達した」（四一頁）のである。ただ、ある一遍の書翰がこの大混乱を一時おさめたが、スコットランド・ウェスタン銀行は、一八五七年九月に頂点に達した米国における恐慌が息の根をとめた。一〇月一五日には「支配人J・ティラーが辞職、一一月九日午後二時、本店の扉がとじられ、支店には翌朝開店しないむねの指示がだされた。再建は断念され、スコットランド・ウェスタン銀行は自発的な清算にはいった」（四二頁）のである。そしてこの事態は本店所在地グラスゴウに大混乱を引き起し、連鎖倒産を招来した。

問題のシティ・オヴ・グラスゴウ銀行は支払い停止した一一月一一日から約一カ月後の一二月一四日に営業を再開した。以後「この銀行はさらなる拡張政策を展開し、およそ一〇年後の一八六八年にはスコットランド最多の支店を擁するまでに」（四四頁）なった。「そしてそれによる預金量の増加は新参ゆえの信用不足を填補し、さらにまた支払い停止という過去の時点をほうむりさる手立てであって、そうした目論見はそれなりの成功をおさめた。すくなくとも一般大衆はシティ・オヴ・グラスゴウ銀行の健全性にいささかの疑問ももたず、のみならずまた、かれはスコットランドにおいてもっとも進歩的な銀行、との評判をうるにいた」（四六頁）っていたのである。まさしく「順風に帆をあげるごとく、であった」（四七頁）といえる。

しかし、一八七〇年代に入ると、英国経済は深刻な不況期をむかえてしまった。そして、「それを背景としたスコットランドの諸銀行の経営方針は、この時期のかれらの状態をけっして安全とはいいがたいものにしていた。その典型がシティ・オヴ・グラスゴウ銀行であった」（四七頁）。問題は、銀行のかかえる預金にあった。一言でいえばこの巨額の預金の投資先が銀行に預金してくる人々と同様になくなっていたのである。

これらをいわば「環境要因としてシティ・オヴ・グラスゴウ銀行の破産事件はおこった」（四八頁）。

一八七八年一〇月二日づけの『グラスゴウ・ヘラルド』の第一面に、シティ・オヴ・グラスゴウ銀行の支払い停止の公告が掲載された。「がしかし、一般の株主、あるいは預金者たちにとって、それは夢想だにしない衝撃であった。どうしてであろうか」（五一頁）。「傷をかくすためにおこなわれた粉飾がますます傷をふかめていったのであった。……シティ・オヴ・グラスゴウ銀行は結局は食い物にされた。満身創痍となったシティ・オヴ・グラスゴウ銀行は麻薬に手をだした。それは粉飾という名の麻薬であった」（五一頁）。しかし、「スコットランドの銀行家たちは、最初、ほとんどそれ、すくなくとも粉飾の噂を信用しなかった。……その取締役たちの高潔さ、したがってまた貸借対照表の真実性まではうたがわれていなかったからであった。事実はいましばらくふせられていた」（五三頁）のである。が、やがて調査を進めていくにしたがい、シティ・オヴ・グラスゴウ銀行の内情が明らかになり、調査を依頼されていたA・ジャミスンの報告をきくにおよび、この「銀行はもはや救済不能、との結論に達した諸銀行の決定は、シティ・オヴ・グラスゴウ銀行を援助せず」（五五頁）というものであった。

一〇月二日、シティ・オヴ・グラスゴウ銀行の取締役会は調査に着手した。しかし、結論は火をみるよりあきらかであって、はやくも調査の二日目には、この銀行の営業再開は不能と結論づけていた。

以下、少々長くなるが、シティ・オヴ・グラスゴウ銀行の崩壊過程を日付順に追ってみよう。

一〇月五日。取締役会において、調査人はシティ・オヴ・グラスゴウ銀行の営業再開を不可能と結論づけた。そして清算をすみやかにすることが賢明であることを報告した。取締役会はこれを承認した。

一〇月七日。清算を決議するための臨時株主総会開催の公告をする。

一〇月一八日。調査結果を公表することについて取締役会の諒承をえた。

一〇月一九日。調査報告書が日刊各紙に掲載された。そして、「調査報告書は、この銀行の経営の無謀さ、さらには粉飾の事実を世にしらしめた」（五七頁）。ときをおかず、司法当局が動き、「その日のうちに拘引されたこの八名の主たる容疑は、虚偽の貸借対照表の公表についてであった」（五七頁）。

一〇月二二日。臨時株主総会が開かれ、この銀行の自発的な清算の決議をして、清算人が選任された。

一八七九年一月二〇日。エディンバラの高等法院において、シティ・オヴ・グラスゴウ銀行の取締役たちの裁判が開始された。

シティ・オヴ・グラスゴウ銀行の崩壊の原因は虚偽の貸借対照表の作成であることはすでに述べた。しかし、それは端的にいえば粉飾であった。取締役会は「これらの存在を隠蔽すべく計算書類を改竄し、この銀行に対する公衆の信頼を維持しようとした。財務数値を操作して、ほかの銀行のそれとくらべて遜色ないものとしてしめそうとしたのであった。粉飾という名の麻薬」（六六頁）のとりこになったのである。「すでにのべたように、こうした粉飾は、一八七八年に公表された貸借対照表についてだけでなく、かなりまえからおこなわれていた。この銀行の経営は健全であって、配当の支払いにもなんら支障のないかのように不実の数値を公表しつづけていたのである。おもわず手をだした麻薬は常用化し、かれはすでに中毒の状態にあった」（六八頁）のである。

かくして、

一月三一日。法務次官が評決を求め、陪審長は有罪の評決をつたえた。

二月一日。法務次官から判決がいいわたされた。全員禁錮刑であった。

以上、長々とシティ・オヴ・グラスゴウ銀行の破産プロセスを本書から引用して綴ってきた。評者の意図はただ一言、これをもって著者の分析の緻密さを示したいこと、これである。これについては後にまた言及したい。

ところで、シティ・オヴ・グラスゴウ銀行の粉飾は、「都合のわるいものをへらして、都合のよいものをふやす。ただそれだけであった。……どれもみな非常に稚拙なものであった」（七一頁）。「問題は監査。独立監査がおこなわれていなかったからにほかならなかった」（七二頁）ことによる。そこで「銀行の監査にかんして立法当局がうごいた」（七二頁）。与論もまた「独立監査を銀行にたいして強制することに賛意をしめした」（七三頁）。そして、われわれがすでに指摘した一八七九年会社法に、監査強制規定をみるに至る。

こうして独立監査の導入は、なによりも信用を恢復する手段として意味をもった。かくして、「シティ・オヴ・グラスゴウ銀行の崩壊は、一方において一八七九年会社法による監査強制規定の再導入へとつながり、他方にあって、銀行経営者をふくむひとびとの心に監査というものの意義の認知をもたらした」（七七頁）のである。

さて、いままでみてきたシティ・オヴ・グラスゴウ銀行の崩壊は、端的にいえば独立監査の不在にあったといえる。そこで監査強制規定をもうけた会社法ができる。しかしその法の関心は監査とは別のところに行ってしまうのである。その原因は一九世紀英国の事業観にあると著者は語る。したがって、その事業観に立ち入る必要がある。本書の第三章に入るゆえんである。

（3）一九世紀英国の事業親

著者はまず一八五八年株式銀行会社法が、銀行についての有限責任形体を導入していたことに注目している。いま、その経緯は割愛するが、「この株式銀行会社法は、有限責任形体をもってする銀行会社の設立禁止、あるいはまた既存銀行会社の有限責任をともなう登記禁止にかんして一八五七年株式銀行会社法を廃止［第一条］、ここに有限責任銀行会社というものがみとめられるにいたった」（一〇〇―一〇一頁）ことは注意しておかねばならない。もっとも、このようにして、法によって銀行株主の有限責任は認められるところとなったが、それが広く採用されるのはおよそ四半世紀間ものちのことである。

一八五八年株式銀行会社法にもかかわらず、諸銀行がその法の利用をしなかったのは、無限責任というものを大きなメリットとする思考があって、有限責任会社のベネフィットに手をだそうとはしなかったことが一つ、いま一つは秘密主義をよしとする思考が依然としてあって、情報開示にかかわるコストが秘密主義のベネフィットをうわまわることであった。

その上、人々は「これほど大きく、これほど繁栄している銀行が破産することなどありえない」（一〇五頁）という思いがあった。一方、シティ・オヴ・グラスゴウ銀行の破産が株主たちにもたらした大きな悲劇も忘れられがちであった。

このため、無限責任の問題と監査の問題が緊急の解決すべき課題となった。

ところで、すでにふれた一八七九年会社法は、まさにこの二つの課題を解決するための法律であった。「いってみれば、シティ・オヴ・グラスゴウ銀行の破産事件が」（一〇八頁）つくった法律であった（傍点友岡）。ヨリ具体的にいえば、「一八七九年会社法の目的は、なによりもまず、いわゆる株主保護の見地から、銀行による有限責任形体の採用を容易化するために、無限責任銀行による有限責任銀行としての再登記をみとめることにあった」

（一〇九頁）。そして「監査強制規定をもうけたこと、にあった」（一〇九頁）。要するに再登記を認める代償としての追加払い責任許容規定と独立監査強制裁定の設定であった。

しかしながら、これら二つの規定はやや異なる意味をもつものとなった。追加払い責任規定については「有限責任形体を手に入れることによってしはらう代償、ではなく、無限責任形体をてばなすことによってうける代償、であった」（一一二頁）。一方、独立監査規定は、「有限責任会社化にふみきるよりさきに独立監査の導入にふみきらざるをえなくなった。そしてふみきった」（一一三頁・傍点友岡）のである。

この辺りの著者の委曲をつくした論述には瞠目するものがある。

なお、シティ・オヴ・グラスゴウ銀行の破産・崩壊の一つの大きな意味は、一九世紀英国における一般的な理念である受益者負担の原則（「事業の利益を享受する者はまた、その事業の損失を負担してしかるべきである」（一一五頁）を打破ることにあったことも注視したい。というのは、受益者負担の原則・理念にささえられた債権者保護至上主義の事業観、これが一九世紀英国の事業観であったからである。そこでは債権者は完全に保護され、一方株主が惨たんたる重荷を背負うことになるのである。

かくして、シティ・オヴ・グラスゴウ銀行破綻の悲劇の主人公は株主たちであるといえる。たしかに、シティ・オヴ・グラスゴウ銀行の株主たちは定款の規定をもって、ある程度の予防手段は講じていた。しかし「そこに監査の要求はなかった」（一一三頁）。そのため「この銀行の取締役たちは計算書類を粉飾、虚偽の貸借対照表を公表することができ、巨額の不良債権の存在が隠蔽され」（一一三頁）たのである。株主はこのことを知るよしもなく、再言するが「監査の不在が可能にした計算書類の粉飾が株主の予防手段をまったく無意味なものとした」（一一四頁）のである。

たしかに、取締役の性格に株主の安全は依存するという面があった。シティ・オヴ・グラスゴウ銀行の取締役たちは誠実であり、社会的ステイタスも高く、世間の評判も良かった。しかしながら、銀行経営についてこの取締役たちは無能であった。その上、シティ・オヴ・グラスゴウ銀行は株価を維持するために自己株式を購入していた。だが、その自己株式購入による株価操作の意味したものは経営状態の悪化を隠蔽するものであって、「シティ・オヴ・グラスゴウ銀行の延命であった」（一二七頁・傍点友岡）。

たしかに、この当時、「自己株式購入の是非にかんする法の立場はいまだ確立をみるにはいたっていなかった」（一二八頁）。しかし、法廷は一八八七年の判決理由を確認した上で、「無限責任会社による自己株式購入をみとめた。無限責任会社の債権者は株主のかぎりない責任によって保護されていた」（一二八頁）のである。

まさしく無限責任全社の株主たちには、身を守るすべがほとんどなかったに等しい状況であった。「株主たちの頼みとすべきいくつかの手段、それらはことごとく実効がなかった。シティ・オヴ・グラスゴウ銀行の破産は、見事なまでにそれを例証してしまった。そして、株主たちは悲劇の主人公となった」（一二八―一二九頁）。かくてほとんどの株主がそれぞれ破産に追いこまれたのは当然であった。

そして、「シティ・オヴ・グラスゴウ銀行の破産によって明示された無限責任会社の問題点は、いわばふたとおりの意味をもっていた。ひとつには、いまのべたような、無防備な株主たちの悲劇の大きさ、そして、もうひとつ、無限責任会社とそのかみの一般的理念との撞着があった」（一二九頁）。

「清算出資者にたいして払い込み催告がおこなわれた」（一二九頁）。「そこにわれわれは、事業破綻にさいして債権者は完全な保護をうけ、すべての損害は株主にふりかかる、という無限責任形体の意味の実現をみることになる。だがしかしながら、われわれはまた、事業の利益と損失とは同所に存するべきである、という理念に反する結果をそこにみるのである」（一三〇頁）。

ところで、シティ・オヴ・グラスゴウ銀行の破産は株主にのみかかわる問題ではなかった。たとえば、株主のために公衆の寄附による救済基金がもうけられた。そしてそれを困窮している株主に支給する方法をとった。しかし、これは例の「事業の利益と損失とは同所に存するべきである」（一三八—一三九頁）という受益者負担の原則の理念に反するものであった。つまり「無限責任会社と一九世紀英国の一般理念との撞着はただ株主だけの問題ではなかった」（一三八頁）のである。

また、大規模な富籤や会社設立による株主救済のための資金調達が計画された。しかし、いずれも挫折に終ったが、もし実現していれば、事業の利益と損失とは同所に存するべきである、という原則・理念に反することになったであろう。

さらには、国王の負担にまでひろがり、それによって最終的にはシティ・オヴ・グラスゴウ銀行の債権者達にほぼ完全な保護が与えられたが、そこにもまた上記の原則・理念に反した事例をみることができる。

そしてなにより注意すべきは、シティ・オヴ・グラスゴウ銀行の破産は、株主や債権者のみに損失を与えたのではなく、他の多くの利害関係者に損失をもたらしたことである。とりわけ、銀行システム全体に対する不信感を招来したことは大きかった。

ともあれ、シティ・オヴ・グラスゴウ銀行の破産は、「大規模な株式会社における無限責任形体の不適切性を証明した」（一四四頁）。しかし、「こうした経緯のなかに独立監査導入の事実を看過することはできない」（一四五頁）と著者はいう。この点について著者の説明をいま少し詳細にみてみよう。

まず、「シティ・オヴ・グラスゴウ銀行における粉飾は、一八七九年会社法をして、爾後、有限責任会社として登記される銀行にたいして独立監査を強制せしめた。しかしながら、スコットランドの諸銀行は、この会社法の要求とは無関係に自発的に独立監査を導入した。そして、この独立監査の導入は、かれらに株価の恢復をもたらしていたのであった」（一四六頁）と著者はいう。

また、「一八七九年会社法の監査規定については不備も指摘されるが、すくなくとも強制監査復活の先駆けとして、英国会計法制度史上、意味をもつ。また、シティ・オヴ・グラスゴウ銀行における粉飾は、ひとびとに監査の意義の認知をもたらした。もはや監査がなければ株主が納得しない、という社会的情況の出現は自発的な監査導入を結果するのであった」（一四六頁・傍点友岡）とも著者はいう。もっとも著者はつぎの指摘を忘れていない。「強制監査規定をもうけた法の関心と、自発的に監査を導入した諸銀行の関心とはそれぞれの在り処を異にしていた。法の念頭にあったのはつねに債権者のリスクであった。そして、自発的に導入された監査の意義は株主の納得にあった」（一四六頁）と。

かくして、シティ・オヴ・グラスゴウ銀行の崩壊を通しての無限責任の問題と、いま一つ重要な監査の問題が俎上にのぼってくる。紙幅が少なくなってきたが、著者の語るその要諦を述べてみたい。

（4）監査の問題

監査の導入問題はプロフェッショナル監査の導入であるが、それは、そこに会計プロフェッションというものの社会的認知がすでに存在しているということが前提である。したがって、そのプロフェッションというものについての一般的論議からみてみようと著者はいう。そして著者はいう。「いったいにプロフェッションというものの歴史は、結局のところ、集団化と差別化との歴史である」（一六八頁・傍点友岡）と。かくて「集団化は、より大きな需要のパイをもたらし、差別化は、そのパイの独占をもたらすことになる」（一七三頁）と鋭い指摘をしている。

ところで、会計プロフェッションの歴史をみてみよう。まずその成立の胚胎はこれを一八世紀にみることができる。スコットランドにあっては一七七三年、グラスゴウにおいては一七八三年に、はじめて刊行された住所氏名録に「アカウンタント」と称する者がでている。

「スコットランドの会計プロフェッションは、はやくから法律とむすびついていた」（一七五頁）。それはスコットランドの裁判所が、多くの業務をアカウンタントの手にゆだねていたこと、あるいは「裁判所は、充分な能力があるとみとめたアカウンタントに、くさぐさの専門的な業務を委託」（一七五頁）していたことからも断定できる。さらには、「スコットランドにおいては、会計の専門家として理解されていたアカウンタントというものが、イングランドにあっては、たんなる簿記係程度のものとしてみなされていた」（一七六—一七七頁）ということからも察知できる。そしてまたスコットランドの先進性も看取できる。

ところで、「いったいにプロフェッションの生成プロセスにあっては、社会的プレスティージの確立が要であった。……だがしかしながら、会計プロフェッションの生成プロセスは、社会的プレスティージの確立にかんして、ふたつのディレンマをかかえていた。ひとつは法律プロフェッションとの関係からもたらされるディレンマ、そして、いまひとつは破産への関与からもたらされたディレンマであった」（一八五—一八六頁）。

法律プロフェッションとの関係からいえば、既述のように、スコットランドでは、会計プロフェッションと法律プロフェッションとが相即不離の関係にあったことに注目したい。あきらかに、会計に関する業務が法律の業務の一部として位置づけられているのである。

破産への関与については、会計プロフェッションにとって二つの面をあわせもっていた。一つは会計プロフェッションのそもそもの生い立ちが破産業務にかかわっていたことである。まさしく、「会計の専門家としてのアカウンタントは、破産管財人として、はたまた清算人として、破産にかかわる業務とひとつの糧としてそだった」（一九二頁）のであった。しかし他方、この破産への関与がいわば「足枷であった。『腐肉にむらがる烏』」（一九二頁）。そこに大きなディレンマがあった。

それだけではなかった。破産への関与の問題は、そもそも会計士協会の結成それ自体にもかかわっていた。そして、そこにおいては、「破産の関与はふたつの意味をもっていた。ひとつは、いわば間接のマイナスの意味、いまひとつは、いわば直接のプラスの意味であった」(一九二頁・傍点友岡)。前者が社会的ステイタス向上の手段としての協会結成であり、後者が破産にかかわる業務を保持する手段としての協会の結成であった。

会計プロフェッションの業態の変化は、経済の発展と共に変化していく。そして保険業との結びつき、あるいはまた株仲買い業との結びつき等を通して、監査業務を軸とする時代を迎えることになる。そのことは専業化という表現で示される。その意味で専業化は一つのキー・ポイントである。それは兼業からの独立を意味し、独自の職域の地歩をかためるものであった。そして、専業化によって一つのプロフェッションとしての社会的認知を受けるに至るのである。認知を受けるとまたそのサーヴィスへの需要が増え、社会的認知は深化の一途をたどることとなる。

かくして、「アカウンタントの専業化は、主として破産にかかわる業務がそれを可能とした。破産にかかわる業務のなかにあって専門性は向上した。そしてまた、破産にかかわる業務は社会的認知を結果した。すべてがリンクしつつプロフェッションとしての進化をみるのであった」(二〇一頁)。

前にも述べたが、プロフェッションというものの歴史は、「結局のところ、集団化と差別化との歴史であった」(二〇一頁)。集団化として組織化された協会は、まず勅許の取得に全力をあげた。ついでプロフェッションの認知を受けるための成員の専門性、すなわち技倆についての認知の獲得。その上で職業倫理が問題とされた。かくして、集団化がこのようにして達成されてくると、つぎは排他、すなわち少数であって、一方ではプレスティージ、他方で独占をもくろむものとなった。しかし、現実には協会同士の内輪揉め、団体の乱立等による泥仕合が始まっていた。

かくして、「それは、いってみれば、内輪揉めなどということをすることのできるところまできた、ということでもあった。社会的認知をうるための集団化の段階はおわっていた。会計プロフェッションはひとつのプロフェッションとしての社会的認知を確立していた」(二〇三頁・傍点友岡)のである。

さて、いままで述べてきたことを監査の問題にヨリかかわらせていえば、シティ・オヴ・グラスゴウ銀行の破産は、株主の納得の不在という社会的情況をもたらした。それは、極度の秘密主義と外部からの監査をきらったスコットランド銀行界が、独占監査、しかもプロフェッショナル監査導入に踏み切る素地であった。

まず、秘密主義の問題からみてみよう。いまも述べたように、スコットランドの諸銀行は極度の秘密主義をとっていた。「開示にたいする恐怖心に感染」し、株主に対する年次報告書を作成した銀行は一行もなかった。精精株主に知らせるのは配当率ぐらいのものであった。

しかし、一八五〇年代に入ると、いくつかの銀行が貸借対照表を公表するようになった。そして、「要約貸借対照表と要約損益計算書とをもってする年次報告というものがスコットランドの銀行界において一般化したのは一八六五年のことであった」（二〇七頁）。とはいえ、「公表された計算書類はきわめて簡略化されたものであった。しかしながら、いずれにしても、それは、法の強制によるものではなかった。それは、あくまでも、与論、まず株主の信頼にかんがみての自発的行動であった」（二一一頁）。

ところで、会計プロフェッションの先駆者としてのアカウンタントについてみると、一九世紀スコットランドのアカウンタント達のなかに銀行業との関係を見出すことができる。それは、一つには「スコットランドの諸銀行では、設立直後すでに、アカウンタントという職がもうけられていた」（二一五頁）ことによる。もっとも、「当初からアカウンタントという名称の意味するもの、すなわちその業務が一様であったわけではけっしてなく、簿記係との峻別があるばあいも、それがないばあいもあったし、また要求される専門能力もまちまち、適格性のうたがわしい者もいた」（二一八頁）。

かくして、「監査人としてのアカウンタントの銀行への関与をみるにはシティ・オヴ・グラスゴウ銀行の破産、そしてその計算書類粉飾の発覚をまたなければならなかった」（二二五頁）。そもそも監査のことは、事実上ほとんど問題とはならなかったのである。さらに一つの信念があった。それは「顧客の財務処理にはプライヴァシィが必須であって、それと経営の外部からする監査とはあいいれない、という信念であった」（二二六頁）。

　しかし、シティ・オヴ・グラスゴウ銀行の崩壊は、法律の上に強制監査を銘記するようになった。そこに「われわれは、スコットランドの諸銀行におけるプロフェッショナル監査の導入をみることができるのである」（二二八頁）。とはいえ、諸銀行が法の適用を受けて、とりわけ一八七九年会社法の規定にもとづき、独立監査法人を導入したというわけではなかったことに注意を要する。シティ・オヴ・グラスゴウ銀行が破産し、残存の各銀行が独立プロフェッショナル・アカウンタント〔監査人〕を任命して、初めて粉飾という陰謀が繰り返えされないことを世間に保証することにおいて、監査（人）は重要な役割をになうに至るのである。「独立監査という『保証』は、それがアカウンタントによる監査という形体をとることによって、保証としての価値を増した。すでにそこには、アカウンタントという職のプロフェッションとしての社会的認知があった」（二三六頁）のである。

　「会社法制度史における一八七九年会社法の重要性は、再登記の認可によって銀行の有限責任会社化をはかったことにあった」（二三九頁）。しかし、この一八七九年会社法はその監査規定をもって知られるものであることも忘れてはならない。ただ、スコットランドの諸銀行は、直接にはこの会社法とは無関係に、アカウンタントによる監査をただちに導入していた。たしかにスコットランドの銀行界は即座に有限会社化しようとはしなかった。「だがしかしながら、それにもかかわらず、スコットランドの『すべての銀行は二名のプロフェッショナル・アカウンタントの〔監査人としての〕任命を実施した』のみであった」（二四二頁）。

　「シティ・オヴ・グラスゴウ銀行の崩壊のもつ重要性は高く、そして多面的であった。スコットランドにおいてはいわば直接に、またイングランドにおいては一八七九年法をつうじて、銀行の独立監査をもたらした。アカウンタントの業務対象としての銀行自体は、（中略）シティ・オヴ・グラスゴウ銀行の破産、それがつくった銀行会社法、そしてそれが先鞭をつけた任意規定期の終結は重要であった。それらがもたらしたのは、アカウンタントの主要業務としての監査の確立であった。シティ・オヴ・グラスゴウ銀行の崩壊がつくったこの一八七九年の銀行会社法は、その再登記認可規定をもって会社法制度史上、大きな意義をもち、また会計法制度史上は、その監査強制規定をもって、一八七九年というこの年を近代会計法制度の成立前夜に位置づけたということができるかもしれない。（中略）それは独立のプロフェッショナル監査という制度が明日にも成立することをわれわれに予感させる。そして、われわれのシェーマは独立のプロフェッショナル監査という制度の成立をもって、近代会計制度の成立としていたのであった」（二四四頁）。

三　本書の特徴

以上、シティ・オヴ・グラスゴウ銀行の生成と崩壊のプロセスを通して、預金者、株主、債権者等々の委託者の財産を、受託者たる同銀行の取締役会がどのように運用したかについて長々とみてきた。著者のいう財産運用の説明が同銀行では不十分であったこと、いな粉飾をさえしていたこと、一方監査らしい監査もせずに推移したことが輪をかけてシティ・オヴ・グラスゴウ銀行を破産に追いやったこと等について述べてきた。しかし、そのようなプロセスを経て、実は英国において近代会計制度なり、近代監査制度が成立することも確認してきたところである。

著者の論述は綿密かつ論理的である。これは著著の研究が奥深くまた広範囲にわたって慎重になされていることを証明するものである。著者の歴史研究を縦糸に、また著者のいうシェーマを横糸にしてのまさしく縦横の論述は一篇の長篇小説を読むように興味津津たるものがある。おそらく、これには、歴史研究については原史料たる当時の新聞・雑誌等をよく渉猟して厳正に検証し、もって詳細な論述をしていることに大きく依存していると考えられる。一方、論理面では常に著者のいうシェーマをかたくなに守り、その実証に努めていることによるものと思われる。かくして、歴史と理論との統一された本書は高く評価できる。また著者の抜群の洞察力と表現力にも敬服するのみである。

著者は本書を歴史研究の範疇に入れていない。しかし、再言するが、これはすぐれた会計史書であって、さきにも述べたように史料の収集、解読、分析、綜合に抜群の力を発揮しておられる。その意味で会計史研究書としても高く評価しうるものである。

いま少し内容に即しての評者の評価をいえば、本書ほどシティ・オヴ・グラスゴウ銀行の生成から崩壊までを丹念に追究し、かつこれを的確に表現したものは寡聞にして内外において知らない。チャットフィールドが少しばかり言及しているのをみるのみである。たしかに、英国近代会計制度については千葉準一教授の『英国近代会計制度』をわれわれは持っている。しかし、本書はその千葉教授とは分析視角を異にして英国近代会計制度の成立プロセスを論述している。われわれはこれら二著書を共有していることを誇りとするものである。

ところで、評者は、著者の独特の表現力に魅力を感じた。彼は、たとえば、シティ・オヴ・グラスゴウ銀行の支払停止について、「それはかれの生涯において二回めのことであった」とか、同銀行の粉飾のための改竄については「補遺としてあつかわれる」とか、さらに「まずC・W・マンのものした行史が引かれる」（以上傍点平林）とかというように、いわば事実を対象化し客観化した表現法を用いていることである。その上、すでに傍点をもって注意を促したように、「なりゆく」や「そのかみ」とか、「くさぐさ」とか、「だがしかしながら」とかという平素われわれの世界では使用されなくなった表現を用いて魅力のある著書にしている。

ところで、著者によれば、「意義」、「制度」、「約束」というキー・ワードが本書を構成しているという。しかし形式的批判になるかもしれないが、これらキー・ワードが本文ではほとんど用いられてはいない。実質的にその内容を示すので読者をして理解されたいとしている。しかしこの点はいま少し大胆に明示してもよかったのではなかろうか。

なお、一八七九年会社法は、本書の大半では「一八七九年会社法」という言い方をしているが、二四四頁のみに「一八七九年の銀行会社法」となっている。二つの法律であったのか。それとも統一した表記の欠如とみるのか。さらにいえば、「一八七九年法は……スコットランドの銀行界に出来《しゅったい》したひとつの事件がつくった銀行会社法であった」（二四〇頁・ルビ友岡）という表現に関連があるのか、一八七九年会社法が重要な法律だけに気になった。

最後に、索引があれば一層良かったと考える。しかし、いずれにしても本書を読了して評者はハンマーで頭をガーンとなぐられたような気がする。それほどインパクトの強い高著である。最近の一連の金融界の不祥事件とからめて読んでも大変興味深い著書である。広く本書が読まれることを願う。著者には第一ステップから第二ステップへの前進を期待したい。そして完結した姿で登場することを待望するものである。

（友岡　賛著『近代会計制度の成立』A五判、二七四頁、有斐閣、一九九五年刊）

足立　浩　著『アメリカ管理原価会計史――管理会計の潜在的展開過程』

一

わが国における会計史研究は、最近頓に盛んになってきた。当然のことながら、会計史の研究書の出版も多くみられる。まことに喜ばしい傾向にあるといえる。

このたび公刊された足立　浩教授の力作『アメリカ管理原価会計史』もこのような潮流にのって上梓された高著である。何分にも二〇年にわたって一つのテーマを追求し、研鑽に励まれただけに、足立教授の労苦を察するとともに、本書の刊行に対して敬意を表したい。

本著書は、本文だけで五六〇頁にわたる大著である。それ故に、実のところ的確な書評が可能かこころもとない。全体の内容を紹介するだけでも、与えられた紙数では評者の力量不足で、とても十分なことはできない。そこで以下では、評者が拝読した上で関心を抱いた問題点について、足立教授のご高著による回答を祖述して、書評にかえさせていただくことにしたい。

二

まず、表題が「アメリカ管理原価会計史」となっている。なぜ、たとえば「アメリカ管理会計史」とか「アメリカ管理会計発展史論」ではいけないのか、という問題である。

足立教授もこの点についてつぎのように述べている。すなわち、いわゆる「管理会計の成立期」以前の管理会計的諸実践を、後述するように「潜在的管理会計の展開」ないし「管理会計の潜在的展開」と位置づけていることに関連すると。つまり、それは一般に「原価計算の管理的機能」としてとらえてきたものであって、原価計算に基づくデータがいくつかの領域で管理的機能を発揮せしめられること自体は否定できないことに由来する。しかし、このことをもって、いわゆる管理会計成立期以前の管理会計的諸実践がすべて「原価計算の管理的機能」というカテゴリーによって包摂・説明されるかどうかとは、基本的に別の事柄である、と足立教授は述べている（八頁）。とはいえ、これらの事情は従来の「原価計算の管理的機能」論および「管理会計史」の基本的枠組みそのものをなんらかの意味で再検討することを促迫するものといえよう（六頁）。しかして、原価計算がきわめて重要な位置にあり、かつ重要な機能を果たしていることも事実であり、またたんに原価計算ないし原価会計の構造・機能のフレームワークには包摂しきれない様々な管理のための会計的実践が存在することも事実だからである（八頁）と足立教授は指摘している。要するに、カッコ付きとはいえ、「原価計算の管理的機能」が、「潜在的管理会計の展開」ないし「管理会計の潜在的展開」期においても存在することをもって、表題を「管理原価会計史」としたのであるといえよう。

第二に、本書は表題に「管理会計の潜在的展開過程」という副題がついている。したがって、ここでいう「潜在的展開過程」とは何を意味するのか、という問題も足立教授からきいておく必要があろう。

足立教授によれば、アメリカ管理会計を成立期以前と以後とに区分している。そして前者を「潜在的管理会計の展開」ないし「管理会計の潜在的展開」と名付け、後者を「顕在的管理会計の展開」ないし「管理会計の顕在的展開」と称して区分する。年代でいえば、一九世紀初頭から一八八〇年が前者であり、一八八〇年から一九二〇年が「顕在的管理会計の展開」期であるという。なお、足立教授は、前者の「潜在的管理会計の展開過程」を本書では重要視して、その歴史的・理論的位置と意義の解明を試みている。従来、この時代・領域を分析しているものが少ないだけに、足立教授の研究およびその成果は高く評価できる。

ところで、「潜在的管理会計の展開」は、「これをより端的に表現すれば、評価・統制基準としての実績においていわゆる『標準』はまさしく潜在しているといえるであろう。すなわち、この段階ではいわゆる『標準』は形式としてなお完成されるに至らず、したがってまた、未だ顕在化するに至っていないのであり、その意味で計算技術構造上『標準原価と予算を二大基軸』とするものとしての管理会計としては、なお未完成な段階にとどまるのである。しかし他方では、上述のように実績が潜在的な『標準』として評価・統制基準としての実際的機能を果たしており、それに対応・照応したレベルでの『搾取効率化』のための個人責任にかかわる『人の計算・測定』としての構造・機能（形式・内容）を確立しているのである。こうした意味において、この段階で管理会計は潜在的に展開しており、これを潜在的管理会計として規定することができるのである」（七〇頁）と足立教授は述べている。

一方、「顕在的管理会計の展開」について足立教授はつぎのように述べている。

「顕在的管理会計はたしかに、科学的管理における課業＝〝科学的標準〟概念の援用なしには『標準原価と予算』というその二大基軸＝基礎構造（形式）を形成・確立することはできなかった。しかし、逆にこの概念の援用さえあれば可能であったかというと、決してそうではない。これが可能となったのは、科学管理における課業＝〝科学的標準〟概念の援用によって『標準原価と予算』という顕在的管理会計の二大基軸＝基礎構造（形式）の成立をもたらすに至るところの計算技術的基盤・条件（内在的契機・要素）としての既述のような潜在的管理会計技術の成立・展開と、これに上述のような機能を発揮せしめる生産技術的・組織的基盤（外在的契機・要素）としての『生産の技術的過程』および『生産の組織的過程』の充分な成熟があったからこそであり、この前提条件の成熟なくしていいわゆる管理会計の成立＝顕在的管理会計の確立はありえなかったのである」（七三頁―七四頁）と。

要するに、「潜在的管理会計の展開」ないし「管理会計の潜在的展開」と「顕在的管理会計の展開」ないし「管理会計の顕在的展開」との区分は、会計的方法＝計算技術のもつ構造と機能とに関係する、と足立教授は考えておられると評者は拝察した。

ところで、第三に本書の表題には「管理」という用語が用いられている。足立教授はこの「管理」について、「『管理』概念の中心的内容は“Getting things done through other people”、すなわち『他の人々をしてものごとをなさしめること』としてとらえうるが、それは具体的には分業に基づく協業を基盤とし、そこにおける諸個人間の職務関係（＝人間関係＝社会関係）としての責任およびこれに対応する権限の分担系列・体系としての『組織』（経営組織）の形を採って展開されてきたものである。したがってその遂行の確保には、究極的には個人責任の追及の確保としての『個人責任制度』が随伴する」（六五頁）といわれる。かくして、管理会計は、「抽象的・普遍的には組織による『個人アカウンタビリティ・システム』として規定することができるであろう」（六五頁―六六頁）と足立教授は結論づけられる。

では、抽象的・普遍的にはともかく、具体的・歴史的に「管理」はどのように規定するのか。足立教授はこの点においても手落ちなくつぎのように述べられる。すなわち、「資本主義的管理に奉仕・貢献するものとしての資本主義的管理会計においては、上述の抽象的・普遍的規定＝中心的内容としての個人責任にかかわる『人の計算・測定』は、剰余価値収取＝搾取の効率化のための個人責任にかかわる『人の計算・測定』を具体的・歴史的規定＝中心的内容としてあらわれ、そうした階級的機能を発揮する『個人アカウンタビリティ・システム』となる。これが資本主義段階における管理会計すなわち資本主義的管理会計の本質である」（六六頁）と。管理の原点に個人責任がある、という見解はすでに辻　厚生教授によって主張されており、その明解な論理には評者も賛意を表している。足立教授も恐らく同様に辻説を支持しているものと推察する。

ところで、第四に、管理会計発達史論ないし管理会計発達史の研究は、わが国においても優れた業績が公表されている。足立教授もこの点について配慮することを忘れてはいない。辻、田中隆雄、上總康行各教授の研究成果をとりあげている。ここでは各教授の内容まで立ち入り、足立教授の評価を紹介する余裕はない。そこで、足立教授の各教授に対する批判点を一つずつ記すことにする。

まず辻　厚生教授について。足立教授は基本的には辻教授の所説を支持しておられると評者は理解している。ただ一点指摘するとすれば、「科学的管理以前のアメリカ企業における原価計算実践の歴史的意義を過小評価する嫌いが感じられる」（三九頁）という足立教授の批判があろう。

田中隆雄教授の研究成果については、足立教授も同じ時代・領域を研究されているだけに筆鋒も鋭い。一点だけ批判点を引用しておこう。「田中教授の以上のような指摘は、とりわけ『論理的展開過程』と『歴史的発展過程』との区別を明確に意識して説明するという点では多分に示唆的なものといえよう。しかし、最大の問題点は、この論理的展開過程と歴史的発展過程との『対立』ないし『逆行』という事実認識・認定が示されてはいるものの、それらが何ゆえに対立的ないし逆行的なものとならざるをえないのか、歴史的発展過程は何ゆえに論理的展開過程とは対立ないし逆行してあらわれざるをえないのか、という点について明確かつ積極的な解明・説明がなされていないと思われることである」（四五頁）。

上總康行教授の成果についても、一点、足立教授の疑念を紹述しておこう。すなわち、「この『会計の管理的性格・機能』と『管理会計としての構造・機能』との概念的な区別――したがってまた技術構造面での区別、とりわけ歴史的諸形式としてのそれらの区別――が必ずしも明確でない、もしくはこの区別を明確にしないまま前者を事実上『偏重』しているとすれば、著者としては、上記の『争点』に関する上總教授の指摘に一定の疑念を抱かざるをえないのである」（五四頁―五五頁）。

三

以上、足立教授の高著をみてきたが、結果的に第一部「潜在的管理会計論序説――本書の課題と方法」の一端を瞥見したにすぎないものとなってしまった。しかも足立教授の祖述を主としたために前後の脈略も曖昧なものになってしまった。しかし、そこで述べたことは、足立教授の特色を示すものであって、おろそかにはできない重要な事柄ばかりである。

なお、本書の第二部は「管理会計の原基的形態としての管理原価会計」であり、第三部は「重層的管理会計の歴史的基盤としての管理原価会計」であって、一九世紀初頭から一八八〇年までのアメリカ管理原価会計史論を展開している。その分析は綿密であって、われわれに一つのドラマを提供してくれる。特に、第二部、第三部の実証分析は類書にはみられない叙述にみちている。評者はこれほどまでの折出に高い評価を与えたい。かくて、本書が広く読まれることを願う。

（足立　浩著『アメリカ管理原価会計史――管理会計の潜在的展開過程』A五判、五九八頁、晃洋書房、一九九六年六月刊）

『ドイツ原価理論学説史』

尾畑　裕　著

待望の高著が刊行された。実に一八年間われわれは待っていたことになる。尾畑　裕著『ドイツ原価理論学説史』がそれである。

本書は、ドイツの原価理論の生成・発展の過程をシュマーレンバッハ、メレロヴィッツ、グーテンベルク、ハイネンという四人の代表的な論者に絞り、その学説を原価計算への応用という観点を念頭に入れて検討したものである。著者によれば、ここで「原価理論とは、『原価現象の観察・分析を基礎として原価発生のメカニズムを解明し、それに基づいて原価形成や原価計算システムの構築に基本的・構造的に指針を与える理論』と解して」いる。

さて、本書の特徴は、以下で述べるが、著者がすでに簡潔明快にまとめているので（序章、各章末、第七章参照）、評者はそれを引用するにすぎない。ご寛恕を請う。

特徴の第一は、著者自ら述べているように、ドイツ原価理論自体の発展を追跡するという視点と、原価計算への応用可能性という視点を両方考慮して、ドイツ原価理論の発展段階を整理していることである。

第二に、個々の学説の解釈について、従来と異なる解釈を展開していることである。このためにいままで疑念として残されていた諸点を綿密に解明し、著者独自の諸解釈をほどこしていることである。

第三は、シュマーレンバッハの数学的原価分解を概念モデルとして解釈する考え方が、従来の伝統的解釈とまったく異なっていることである。そのためシュマーレンバッハ原価理論学説についても従来の通説と異なるものとなっている。すなわち、「シュマーレンバッハの原価分解論を中心として、そこから発展した原価現象自体を追求する流れと、原価計算への応用を追求する流れを、それぞれ分けて追跡」（傍点平林）している。と同時に、原価財評価の理論として、原価計算への応用の思考が、シュマーレンバッハ原価理論のなかにどのように現われているかを分析している。

第四は、メレロヴィッツ原価理論の解釈である。本書ではメレロヴィッツの『原価と原価計算　第一巻　原価の理論』（一九三三年）を中心にして検討・吟味している。その理由は、著者によれば、メレロヴィッツが経験的原価現象の説明をさまざまな方向から深めた点を彼の功績と考えて、統計的原価資料を大量に使い、職能別の原価分析を行った一九三三年の初版を非常にメレロヴィッツ的と考えているからである。

第五はグーテンベルクの生産・原価理論についての解釈である。著者は「グーテンベルクの収益法則批判のなかに見られる制限性の問題と固定費の問題との関連性にこだわり、そこから投入と利用の観点から、グーテンベルク生産・原価理論を理解しようと試み、そこから原価計算の問題に対するインプリケーションを引き出したところが新しい解釈である」と述懐している。なお、グーテンベルク原価理論が、プラウト・キルガー流の限界計画原価計算における原価発生原因原則と結びつくだけでなく、プロセス原価計算における資源要求原則とも結びつく可能性を秘めていると指摘している点は注目に値する。

第六の特徴は、ハイネンの原価理論を取り上げていることである。その理由は、「ハイネンの原価理論学説が原価理論についての学問的反省を含んでいる点、原価価値理論を取り込み、さらに分析と総合という立場からグーテンベルク生産・原価理論を大きく拡張した点」にあると著者は強調している。

最後に若干評者の疑念を提示しよう。一つはシュマーレンバッハの一八九九年論文をもって、ドイツ原価理論の成立と断言できるか、という点。いま一つは、比例率＝限界原価＝価格下限というシェーマは正当な解釈か。という点。

ともあれ、比類なき大作を公刊された著者に敬意を表したい。また疑問点をひとつひとつ解明された努力に対して高く評価したい。

（尾畑　裕著『ドイツ原価理論学説史』A五判、三三二頁、中央経済社、二〇〇〇年刊）

『ドイツ固定費理論』

深山　明　著

一

「固定費は古くして新しい問題である」、「固定費は操業に依存しない原価である」、「固定費理論は固定費管理論と固定費補償論とからなり、前者はさらに固定費の利用管理を中心とする生産能力理論と固定費の発生管理に注目する固定費除去理論に区分される」という三つのテーゼを据えて、このたび深山　明教授は『ドイツ固定費理論』を上梓された。著者の固定費理論の決定版であると評者は考える。

もっとも、著者は本書で明快にされた所説をすでに一九八七年に『西ドイツ固定費理論』——以下「旧著」と略称する——なるタイトルにて発表されている。従って、今回の『ドイツ固定費理論』——以下「新著」と略称する——は、ドイツ統一にともなって「西」という文字を削除したにすぎないのであって、内容は同一と速断されるかもしれない。しかし、後に指摘するように、新著と旧著とは別著に近いものであって、評者は文字通り新版とみなしている。たしかに、新著と旧著とを比較すれば、冒頭に述べた三つのテーゼは変っていない。その意味で同一ではないか、という批判はありうる。しかし、評者が新版・決定版と評価する理由は、上記三つのテーゼをヨリ明確にさ

目次

新著	旧著
第1部　固定費と固定費問題	第1部　固定費と固定費問題
第1章　三つの固定費概念	第1章　三つの固定費概念
第2章　固定費問題と固定費管理論	第2章　固定費問題と固定費理論
第2部　固定費問題と固定費管理論	第2部　固定費問題と能力理論
第3章　ケルンの生産能力理論	第3章　ケルンの能力理論
第4章　生産能力理論の展開と限界	第4章　能力理論の展開と限界
第5章　ジュッフェルクリュップの固定費除去理論	第3部　固定費問題と固定費除去理論
第6章　固定費の変動費化論	第5章　ジュッフェルクリュップの固定費除去の理論
第7章　経営休止の理論	第6章　最適休止時点決定の理論
第3部　固定費問題と固定費補償論	第7章　ベールの生産・休止決定モデル
第8章　経営構造費理論の特質	第8章　ルートヘルトの休止計画論
第9章　操業リスク論と企業政策	第9章　固定費の変動費化論
補　論	第4部　固定費問題と経営構造費理論
補論1　ドイツ企業と固定費問題	第10章　経営構造費理論の特質
補論2　企業危機と危機マネジメント	

れたこと、とりわけ固定費理論の類型化を、旧著では試みであったが新著は確定とされたこと、そのために余分な贅肉をとり、逆に必要な補強をほどこし、緻密な論理でもって終始論述され、著書の見解を明白にされたこと、更に表現も「……であろう」調ではなく、「……である」と断定調になっていること、これである。評者はこれをもって新版であり、固定費理論に関する深山学説の確立であると考えるのである。因みに、新著と旧著との目次をみてみよう（上記参照）。

一見すると、新著が新版であるとはいいがたい。しかし、新著の第七章が全面的に書き直され、新稿になっている。また新著の第九章と補論は今回の新著刊行にあたり付け加えられた。この付け加えられた論文は、企業の危機管理が固定費問題と密接にリンクしていることを指摘し、深山固定費理論がどう対応できるのかを論証している。いわば新たな固定費問題が生じても、深山理論で対応できる一つのケースを示している。

更に、新著と旧著との目次を比較してみると、上記のように章題は大半が同一である。そこで、新著は新版とはいえないのではないか、とここでも批判されよう。しかし、実は新著には大幅な加筆・修正がほどこされている。たとえば、本書の重要な論述部分である第二章はその典型的なものである。また第三章にはケルンの所説について大幅な加筆がみられる。

このようにみてくると、再言になるが、新著は新版・決定版といってよい。深山理論の現段階での到達した見解を明確に提示していると評者は考える。しかもこの所説は内外において唯一無二のものであって、当分の間この所説を超えるものは出ないであろう。その意味で、深山学説の確定をここにみる思いがする。以下、節を改めて、新著の内容をいま少しみてみよう。

二

本書の第一章は「三つの固定費概念」という章題がついている。そのことからも明白なように、固定費概念について三人の所説を取り上げて検討している。尚、大急ぎで付言しておきたいのは、著者の問題意識は固定費問題の解決にある。固定費が、著者によれば、企業の収益性と流動性を圧迫して大問題となり、企業を危機に落とし入れるのである。この危機をどう克服するのか、これが企業の最大の関心事である。深山固定費理論はこの処方箋を提示しているのである。

そこで、固定費問題が常に顕現するのであるが、固定費とは何か、これを明確に規定しておかなければならない。かくて、冒頭第一章で論じる所似となる。

しかし、固定費の概念は四〇以上、定義ともなれば九〇以上は存在する（三頁）。そこで著者は、それらの内、キュルピック、ジークヴァルト、シュヌーテンハウスの三人の所説を検討している。この三人はドイツ原価思考の代表的な三つの立脚基盤にそれぞれ基づいてその所説を展開している。すなわち、キュルピックは価値的原価概念思考、ジークヴァルトは収支的原価概念思考、シュヌーテンハウスは経営構造費理論の考え方に立脚しているのである。

著者は、キュルピックの固定費概念を種々検討・吟味した上で支持する。キュルピックによれば、固定費とは操業に依存しない経営準備原価であるという。従って、操業以外の原価作用因、たとえば経営規模、生産プログラム、生産方法、考察期間、操業区間、生産要素の分割等によっては、固定費は基本的に変動する。ただ操業のみに依存しないのであって、決して不変ではなく、むしろ頻繁に変動するのである。その意味で、固定費の操業に対する非依存性とその変動性とは厳密に峻別しなければならない。

いま一つ、著者がキュルピックの所説を支持する理由は、キュルピックが固定費の発生源泉を明らかにしようとしている点である。つまり、上述のように固定費が操業に依存しない、しかし変動しうる、という命題から、では固定費はいかなる原価作用因に依存し、かつ変動しうるのか、という問題に直面する。そして、その行きつく先は、固定費の発生と変動の源泉に関する問題になる。

キュルピックは、固定費を経営準備原価であると把握している。が、この経営準備原価は企業管理者が原価作用因を一定の経営準備の状態に固定することから生じる。従って、企業管理者の処理いかんによって、経営準備原価である固定費は影響を受け、それが故に固定費を発生局面で管理する可能性が出てくるのである。著書のキュルピック理解はここまで読み込んでいるのである。まさしく眼光紙背に徹するものであって、瞠目に値する。

ところで、ジークヴァルトの固定費概念はどうであろうか。彼は期間を設定して、「固定費は時々の給付生産に依存せずに各期間ごとに一定の大きさで生じる原価」（一〇頁）であるという。従って、ジークヴァルトの所論からは固定費が一定、つまり変化しないということが看取され、既述のキュルピック理解とはまったく対立的な見解であって、「固定費の実質的な発生の源泉が明らかにされていない」（一一頁）と著者は指摘する。尚、これらの指摘について著者は詳細に批判の根拠をあげているが、ここでは割愛する。

最後にシュヌーテンハウスの固定費概念であるが、彼は固定費を経営構造費として把握している。これはシュヌーテンハウスが企業を構造構成要素あるいは組織構成要素により形成される経営構造として理解していることによる。つまり、組織構成要素としての経営構造の維持・拡大が固定費を惹起させていると認識しているのである。しかもこの経営構造費が「経営政策的な目標設定および企業管理者による市場の考慮に依存して、causa finalis によって生じさせられるのである」（一四頁）。つまり、目的論的固定費理論なのである。

著者は、以上三人の固定費概念を検討した上で、既述のようにキュルピックの固定費概念を支持し、それに依拠して著者の固定費理論を構築しようとしている。評者もまったく同意見なのでこれ以上のコメントはない。

さて、第二章「固定費問題と固定費理論」は、本書の最も重要なかつ核心的な章といえる。本書のエッセンスがこの第二章にすべて盛り込まれている。ただ、旧著も同様であったので、新著が新版とはいえない、という反論は充分に予想される。しかし、簡にして要を得た極めて達意な論述は、旧著の比ではなく、著者の所説を理解する上で注目しなければならない。

まず、固定費問題とは無効費用の問題であると著者は喝破する。ここで無効費用とは、「利用されない量的および質的生産能力に対応する固定費部分」（一三頁）であるが、すでに一九三九年にブレッドによって言及されていることを著者は指摘する。これは旧著が固定費問題と固定費理論について、戦後の論議のみに焦点をあてて論述している、という批評に対して応えたものであって、新著がいわば経営経済学が成立以来、固定費問題についてどう考えてきたかについて言及している証しである。その意味でも繰り返しになるが、新著は旧著のたんなる焼き直しではなく、文字通り新版なのである。尚、固定費は経営準備原価であるから、無効費用は経営準備原価の未利用状態を意味するが、その経営準備原価について、新著ではリーベルの所説を紹介し、固定費＝経営準備原価という命題をヨリ鮮明にしていることを付記しておきたい。

ところで、無効費用は生産能力の利用度合によって変化する。利用度合が高まれば無効費用は減少する。逆に、利用度合が減少すれば増大する。従って、「無効費用の源泉は存在する生産能力（＝生産能力準備）と生産能力利用の乖離、すなわち、存在する生産能力が完全に利用されないことに求められる」（二七頁）。而して、ここに固定費問題が生じる。つまり、無効費用の増大＝生産能力の利用度合減少が、たとえば給付単位あたりの原価を高める。というのは、給付単位あたりの有効費用は一定であるから、無効費用の増大はもっぱら給付単位原価の増大となる。いわゆる固定費の逓減効果の逆作用が働き、給付単位あたりの固定費が大きくなるのである。

かかる状態は企業にとっては大きな危機である。つまり、増大する固定費をどう負担し、補償・回収するかという問題に直面する。著者はこれが固定費問題であり、具体的には「無効費用による収益性と流動性の圧迫（二八頁）」がその内容であると論じる。収益性の圧迫は、給付単位あたりの固定費が生産能力の未利用によって大きくなり、給付単位原価を高くすることからみて十分に理解できる指摘である。一方、流動性の圧迫は、著者によると「過剰能力により惹起される流動性の問題」（三〇頁）であって、一般的な流動性の問題ではないという。端的にいえば、無効費用のうち支出と結びつく部分が生産能力の未利用拡大により大きくなり、流動性を圧迫するのである。とりわけ、短期的な支出とこれが結びつくと流動性はいよいよ逼迫するのである。かくして、「固定費問題とは、ひとまず、『生産能力利用が生産能力を下回ることにより生じる無効費用が収益性と流動性を圧迫する問題』として理解することができる」（三一頁）。ケルンの生産能力概念を援用していえば、「固定費問題とは、『生産能力利用目標値と生産能力利用の乖離に基づいて生じる無効費用が収益性と流動性を圧迫する問題』として理解され得るのである」（三一頁）。

それではこのような固定費問題をどう解決するのか。その処方箋はあるのか。著者は企業の危機マネジメントと関連させて――この視点が新著には色濃くにじみでていることに注目されたい――、第一図を示す（二三三頁）。

著者の論述によって、少しく説明を加える。第一図の左側、固定費の利用の局面での管理（生産能力理論）は、生産能力利用を拡大しようとする方策である。それによって固定費の相対的低減が志向され、基本的には強度による適応や時間的適応によって遂行される。それに対して、第一図中央の発生の局面での管理（固定費除去理論）は、生産能力利用目標値を小さくする方策である。これは前者の利用管理による問題解決の可能性がないということが前提であって、生産能力の縮小によって生産能力と生産能力利用の均衡を達成しようとするものである。いわば固定費の絶対的低減を志向するもので、基本的には量的適応により遂行される。尚、以上二つの固定費の管理は生産領域での問題を生産領域において克服しようとするものであって、そこでは生産性や経済性が支配する適応方策であるといえる。

一方、第一図右側は経営構造費理論であって、固定費理論としては固定費補償論に結びつく。つまり、固定費は最終的には必ず補償されねばならないのであるから――この指摘も新著において著者が強調している大きなポイントである――、かかる理論が思考されるのは必然であろう。尚、固定費補償論は生産領域の問題を販売の領域で克服しようとする方策であるから、そこでは収益性が重要視される。

第二章は先述のように、本書の結論を述べた部分である。早々に結論を提示して、という批判もあろうが、この論理展開が著者の特徴である。つまり演繹法であるが、著者の所説をヨリ明快に示す方途として首肯できると評者は考える。この第二章を熟読玩味することによって、以下の各章――それはいわば各論であって、第二章の結論部分の詳論である――がヨリ深く理解でき、深山固定費理論を説得力あるものとしている。なお、第二章は旧著に比して、リーベル、ケルン等の所説を援用して深山学説を一層確固たるものにしていることを再度強調しておきたい。

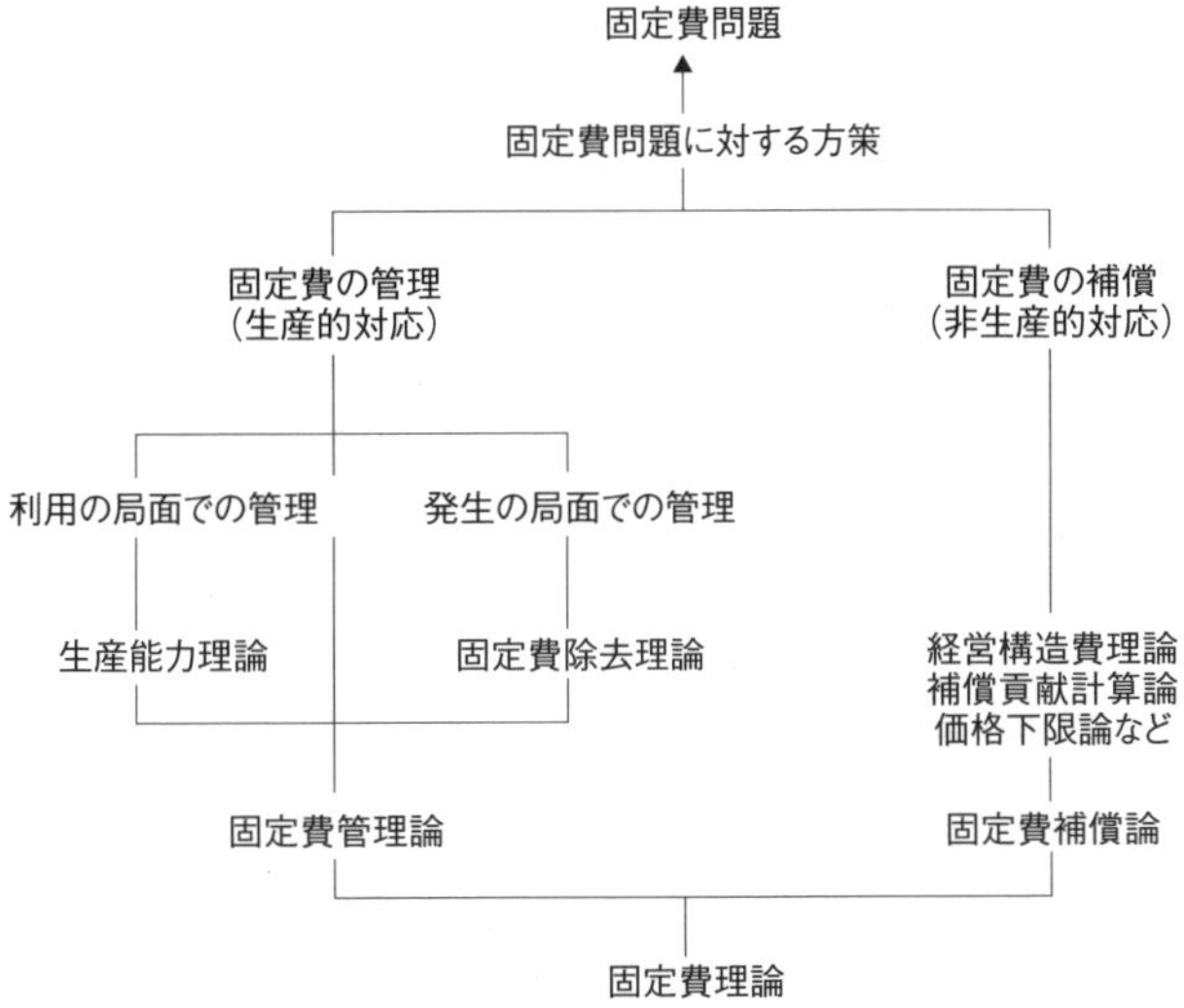

第一図

三

第三章「ケルンの生産能力理論」は、章題通りケルンの生産能力理論を著者は考察している。著者によれば、ケルンは「生産能力概念を規定するに際して、給付能力を重視」（四一頁）し、生産能力とは「ある期間における……経済的あるいは技術的単位の給付能力である」（四一頁）という。また、ケルンは「活動あるいは事象としての給付概念を主張」（四一頁）しているので、彼の考える生産能力は、「時間非依存的な収容力ではなく、時間関連的な給付数値である」（四一―四二頁）と著者は認識している。従って、ケルンの生産能力概念は、「時間的に作用する操業要因と強度的に作用する給付要因によって形成される」（四三頁）と著者はその特徴をまとめている。

そこで、次にこの生産能力を規定する要因が問われなければならない。ケルンは、生産能力に及ぼす影響によって、第一次的要因と第二次的要因とに区別している。前者には本源的要因である人間労働力と派生的要因である経営手段があげられる。後者の第二次的要因としては原材料、生産物の形成、製造方法をケルンはあげている。

更に、この生産能力の測定が問題となる。著者は、ケルンの見解から推論すれば、「具体的な生産能力測定対象は生産物能力であり、しかもそれを個々の生産物に関して部分的生産物能力の形で示すことが主張されている」（四七頁）ことになろうという。そこで、生産物能力の測定に問題は移るが、何に基づいて給付能力が算定されるべきかという実質的限定が最も重要である、と著者は焦点をしぼり、「一定の歴時期間における個々の技術的あるいは経済的単位の持続的・最高給付に基づく部分的生産物能力ということになる」（四八頁）と論結している。

かくして、生産能力が確定される。つぎはその利用である。つまり、生産能力利用度の問題である。なぜならば、生産能力と生産能力利用の関係を示すのが生産能力利用度だからである。ケルンによれば、この生産能力利用度は操業度と給付度の積であるという。そしてここでいう操業度を時間度と理解する。この理解はメレロヴィッツと同じであり、それ故に生産能力利用度もメレロヴィッツと同じ説明となる。ただ、ケルンの場合は、メレロヴィッツに比して「給付度にも操業度と同等あるいはそれ以上の重要性を認めている」（五〇頁）こと、また「生産能力、生産能力利用および生産能力利用度においてそれぞれ二つの要因（操業要因と給付要因――平林註）が顧慮されていることが、ケルンの所説の特質の一つとなっているのである」（五〇頁）と著者は指摘している。

尚、ケルンの研究は個別的考察をその特色としていること、また固定費問題を十分に意識したものであること、これらも併せて著者は述べ、ケルンの所説を詳述している。それは旧著に比して大幅な加筆があることを示している。そして、「その根底にあるのは個々の生産単位に関して生産能力を厳密に把握し、きめ細かい管理を行うことによって、現存の生産能力をできるだけ利用するということへの徹底した志向」（五七頁）がケルンにはあることを著者は鋭く看取している。まさしく、ケルンは、「『生産能力問題は個々の企業にとって最も大きな意義をもつ。生産能力およびその利用は、企業の諸問題の根源たる経済性や収益性と密接な関係をもっている』」（五八頁）理論なのである。それ故著者も重要視しているといえる。

第四章「生産能力理論の展開と限界」においては、第三章で考察したケルンの所説が一九六〇年代初頭のものであったが、その所説が一九八〇年代に至るまでどのように継承・展開され、かつ奈辺に限界を持つに至ったかを著者は検討・吟味している。そして、いわゆる生産能力理論――ということは固定費の利用管理に注目して固定費問題を解決しようとする施策――の限界を指摘している。

指摘したい点が種々評者にはある。しかし紙幅の関係から著者の論述を簡潔に紹介する。一つは、ケルンの所説は継承されていること。もちろん理論的精緻化は進んでいる。しかしケルンの理論を超えるものとはなっていない。第二は、しかしながら何分にもケルンの理論は一九六〇年代のものである。当然のことながら時代の発展と共に社会経済的状況は変化する。とくに一九八〇年代ともなると、ドイツにおいては構造的過剰能力の問題が恒常化する。多くの論者がケルンの理論を基底としつつこの問題の克服策を提案する。例えば、カウファ、バルテルス等が新しい方策を提案する。また、シュトメル、ディーンスドルフ、ハックシュタイン等は、過剰能力問題を生産能力需要と生産能力供給の問題と捉えて、このいわば生産能力需給の調和、従って生産能力の計画が大きな課題であると認識して、問題解決の理論を展開している。更に、一九八〇年代ともなると、ドイツにおいては人件費の生産費に占める割合が大きくなり、固定費問題は深刻なものとなる。人件費をカットすればよい、と考えられるが、そう簡単なものではない。ドイツにおいては経営組織法、あるいは労働法や競争法との関連もあって、新たなる問題が生じてくるのである。つまり、固定費問題は全体経済との関係からその対応を考慮しなければならなくなってくる。しかし、ケルンを祖師とする生産能力理論はこのような問題をまったく考察の視野に入れていない。ここに一つの限界がケルン等にはあると著者は批判している。

それではこのような新たな過剰能力の問題についてどう対処するのか。ここに深山固定費理論の第二の柱である固定費の発生管理の基礎となる固定費除去理論が登場する。本書では第五章で論じている。

第五章「ジュッフェルクリュップの固定費除去理論」は、かくして生産能力理論では解決できない恒常的過剰能力の問題を、固定費の除去によって解決しようとするジュッフェルクリュップの理論を考察している。その際、ジュッフェルクリュップは、固定費の除去の問題を企業者の処理的決定にもとづく企業政策の観点から展開している。企業者の処理的決定という側面を重要視したことは、企業者の意思決定という機能を重視するという思考であって、いわゆる意思決定志向的経営経済学の出現・展開と不即不離の関係にあることを意味する。ジュッフェルクリュップ研究はこのような研究動向に沿ったものであることを著者はしっかりと受止めている。

まず、ジュッフェルクリュップは、固定費を操業に依存しない原価と解することは当然としながらも、その際その操業と企業者の処理をリンクさせている。つまり、操業変動は必ず企業者の処理を必要とするというのである。従って、固定費が除去されるという変動性は、企業者の処理と密接にかかわってくる。

しかも、ジュッフェルクリュップの場合、この企業者の処理を他の固定費変動の原価作用因と区別して、特別扱いしていることに注意しなければならない。その上で、この企業者の処理は固定費の除去可能性のさい、二つの局面を通じて作用する。一つは直接的原価作用因で、経営準備、経営規模、要素価格等がそれに該当する。いま一つは間接的原価作用因で、技術的要因や法律的要因等がそれに関係する。

さて、ジュッフェルクリュップは、「固定費の除去を、『固定費の除去とは固定費に対する特定種類の処理だけではなくて、経営から固定費負担を取り除くすべての可能性がこの上位概念の下に包摂される。それらは、……防御的な性格をもつ』と定義している」（九二頁）。そして、具体的には固定費の除去を固定費の削減と固定費の負担転嫁の二つに分けて論じている。ここで固定費の削減とは、ジュッフェルクリュップによれば、「『固定費を惹起する諸要素の経営からの最終的な排除』」（一一八頁）である。一方、固定費の負担転嫁とは、「『固定費を惹起する要素を他の部門へ移転し、転用すること』」（一一八頁）である。

著者は、以上のようなジュッフェルクリュップの所説について、つぎのように論評している。第一は、ジュッフェルクリュップの企業者職能への徹底した関心である。それが故に、彼にあっては企業者の意思決定が固定費の除去と関連づけられて論じられることになる。第二は、ジュッフェルクリュップの理論は防御的な方策の理論という性格を持っていることである。従って、「固定費除去の第二の局面である直撃的原価作用因の固定費に対する作用のメカニズムは依然としてブラック・ボックスのままにとどまっている」（九九頁）ことになる。第三は、第一とも関連するが、ジュッフェルクリュップの所説は企業者の意思決定理論である。第四は、ジュッフェルクリュップが固定費の変動費化を固定費除去の形態とみなしていないことである。評者はこれらの著者の指摘に共感を持つものである。

第六章は、前半でジュッフェルクリュップが固定費除去の形態から排除した「固定費の変動費化論」を論究している。著者が本章を設定したことは、ジュッフェルクリュップの所説とは違って、固定費の変動費化も固定費除去理論であると考えていることを意味している。

ところで、固定費の変動費化とはどういうことか。抽象的にいえば、固定費を変動費によって代替することであって、固定費負担の回避あるいは他への転嫁をさしているといえよう。あるいは固定費は実質的には経営準備原価であるから、その経営準備の変化を通じて固定費の変動費化をはかるものと考えられよう。事実、ケーファーやシュナイダーは、潜在要素の利用あるいは意思決定の変更によって、経営準備原価の変動化が可能であって、ここに固定費の変動費化が計算技術的に実現すると論じている。しかし、著者はジュッフェルクリュップの所説を援用して、「原価性格の実質的変化と形式的・計算技術的処理とは峻別されねばならない」（一〇五頁）と述べ、固定費の変動費化を矮小化してはならないと批判している。

では、固定費の変動費化の具体的な方法として何が考えられるのか。著者はベルクナーの研究を通して、ベルクナーのいう生産深度の縮小を伴う方法と生産深度の縮小を伴わない方法を紹介している。尚、その際、ベルクナーは経営準備の削減と生産量の維持という二つの条件を満す方法として固定費の変動費化による代替を求めていることを付記しておかねばならない。

さて、ここでいう生産深度とは、著者によれば、「生産の垂直的な構成を示し、それは生産物の経過する段階の種類と数を示す」（一〇六頁）という。また、その決定は「『経営が生産されるべき生産物を最初から最後まで自ら生産するのか、あるいは、生産を部分的に外部の経営に委ねるのかという問題』に関連する」（一〇六頁）という。更に、生産深度の縮小は種々の条件によって制約されているとも著者は指摘する。かくして、「生産深度の縮小を伴う方法が固定費の量的拘束性の変化を目指すのに対して、生産深度の縮小を伴わない方法の場合は、経営準備の企業に対する拘束性がその態様と程度において変化させられ、いわば質的な拘束性の変化の実現が目指されるのである」（一〇七頁）。

ベルクナーの提唱している固定費の変動費化の諸方法は、著者によって要領よくまとめられている。がここでは割愛する。要諦はベルクナーの所説によれば、生産深度の縮小が伴う方法、伴わない方法、いずれにしても企業はその経営準備を削減するが、「生産深度は維持しつつ、必要な経営準備に関しては他者のそれを利用して、給付生産を遂行しようとするものである」（一一〇頁）と著者は察知している。また、著者は、ベルクナーが「固定費の変動費による代替を実現する方法を追求しておりながら、実はその問題の範囲から逸脱し、適応可能性の増大、換言すれば量的および質的な拘束性の変化の問題を論じている」（一一一頁）と批判している。

固定費の変動費化論は、著者のいうように固定費除去理論の第三の形態であろう。しかし、著者の論述を精読していくと、著者のいう生産能力理論の一形態ではないか、と評者には思えてくる。評者も思考を深めたいが、著者にも再度の検討を願っておきたい。

第七章の「経営休止の理論」は、旧著では表面上は既述のように三つの章に分けて論述していた部分である。しかし、新著では旧著で三章に分けて述べていたものをたんに一章にまとめたものではない。旧著刊行以降の研究成果も加えて大幅に加筆・修正がほどこされ、新稿となっている。何回も述べるが本書が新版であると、評者が強調する根拠の章である。

いま一つ、本章でとくに顕著にみられるものは、固定費問題を危機マネジメントと関連づけていることである。危機マネジメントは一九八〇年代になって、ドイツ経営経済学で大きく取り上げられるようになったが、そのような学界の動向をもいちはやく視野に入れて、固定費問題を論究していることに対して評者は敬意を表したい。尚、危機マネジメントの問題は、本書の第九章および補論一・二で詳細に論じられている。

さて、固定費問題に対処するための方策は、繰り返しになるが、著者によれば、固定費の利用面での管理と固定費の発生面での管理、そして固定費の補償対策である。本章で俎上にのぼっている経営休止の問題は固定費の発生面での管理に結びついている。つまり、文字通り経営を休止することによって固定費の発生を食い止めるのである。

ところが、この経営休止には、広義の経営休止と狭義の経営休止とがあると著者はいう。そしてさらに広義の経営休止は著者によれば生産の続行を前提しない経営休止——これが狭義の経営休止である——と、生産の続行を前提とする経営休止に区分されるという。前者の経営休止は、固定費の削減や固定費の負担転嫁であって、本書の第五章で著者が考察した。要するにこの経営休止では自己保有の経営準備の縮小や生産量の減少が意図されているのである。それに対して、生産の続行を前提とする経営休止では、固定費の量的拘束性の変化や質的拘束性の変化を伴うものであって、自己保有の経営準備は縮小するが、生産量は減少させず維持しようというものである。著者はこれらの関連について明快な図を示しているが再掲を割愛する。

さて、経営休止を企業が決定するには、当然のことながら企業の目標というものがかかわる。つまり企業目標があり、そこから経営休止目標がたてられ、そして経営休止の決定へと結びついていくのである。それ故に、「経営休止目標は企業目標から演繹されねばならない」（一二一頁）のである。

ただ、その経営休止目標が追求される際に、二つのタイプの制約条件が少なくとも考えられる、と著者は指摘する。第一のタイプはA型の制約条件であって、実現不可能な代替案を明確にした上で除外するものである。第二のタイプはB型の制約条件であって、実現可能であるが望ましくない代替案であると明示して除外するものである。

ところで、さきに経営休止には広狭二つの考え方があると述べたが、著者はこの経営休止の種類についてさらに検討している。その結果、経営休止は様々な基準によって種々の分類が可能であるということである。いまその詳述は省略するが、経営休止が企業管理者の意思決定によって行われるものである、という著者の指摘を付記しておきたい。

最後に、もう三点ばかり指摘しておきたい。第一は、経営休止を具体的にいつ、いかに実施するか、という問題である。これは企業者にとっては大きなかつ重要な意思決定となる。そこで、「経営休止を実施するか否か」――いわゆる経営休止の〈ob〉に関する意思決定――と「いかに経営休止を実施するか」――いわゆる経営休止の〈wie〉に関する意思決定――との決定が重要となる。後者は経営休止に関する代替案の選択であって、最適休止時点の決定や最適休業時間に関する意思決定が問題となる。勿論、これは前者の〈ob〉に関する意思決定が前提となる。第二は、経営休止の決定のさいの決定基準としては基本的には貨幣的な成果があげられることである。この勘案のために、いわゆる休止原価――操業停止原価、休業原価、操業再開原価、補償計画費等――と休止収益とが計算されなければならない。第三に、経営休止に代わって Desinvestition なる概念が用いられることである。この概念はもともとは投資に対する反対概念であって、いわば負の投資とみなされていた。しかし、近年では経営休止＋売却＝Desinvestition という理解が一般化しつつある。それ故に、著者は「経営休止・売却」という訳語をあてている。

以上、「経営休止の理論」を著者の論述にしたがい紹述した。何分にも旧著三章分を一章にまとめたこともあって、しかもその後の著者の研究成果も追加しながら、しかし簡潔にと心掛けたためか、他の章と比較して著者の論述にやや乱れがみられるように評者は感じた。

四

第八章「経営構造費理論の特質」は、本書の第三部「固定費問題と固定費補償論」の冒頭において論述している。ということは、経営構造費理論が固定費の補償を志向した理論であるということを意味する。著者の言葉を借りていえば「価格政策に対する適用可能性が重視されている」（一三九頁）理論である。

この経営構造費理論は、シュヌーテンハウスによって第二次世界大戦の直後（一九四八年）に提唱されたものである。その後、マイヤ、クルツ等によって再評価され、今日でも有力な固定費理論として存在感をもっている。クルツの類型化によれば、このシュヌーテンハウスの理論のみが目的論的固定費理論であって、他の論者の理論は因果論的固定費理論であるという。そして因果論的固定費理論では固定費を余すところなく説明することができないこと、固定費を操業に依存しない原価と定義しながら、他方で経営準備原価や生産能力原価として固定費の説明を行っていること等々に固定費に関する理解の曖昧さがある、とクルツは論難している。かくて、シュヌーテンハウスの経営構造費理論、つまり目的論的固定費理論を支持・擁護するのである。

さて、経営構造費理論では、現実の経営構造を考察するという点に特徴がある。それは因果論的要求からの解放であり、因果原則に代って目的原則が浮上する。従って、たとえば原価も目的と結果との関係から考察される。ではその目的とは何か。クルツの説明によれば、第一は全体としての企業および構造構成要素の維持。第二は企業の生産物（給付）の生産・処理であるという。而して、第一の目的のために費消されるのが生産物組成費であるという。さらに、クルツによれば、原価理論においては生産物原価論と要素原価論との二つの問題が考えられるが、シュヌーテンハウスの理論は要素原価論であると著者は認識している。

　これらの一連のクルツの論述に対して、著者は、目的論的固定費は原価発生の目的を明らかにするにすぎず、「発生それ自体の問題は依存として未解決のままである」（一四七頁）と鋭い批判を加えている。

　さて、クルツ等が支持したシュヌーテンハウスの経営構造費理論の内容はいかなるものであるのか。中心概念はいうまでもなく経営構造費概念である。ではその経営構造費とは。著者は次のようなシュヌーテンハウスの説明を引用している。すなわち、「経営構造を母親、生産物を子供とすると、母親の保全、保障および維持に貢献するか否かということが経営構造費の基準であり、経営構造費は経営構造の存在そのものにより惹起されるのである。要するに、いかなる原価が経営構造に起因するかということが問題にされるのであり、『それによって、いかに経営構造の保全、保障および維持が確保されるか』ということが問われるのである」（一四八頁）と。

　なお、この経営構造費は、その拘束性にしたがって、A．拘束的または因果的構造費（a．短期的拘束的構造費 b．長期的拘束的構造費）とB．非拘束的または目的関連的構造費とに分類される。

　かくして、経営構造費理論においては、生産物原価（＝経営構造費）は、評者の理解によれば、つぎのようにして算定される。

　　（1）機能的原価（生産物組成費）＋短期的拘束的構造費（＝直接費あるいは変動費）
＋）（2）長期的拘束的構造費（非機能的原価）＋非拘束的構造費（＝間接費あるいは固定費）
　　＝経営構造費

ここで、(1)(2)とにあえて分けたのは、(1)はいわば直接費あるいは変動費であり、(2)はそれに間接費あるいは固定費を加算したものである、と評者が認識したからである。なお、このようにして計算された経営構造費が保全、保障、維持そして成長という指導原理によって、各生産物に配賦されるのである。そのさい、(2)のいわゆる間接費は点数制によって政策的に配賦され、補償・回収されるのである。従って、ここには部分補償という発想がみられない。すなわち、経営構造費は何らかの形ですべて補償・回収されなければならないのである。いいかえれば、固定費といえども短期的に考慮の外におくという部分原価計算思考はみられない。シュヌーテンハウスにとっては、経営構造費としての固定費は全面的に製品へ配賦して回収するものであって、そのことが固定費の呪縛から解放され、同時に価格計算の呪縛を解くというのである。

このような経営構造費理論の特質について、著者はドイツの社会経済的背景を重視している。つまり、シュヌーテンハウスの経営構造費理論が提唱されるのが一九四八年前後、クルツによって再びこのシュヌーテンハウスの所説が評価されたのが一九六〇年代後半、この二つの時期に著者は注目する。一九四〇年代後半は端的にいえば、「大規模な未利用生産能力（＝過剰能力）の存在とその後の工業生産の急速な増大ならびに自己金融政策の推進が大きく影を落としているのである」（一五四頁）。一方、一九六〇年代後半も大規模な過剰能力の存在と企業の市場支配力の一層の強大化を背景にもっている時代であって、同時に大不況からの脱出による景気回復の時期である。これらのいわば特殊経済状況が経営構造費理論を生み出し、「過剰能力とそれに由来する無効費用や休業原価を合理化し、固定費負担を生産物価格に転嫁し、そうすることによって固定費を確実に回収し、企業の維持・発展を実現する」（一五五頁）という主張になるのである。かくして、ここに固定費補償論が論じられていると著者は看取する。

第九章「操業リスク論と企業政策」は、バックハウスを中心とするミュンスター大学の研究グループによる実態調査をベースにして、固定費問題が企業の危機マネジメントに密接に関連していること、また固定費は最終的には補償されなければ企業の危機は回避されない、という著者の持論を展開している。

まず、操業リスクの概念について。著者によれば、上記研究グループが、「固定費の存在が必要条件、売上高に関する不確実性が十分条件とみなされている」（一六四―一六五頁）と述べていることから明らかなように、操業リスクの大きさは原価弾力性と売上高不確実性によって規定されるという。而して、原価弾力性は原価構造に還元されうる、と著者はいう。なぜなら、「固定費比率が大きいほど、そして、固定費除去の阻害要因の作用が大きいほど、原価弾力性は小さくなり、したがって、操業リスクは大きくなる」（一六六頁）からである。

また、売上高不確実性の問題は、外的作用因である販売市場安定性と内的作用因である伸縮性という二つの根本的に異なっている決定要因に依存すると著者は指摘する。そして、「将来の売上高の展開を確実に予測する可能性が小さいほど、市場条件および競争条件の変化に対する適応可能性すなわち伸縮性が小さいほど売上高リスクしたがって操業リスクは大きいのである」（一六七頁）。

かくして、バックハウス等の所説によれば、「操業リスクは最終的にはすべて売上不確実性の問題に還元されるのである」（一六七頁）。なぜなら、売上不確実性の問題が解消して、すべての原価が補償されるならば、操業リスクの問題は解決しかつそもそも本来発生しないことになるからである。従って、固定費問題を操業リスクの問題とリンクさせる必然性も消滅する。而して、バックハウス等が重視しているのは原価、とりわけ固定費の補償の問題ということに収斂することになる、と著者は指摘する。

ただ、同時に過剰能力が存在しているのであれば、無効費用の存在、それによる収益性の圧迫は看過できないので、ここに固定費問題は顕在化しており、その対処策が講じられなければならない。ここに固定費管理の側面が浮上すると著者は注意を喚起している。

ところで、操業リスクは、既述のように原価弾力性と売上高不確実性によって規定される。したがって、いま操業リスクを小さくしようとすれば、原価弾力性を高め、かつ売上高不確実性を小さくする必要がある。ということは、原価構造方策と売上高確保対策が、企業にとって重要な政策になることを意味する。当然これら諸対策について著者は述べているが、すでに大幅に紙幅を超えているのでここでは割愛する。ただ、再言になるが、固定費問題を解決するための諸対策は、端的にいえば危機マネジメントとして総括される、という著者の見解が新著においてヨリ鮮明になっていることだけは付記しておきたい。また、バックハウス等の研究は流動性の側面の完全な欠落と固定費の補償理論の考察にある、という著者の理解も再度付言するに値する。それが故に、バックハウス等の研究が第三部の固定費問題と固定費補償論に位置づけられているのである。

五

本書は冒頭でも述べたように、補論一・二が加えられている。一は「ドイツ企業と固定費問題」という章題であり、二は「企業危機と危機マネジメント」という章題である。いずれも旧著にはみられなかったテーマが取り扱われている。補論にした理由は、固定費問題がドイツにおいて論議されるに至った背景について、いま少し補足説明しようとする意図があること、いま一つは一九八〇年代後半から多くの研究成果が公表されている企業危機や危機マネジメントの研究について、これが固定費問題とどうかかわるのか言及したい、という著者の考え方のあらわれであろう、と評者は認識している。そして、いずれも著者の意図を達成し、深山固定費理論の確定に重要な役割をはたしている。

補論一は、第九章でも論述したバックハウス等の調査研究の概要が詳述されている。その要諦は、従来の原価問題が原価水準の分析に終始して、もっぱら原価低減方策を論じていた。しかし、原価問題は同時に原価構造の問題も取り上げねばならない。バックハウス等はこのいわば原価水準と原価構造という量の問題と質の問題を追求して、二〇年間にわたってドイツ企業の実態調査研究を通じての結論を示している。著者はこの研究成果に注目し、バックハウス等の総合的分析、とりわけ企業全体の固定費集約性の推移を跡付けたことを評価し祖述している。

補論二は、企業危機や危機マネジメントの多くの研究の中から、クリューシュテーク等の明示している企業危機概念および危機マネジメントの基本問題等について考察している。いまや詳細に紹介するスペースはない。ただ一言、企業危機が固定費問題の発生形態であるが、すべての企業危機が固定費問題に由来するものではない、という著者の指摘と、「企業危機はチャンスをも内包している」（二二五頁）という命題は銘記すべきである。

六

以上、補論の部については十分に著者の意図を伝えられなかったが――勿論本論部分も同様に極めて不十分であることは評者自ら自覚しているが――、新版ともいうべき『ドイツ固定費理論』を概観してきた。評者の簡単なコメントはそれぞれ該当個所で述べたので、最後に全体を熟読した上での評者の本書に対する総括的な論評を順不同であるが箇条書的に述べてこの長文の書評を完としたい。

第一は、本書が旧著のたんなる改訂版ではなく、新版であると評者は看取する。たしかに、著者自ら本書は旧著を「大幅に加筆・修正」したものであると述べている。しかしその大幅な加筆や修正によって、本書は旧著を脱皮して新版となった。

第二は、本書が著者の固定費理論の確立を立証するものであり、しかも決定版であると評者は認識する。

第三は、その固定費理論、つまり生産能力理論、固定費除去理論、固定費補償論からなる類型論はしっかり根を下し、定着するであろう。ここに深山学説の確定した姿をみる。しかも当分の間、この学説を超えるものは出ないであろう。

第四は、本書第二章で明快に展開されている深山固定費理論は、第二・三部で詳論されているが、そのさいドイツの多くの研究成果を十二分に検討・吟味して、それをふまえていること。かつその多くの研究成果一つひとつの歴史的・理論的背景をしっかりと認識していることである。あえていえば、実証研究の成果についてなお一層の言及があれば、と評者は愚考する。

第五は、文献の渉猟の広さ、探さである。旧著に比して新著はほぼ二倍の主要参考文献が巻末に示されている。それらの渉猟した文献から得た諸所説を縦横無尽に駆使して本書は成立している。

第六は、本来ならば冒頭に指摘すべきかと思うが、著者が固定費は所詮補償されなければならない、という主張を繰り返し述べている。これは注目すべき命題であって、銘記すべき言葉であると評者は考える。けだし、この思考が深山固定費理論の隅の親石であると評者は推論するからである。原価の補償なくして企業の存立はあり得ないのである。

かくして、本書はドイツに限定されているが、固定費理論の著書として内外を通じて初めての体系的な労作であって、学界はもとより実務界に対する貢献はまことに大きい。評者はかく認識して高く評価するものである。また心から敬意を表したい。それだけに、本書が英文あるいは独文にて刊行されることを期待する。評者は「○○賞」というものを世間がいうほど信用していないし、無駄なことだとさえ考えているが、本書に対して何らかの顕彰があってもよいと考える。ともあれ、本書が江湖の好評を博することは疑いない。

なお、本書評にあたって、各論者の原文名や専門用語の原文等を省略した。著書では初出のさい必ず記載されていることを申し添える。

（深山　明著『ドイツ固定費理論』A五判、二二八頁、森山書店、二〇〇一年刊）

『日本原価計算理論形成史研究』

建部宏明 著

鶴首していた建部宏明教授の高著が上梓された。前々からわが国の原価計算発達史の研究に没頭され、大学機関誌等にその成果を公表されていた。評者はその諸論文に多くの教示を受けていたので、著書としてまとめられることを待望していた。歴史研究は文献の渉猟から始まって、その文献の選択・解読・分析、さらには方法論の確定、社会経済史等他の分野との関連の究明等々、本題に入るまでの準備段階の時間が長い。したがって、なかなか一冊の著書として刊行することは、理論研究も同様であろうが、悪戦苦闘、千辛万苦の末に成就することが多い。その意味で、このたびの高著の公刊は評者にとってはわがことのようにうれしい。

しかし、問題は内容である。著書としてまとめ刊行すれば良い、というものではない。以下、評者の独断と偏見にもとづいた卑見を述べたい。

まず、本書は、わが国で最初の日本原価計算発達史論――著者は「理論形成史」と称している――の研究書である。しかも本格的な著書であって、とりわけ原価計算の理論的発展テーゼを提唱した画期的なものである。もちろん、後述のように問題点もあることは評者も認識しているが、ともかくもわが国の原価計算理論の形成過程を跡付けられたその功績はまことに大きく賞讃に値いする。

つぎに、その理論形成過程を六つ――ある個所では「七つ」と述べている――の発展段階として区分し、各段階の特徴を詳述している。このために、英米における原価計算史研究を著者はレヴューしている。すなわち、リトルトン、エドワード、ソロモンズ、ガーナーの研究に特に注意を払い、これら四人の論者の史料源泉、時代限定、論述形式に焦点をしぼり、それぞれについて検討・吟味の上特徴を析出している。そしてこれら各論者の分析方法を総合的に組立て直した上で、史料源泉は過去にわが国において出版された原価計算文献（著書・雑誌等掲載論文）とする。なお、著者は八五％の文献を渉猟したといわれる。時代限定は明治二〇年から昭和二〇年までとする。論述形式は段階史を適用する。と著者は述べて本書を展開している。

このような基本的な枠組について、いうまでもなく異論があろう。評者も、たとえばなぜ文献のみに限定するのか。というのは著者が文献以外にも著者のいう実務史（会計記録・会計書類）や制度史（会計基準・会計原則）の資料を収集し、それらの資料に依拠した論文を発表されているのを評者は承知しているからである。また、時代をなぜ明治二〇年からとされたのか。というのはそれ以前のものについてもこれまた資料が発掘されているからである。しかし、著者としては、文献と実務・制度的資料とをリンクさせてわが国原価計算発達史を論述することの困難性を十分は認識されて、あえて文献のみに限定して、時代を明治二〇年からとされたのであろう。それがゆえに、いみじくも著書名が『日本原価計算理論形成史研究』となっているのである。（傍点平林）いわば、二兎を追う者は一兎をも得ずの譬え通り、二兎を追うことをあえて断念されたのであろう。

そこで、著者のいう日本原価計算理論形成六段階説である。著者によれば、日本の原価計算理論はつぎの六段階の過程を経て形成されたという。すなわち、㈠工業簿記論導入期（明治二〇年頃～明治末期頃）、㈡原価計算論導入期（大正四年頃～昭和二年頃）、㈢原価計算論定着期（昭和二年頃～昭和五年頃）、㈣原価計算論啓蒙期（昭和五年頃～昭和一四年頃）、㈤原価計算論成長期（昭和五年頃～昭和一四年頃）、㈥原価計算実践期（昭和一四年頃～昭和二〇年）の六段階がそれである。

㈣㈤が時期的にオーバーラップしているので、発展段階とはいえない、という批判が出よう。しかし、著者が㈣㈤段階で重点的に論議された内容を検討の上、相違のあることを洞察し、熟慮の上あえて区分したものと評者は推論する。つまり、㈣は産業合理化運動の影響を受けて標準原価計算が顕在化し論議されたこと、一方、㈤はドイツ原価計算の影響を受けて、操業度論、価格計算論が主として議論されたこと、ここに㈣と㈤の特徴が析出できると著者は思量して区分したのであろう。そして、このような理論形成の動向から㈣の段階で管理会計的思考が生成し、㈤の時期に著者のいう伝統的原価計算論の確立をみる、と認識して居られるのであろう。この熟考の上での提言については評者も疑念なしとはしないが、著者の先駆者の使命に燃えて、ともかく一つの道筋をつけて日本の原価計算理論の形成過程を提示し、後に続く学徒に批判・修正等を受けようという学問的精神を忖度して高く評価したい。なお、このような原価計算理論を発展段階的に把握して、ドイツの原価計算の歴史展開を行っているキルガーの所説を評者は想起する。

ところで、著者が右のような発展段階を提唱するには当然のことながら根拠がある。その重要な理由付けは、著者が各時代の多くの文献を解読・分析してのことであることを看過してはならない。著者は右の六発展段階について、それぞれつぎのような文献区分を示している。すなわち、㈠は工業簿記文献、㈡は英米翻訳原価計算文献、㈢は英米系統原価計算文献、㈣は産業合理化原価計算文献、㈤は管理会計文献、ドイツ翻訳原価計算文献、ドイツ系統原価計算文献、㈥は戦時体制下原価計算文献、軍需工場向け原価計算文献、業種別原価計算文献、がそれである。もちろん、㈠～㈥各期にこれら諸文献が集中的にみられるというものであって、他の期間にまったく存在しないという意味ではない。ただ、……㈣原価計算論啓蒙期＝産業合理化原価計算文献、㈤原価計算論成長期＝管理会計文献、ドイツ翻訳ないし系統原価計算文献、という発展シェーマについては双手をあげて賛同しかねる面がある。その上、そもそも翻訳系文献と英米・ドイツ系文献という分類がはたして必要なのか疑問である。わが国で摂取し、土着化するさいには両者を意識したであろうか、と愚考する。したがって、同一の扱いをしても良いのではないかと考える。なお、評者は伝統的な発展シェーマともいえる原価計算の生成＝工業簿記文献。明治二〇年頃～明治末頃）。原価計算の成立＝英米原価計算文献（明治末頃～昭和六年頃）、原価計算の確立＝管理志向的原価計算文献・ドイツ原価計算文献（昭和六年頃～昭和一四年頃）、原価計算の転開＝戦時体制下原価計算文献（昭和一四年頃～昭和二〇年）という発展段階を思考している。けだし、著者のいう㈢定着期、㈣啓蒙期、㈤成長期、㈥実践期という名称に評者は多少違和感を覚えるし、その時代区分にも疑義を感じる。

さて、以上、本書の、主要な論点の一つである六発展段階説に限定して、若干の卑見を加えながら紹介してきた。いうまでもなくこのような著者なりの主張については、再言になるが、文献の的確な収集と選択、正鵠を得た解読があり、また深い洞察のあることはいうまでもない。それは本書を一読すれば判然とするところである。ただ、若干の卑見をさらに加えるとすれば、一つは文献についてである。既述のように八五％の文献を渉猟されていることに敬意を表するが、著者のいう文献以外のいわゆる史料といわれているものをも多く渉猟されているのであるから、今後はぜひこれら諸史料をも駆使して日本原価計算形成史を完成させてもらいたい。つまり、一般にいわれる「〇〇論史」ないし「〇〇学説史」ではなく「〇〇史」の上梓を要望したい。

もっとも、評者は歴史研究における史料というものについて常々疑問に思っていることがある。それは文献を著書・雑誌等の論文とし、史料を原資料ないし第一次資料として、両者を区分し、前者による歴史研究を文献史研究、後者による歴史研究を文字通り歴史研究と称し、この後者の歴史研究書こそが「〇〇史」であるという思考である。歴史研究に用いる資料にはたして文献と史料とに峻別できるものがあるのか。たしかに明確に区分できるものもある。しかし、史料と称されているものに、真の意味でのナマの資料というものがどの程度存在するのか評者は懐疑的である。因みに、『広辞苑』（第五版）では文献という言葉について、「①書き取られたものと賢者が記憶しているもの。書き伝えと言い伝え。記録と口碑。②筆録または印刷されたもの。文書。③ある研究題目についての参考論文の書誌」とある。これをみれば、われわれが文献とか史料とかいっているものはほとんどが文献という名の下に包括されてしまう。そうだとすれば、資料に文献と史料という区別をすることの意味がどの程度あるのか考え込んでしまう。小林健吾教授や岡野　浩教授等が常に主張されているように、文献か史料かという二者択一ではなく相互補完的であって、共に歴史研究の資料となるのではなかろうか、と評者は愚考する。建部教授が本書で史料の相違によって文献史、実務史、制度史、思想史と分類されでいるのであえて日頃の評者の疑念を述べさせてもらった。

なお、本書はもっぱら英米の文献から理論形成史の基本的な枠組みを確定されている。が、独・蘭の文献も参照すべきではなかったかと思う。巻末の参考文献には若干の邦訳書は列挙されているが、原著書はみあたらないので、原著にはあたっていないのであろう。せめて、さきに一寸ふれたキルガーの文献、それにドルン、オー・テンーハーヴェ、そしてウルフの文献は原著を列挙してもらいたかった。たとえそれらが原価計算論の歴史研究書（ドルンの著書は別）でなくとも、歴史研究のフレームワークを組成するには必読の書と考えるからである。さらにいえば、ドイツ原価計算論を詳述しているのであるから、シュマーレンバッハの文献の列挙も省けないであろう。

最後になったが、本書で特筆すべきは、原価計算理論にとって社会経済的背景が極めて重要であると著者は認識し、各章の論述の冒頭に必ず社会経済的背景を概観して本題に入っていることである。今日、このような手法は当然のことと考えられているが、終始一貫してこの側面を著者が重視していることに敬意を表したい。

今後、一層の研究を通して戦後のわが国原価計算発達史論の執筆にも挑戦してもらいたい。そして原価計算の、それは管理会計の、といった方が正確であるが、行く末を示してもらいたい。ともあれ、広く江湖の喝采を博することは間違いのない会計史研究書の傑作である。

（建部宏明著『日本原価計算理論形成史研究』A五判、三八四頁、同文舘出版、二〇〇三年九月刊）

『国際経営会計論 ——ドイツならびにアメリカ・日本の比較研究』

柳田　仁　著

ドイツにおいては、周知のように、日・米におけるように会計学を財務会計と管理会計とには大別していない。にもかかわらず、あえて『ドイツ管理会計論』を二〇年前に上梓された柳田教授が、このたび『国際経営会計論』という前記著書の改題・改訂版を公刊された。著者は旧著『ドイツ管理会計論』の書名を残すか、逡巡されたようである。しかし、最近のドイツの実情を留学や文献からつぶさに検討され、ドイツの管理会計論を経営会計論と位置づけられた。さらに、日・米の管理会計論の動向をも比較して、これを紹介することによって、ドイツの管理会計論が経営会計論と称するにふさわしいと判断されたようである。これが『国際経営会計論』出版の由来である。したがって、本著者は国際経営会計を論じているとはいえ、その内容はドイツの原価計算論の史的考察である旧著が中核を構成している。

しかし、そうであるからといって、本書を侮ってはならない。つぎの諸点において高く評価されるべきであると評者は考える。

第一は、本書を国際経営会計論と名付けられたことである。本来ならば国際管理会計論と称した方が一般には通りがよい。しかし、著者はドイツの原価計算が制度的原価計算はもとより、利益管理や社会的貢献志向の意思決定を重視する原価計算に強く移行しつつあることに鑑み、ドイツを中心にして原価計算を論述する場合、ドイツ原価計算論とかドイツ管理会計論とかでは的確にその内容をもはや示しえないと考えられたことである。事実、最近のドイツでは Kostenrechnung という用語ではなく、Management Accounting や Controlling という英語を用いて、意思決定志向的原価計算は論じられている。

評者もこの点において同感である。というのは、Management Accounting や Controlling という英語を使いながらも、ドイツにおいては、なおそこにドイツ的な原価計算思考を織り込んで論議しているストイックな研究風土を知っているからである。

第二は、とはいえ、本書は極めてオーソドックスにドイツの原価計算を発展的に丹念に跡づけている。取り上げている原価計算の種類は実際原価計算から始まって、ドイツで議論されたほとんどのものを含んでいる。ドイツ原価計算論史の概略を学ぶにはまことに適切な良書である。

第三は、旧著もそうであったが、ムンツェルの結合限界全部原価計算を著者が高く評価して、類書ではみられないほど詳論していることである。

第四は、最近のドイツにおける原価計算としてプロツェス（志向）原価計算——日・米ではABCやABMと称している——、またBSCやマテリアル原価計算等々にも言及し、このような動向から既述のような経営会計論と称するに至ったことが論じられている。

第五は、国際経営会計論ということから、米・日・英・仏・中の経営会計論にも要点のみであるが述べている。特に終章の「独米日三カ国の経営会計比較表」は大変興味深い。

以上、本書の特徴を述べた。が何分にも大きなテーマをコンパクトにまとめなければならない事情もあって、著者は苦労されたと推察する。しかし、著者にはいずれこの主題で詳細かつ深く論じてもらいたい、という望蜀の感が評者にはある。しかし、これは若き学徒に引き継がれることであるかもしれない。その意味で、本書が江湖の好評を博し、広く読まれることを願っている。

なお、蛇足ではあるが、著者の引用文献の明示について評者は気になった。著者は一部の個所で、例えば「○○著『△△論』p. 10.」と表記されている。しかし、本来、これは「○○著『△△論』一〇頁（又はページ）」として統一すべきではなかろうか。

（柳田　仁著『国際経営会計論――ドイツならびにアメリカ・日本の比較研究』A五判、二四二頁、中央経済社、二〇〇六年刊）

『長崎造船所原価計算生成史』

豊島義一　著

一　はじめに

鶴首していた大著が公刊された。豊島義一著『長崎造船所原価計算生成史』がそれである。著者が本主題に着手したのが昭和五一（一九七六）年、最初に研究成果を世に公表したのが昭和五七（一九八二）年である。以来、今日まで実に三〇年にわたって、長崎造船所の原価計算の史的研究一筋に、著者は全知全能を傾けて取り組まれてきた。研究者冥利に尽きるとえいばそれまでであるが、著者のこの研究魂に評者は敬服する。同時にその結果としての本書の上梓に対して敬意を表する。本書を皮想的に読めば、著者の才能からしていとも当然の成果であると判断してしまうであろう。しかし、その行間を読み、眼光紙背に徹すれば、著者の臥薪嘗胆、勤苦の末のまことに苦節三〇年の偉大な成果であることに気付くであろう。著者のライフワークと称して恥じない名作であると評者は断言する。勿論、著者が究明した結論は、後述のように文字にすれば数行で終る。しかし、この過程を克明に実証しているることが賞讃に値するのである。以下、節を変えて紹介しよう。

二　本書の内容と特徴

著者によれば、本書は「長崎造船所（現在の三菱重工業株式会社長崎造船所）の原価計算の生成過程に関する実務研究である」（はじめに・i頁）といわれる。ここに早くも本書の秀れた特徴をみる。けだし、文献史研究ではないからである。而して、長崎造船所の原価計算が大正七（一九一八）年に生成したことを、多くの史料を渉猟し且つ解析した結果、確定できたと著者はいわれる。いま少しこの結論の特定に至る過程をみてみよう。著者によれば、「長崎造船所の原価計算生成過程は、リトルトン（Littleton, A. C.）の三段階のモデルに従って、㈠「商業簿記」の段階―明治一七年（一八八四）～明治三二年（一八九九）、㈡「工業簿記」の段階―明治三三年（一九〇〇）～明治四四年（一九一一）、㈢「工業簿記」から「原価計算」の段階への過渡期―大正元年（一九一二）～大正六年（一九一七）、㈣「原価計算」の段階―大正七年（一九一八）」（三頁）を経て生成したという。

そこで、本書においては、第一章で、いま紹介したリトルトン三段階モデルについて――ということは、本書の考察視角を述べているのであって、ここにも本書の特徴が出ている――著者の見解を詳論した上で、第二章以降の各論の概略を論述している。従って、冒頭に総論且つ結論を述べていることになる。而して、第二章が「商業簿記」の段階であって、主として当時の財産目録帳等の史料に依拠しての論述がみられる。第三章は「工業簿記」の段階である。ここでは慶応義塾に学び「三菱簿記法」を考案した荘田平五郎が長崎造船所長に着任して工業会計を実施したこと、及び、ルイス（Lewis, J. S.）の Commercial Organisation of Factories を翻訳し、その手法を最大限長崎造船所に適用しようとしたこと等々への論証がみられる。第四章は「原価計算」段階への過渡期である。この章では独立採算制度の採用に言及し、長崎造船所において今日いうところの事業部制の経営組織の先駆性を示唆している。またスペンサ（Spenser, H.）の論文を翻訳し、減価償却費を中心とする諸経費、そしてその製造間接費の認識と製品への配賦方法の試み等々を縷述している。第五章は「原価計算」の段階であって、長崎造船所の原価算定方法（実務）について、第二章以降微に入り細に亘り、丹念に史料を駆使して述べてきた内容を再確認し、生成を宣言している。その上で、大正一一（一九二六）年の「会計課各係事務組織」の史料等に依拠して、同年には長崎造船所の原価計算実務が「原価計算」の段階として確立していることを実証している。

なお、第六章に該当する部分が「補章」であり、「長崎造船所原価計算生成前史」と題して記述されている。いわば本史との関係を浮き彫りにする意図が読み取れるのである。勿論、「はじめに」「おわりに」も紙幅がさかれ、誠にいきとどいた構成内容となっている。このような一製造企業の原価計算に特定しての歴史叙述は、仄聞のかぎり評者は知らない。たしかに、外国においては巨大企業の歴史が語られている。しかし、それらはある特定の分野に限定しての記述ではない。かくて、この点においても本書は一つの特徴を持っている。

さて、以上のような粗い略述から本書のおよその特色は推察できよう。しかし、なお一層本書の特質を明確にするため若干の事柄について述べておきたい。

一つは、本書の分析視角になっているリトルトンの原価計算生成過程における三段階説についての著者の見解を確認しておきたい。けだし、著者がこのリトルトンの三段階説をモデルにして本書を比較史の立場から叙述しており、それが本書の大きな特徴であるからである。ただ、紙幅が限られているので、評者の要約に止めたい。

まず、「商業簿記」の段階。これは製造原価を記録・計算し、集計する勘定として商業簿記で用いられる商品勘定を製品勘定とみなし、その製品勘定に材料費・労務費を集計する。そして製品勘定の貸借差額が損益勘定に転記される。損益勘定借方は一般にはこの製品勘定から転記された金額に、販売費・一般管理費等の諸経費が記入され、一方、売上勘定から転記されてきた売上高等が貸方に記入され、もって損益が算定される。なお、この段階は棚卸計算法が採用されている。

　これに対して「工業簿記」の段階では、製品勘定以外に製造（仕掛品）勘定を設定し、材料費・労務費・経費の直接費部分は製造勘定に集計する。その上で貸借差額が製品勘定へ、更に損益勘定へと転記されていく。逆に、間接費部分は期末に損益勘定借方へ転記する。而して、損益勘定借方には通常製造勘定・製品勘定から振り替えられてきたものと合計された金額が、一方売上勘定から振り替えられたものが貸方金額となり、その差額が損益となる。従って、一般にいわれている素価計算の段階である。ただし、継続記録法が採用されている。

　「原価計算」の段階は、いわゆる直接費部分の扱い方は「工業簿記」の段階と同じである。しかし、間接費部分については、これをまず間接費勘定へ転記し、その上で適切な配賦基準を用いて配賦計算を行い、間接費勘定から製造勘定へ転記する。そして更に製品勘定、損益勘定へと差額が転記され、最終的に収益と対応して損益が算定される。なお、継続記録法である。

　二つは、著者によれば、長崎造船所の原価計算実務は、右に述べたリトルトンの三段階モデル通りに発展したのではないと指摘している。これは著者の一つの大きな卓見であって瞠目すべき点である。

　では、そのリトルトンのモデルとの相違、換言すれば長崎造船所原価生成史の一つの特色とは何か。既述のように、「工業簿記」の段階から「原価計算」の段階へ移行するまでに六年間の過渡期があった、という指摘である。その特質は、端的にいえば、間接費は間接費勘定に集計する。が、そのさい完成品に配賦された間接費は製造勘定へ振り替え、最終的には製造原価となって損益勘定で収益と対応する。しかし、未完成品＝仕掛品に配賦された間接費は、長崎造船所では、「繰越割掛費勘定」といわれる勘定に振り替えられる。この処理方法をもって、著者によれば間接費の「原価性」は認めるが、「資産性」は否定する、という思考であるという。従って、間接費の「原価性」と「資産性」とが認知されるのが「原価計算」の段階であると著者は認識している。

三つは、著者の史料収集能力の偉大さである。推測ではあるが、著者が収集した史料は一〇〇〇点にのぼると評者はみている。しかも、これらを選別し、つまり史料批判を加えて本書が記述されているのである。いま、ここではすでに指摘した以外に重要な史料を若干挙げておく。『三菱社誌』、これの基になった『年報』・『月報』、更に「はり込み帳」。また、いわゆる『決算勘定書』。そしていわゆる三菱造船所の「組織」や「業務取扱組織」の類等々である。

さて、以上のような内容と特徴をもった本書について以下のようにまとめられよう。紙幅の関係から七点ばかり各項目別の列挙ではなく書き連ねる。第一は、一企業の原価計算実務のみに限定しての歴史叙述は内外では初めてではなかろうか。しかも、著者は慎重でこの成果を一般化されようとしていない。この真摯な且つストイックな研究姿勢に大きな感銘を受ける。第二は、長崎造船所の原価計算実務史を原史料でもって立証されている。第三は、リトルトンの三段階モデルを長崎造船所に適用且つ検証して、リトルトンモデルの妥当性を実証している。なお、そのさいに段階が移る節目の時代背景についての言及も怠っていない。第四は、その検証過程において、長崎造船所特有の発展段階があったことを明証している。第五は、実証のさい用いた史料の豊富さと、現段階ではそれらが一級の資料であること。第六は、「補章」を加えたことによって、長崎造船所の原価計算生成・成立過程は明確に立証された。第七は、それだけに本書において跡付けられた長崎造船所の原価計算実務史は、わが国原価計算史研究の親石である。

三　本書に対する私感

最後に、本書に対して評者の率直な私感を述べさせていただく。但し、以下でも書き連ねることをゆるしてもらいたい。第一は、リトルトンの三段階モデルをなぜ分析視角として用いられたのか、ということである。たしかに、著者のいうように、リトルトンは「商業簿記」の段階と「原価計算」の段階との間に「工業簿記」の段階があると指摘した。而して、このリトルトンの先進性を高く評価して著者は用いられたのであろう。けだし、「文献史研究の実務史研究に対する先進性」（三八四頁）を尊重したと著者は述べている。しかし、いま少し説明の欲しいところである。第二は、リトルトンのいう三段階の内、「工業簿記」と「原価計算」との関連である。端的にいえば、彼のいう「原価計算」こそが今日では「工業簿記」ではなかろうか。もしそうであれば、リトルトンのいう「工業簿記」については注釈が必要ではなかろうか。第三は、著者によれば、長崎造船所の原価計算生成は大正七（一九一八）年といわれる。しかし、評者は大正六（一九一七）年ではないかと考える。根拠は著者も用いられている史料に、大正六年一一月一日より大正七年度とする旨明記されているからである（傍点平林）。以上、労作『長崎造船所原価計算生成』について、極めて粗雑な紹介をしてきた。身勝手な略述であって著者にはご寛容を乞うのみである。しかし、本書が大作であり且つ傑作であることに変わりはない。わが国の会計史研究の金字塔であることは万人が認めるところであろう。「努力なくして栄光なし」というが、著者の弛まぬ努力にいま一度敬意を表し、筆をおく。

（豊島義一著『長崎造船所原価計算生成史』A五判、四二三頁、同文舘出版、二〇〇六年二月刊）

Ⅳ部

補遺

平林喜博先生インタビュー

Q　それでは、平林喜博先生（以下、平林先生と記す。）に、日本会計史学会のスタディ・グループのインタビューということで、本日二〇〇六年八月六日一四時五〇分から開始させていただきます。なお、本日は、岡山商科大学の森本和義先生にもご同席いただいております。

まず、はじめに本日のインタビュー構成ですが、前半は、日本会計史学会の設立の経緯をいちばんよくご存じと他の諸先生からもお聞きしておりますので、平林先生のご研究内容をお聞きする前に、日本会計史学会の設立のきっかけ、もしくはその経緯をお聞かせいただければと思っております。

最初の質問ですが、日本会計史学会のホームページに「日本会計史学会の概要」という形で日本会計史学会の概略的な歴史が書かれています。それによりますと、一九七八年度から七九年度にかけて、日本会計研究学会において会計史に関する特別委員会が設置され、そのときのメンバーである泉谷勝美先生、小倉栄一郎先生、小島男佐夫先生、白井佐敏先生、高寺貞男先生、辻　厚生先生、中村萬次先生の諸先生によって、日本会計史学会の設立ということが発案もしくは発想されたと書かれております。その前後に関して平林先生にお話しいただければと思います。

平林　今、中嶌先生から、日本会計史学会の設立のいちばん最初の段階といいますか、どういう経緯で学会を設立するに至ったのかということについて、知っている範囲で語ってほしいということですが。

私、たまたま日本会計史学会の設立時の事務局がありました大阪市立大学商学部におりまして、かつ、大阪市立大学商学部の私の研究室が日本会計史学会の事務局になりましたので、そういう意味ではいろいろな情報が私のところへ集まりましたし、また逆に、私のほうからいろいろな情報をメンバーのかたがたに発信するということで、そういう意味では確かに私は設立から一〇年間ぐらいの間はいろいろなことにかかわっていましたので知っているということになろうかと思います。

そして中嶌先生が、日本会計史学会の設立のきっかけになったのは、一九七八年度から七九年度にかけて日本会計研究学会で会計史に関する特別委員会が設置されて、そのときのメンバーが設立の準備を進められたのではということですが、公には私もそのとおりだと思います。

一つは、日本会計研究学会編で『日本会計研究学会五〇年史』という小冊子が、昭和六二年（一九八五年）五月に出ております。その『日本会計研究学会五〇年史』を見ていただきますと、そこに昭和五三年（一九七八年）に、正確に言えば「会計史研究の現状と課題特別委員会」で、委員長が小島男佐夫先生、そしてそのときのメンバーが、今中嶌先生から言われたように、泉谷先生、小倉先生、小島先生、白井先生、高寺先生、辻先生、中村先生であったと。このときのいわゆる世話役というか、幹事ですね、セクレタリーのような役割をしたのが、私の記憶に間違いがなければ、渡邉　泉先生であったと思います。ですから、そういうメンバーによって日本会計史学会設立の準備が進められたということは、そのとおりです。

そしてなお、『日本会計研究学会五〇年史』の一〇三頁のところに、私が、「日本会計史学会」ということで、今中嶌先生が申し上げられたのと同じようなことを書いています。だから私は、逆に言えば、中嶌先生が言われたことは、この一〇三頁以下で書かれていることを、ある程度資料にしながら日本会計史学会のホームページは書かれたのではないかなと思います。例えば発起人が八一名だとか、それから、設立総会が日本大学の経済学部で行われたときの出席者人数が一七七名であったとか、全部これを見ていただいたら書いてあるわけです。そういう意味では、多分ホームページは、それをデータ、元資料にしているのではないかと推測します。

これは私自身が書きましたので、私はその当時、まだはるかに今よりは頭がしっかりしておりましたから、まず誤りなく書いていると思いますので、そういう意味ではいちばん正確度の高い資料であると考えていただいていいと思います。

もう一つは、それを裏づけるものとしては『日本会計史学会年報』の第一号です。日本会計史学会は年報を一号、二号、三号と言わずに、ここに書いてありますように一九八二年から八三年、第二号は八三年から八四年と、たしか今もそうなっていると思います。私がかかわっていた最初の一〇年間ぐらいはそのようになっていたと思います。しかし、いま当時の『年報』を見ると一九八二年度とも明記していますので、ちょっと矛盾はあります。ともかく、このいちばん最初の年報、八二年度の年報の冒頭を見ていただければ、「日本会計史学会設立総会記」ということで、これは中村萬次先生がずっと書いてくださっているのですが、これを見ていただいても、今申し上げたことがやはり書いてあります。

そういう意味で、二つの資料から、今申し上げたようなことは裏づけられるだろうと思います。会計史学会は一応歴史学の学会ですから、歴史というのはやはり資料の裏づけがないことには駄目ですから、そういう意味では二つの資料から裏づけられると言うことができると思います。

ですから、ある方にはちょっと失礼な言い方になろうかと思いますけれども、その方は、「日本会計史学会というのは、大阪市立大学で会計学を研究しておられた先生がたを中心として、関西圏でメンバーを募って、いわゆる会計学研究会というものができ、それが母体になって会計史学会ができた」という意味のことを、本の中で書いていらっしゃるのですが、それは大変そのかたには申し訳ないけれども、誤解をしていらっしゃると思います。決して大阪市立大学の会計学研究室に属している先生がたが中心となって日本会計史学会ができたのではないと。その証拠に、今言いましたように、特別委員会には泉谷先生とか小倉先生が入っておられますけれども、大阪市立大学会計学研究室が中心になってうんぬんという場合には、もちろん泉谷先生、小倉先生は入っていないんですね。

ですから当然のことながら、もうお分かりと思いますけれども、市大関係が日本会計史学会を作ったと思われるのは、それは市大関係の方は非常に光栄かもしれませんが、事実としてはそれはちょっとどうかなということです。

Q　なるほど。設立の経緯、よく分かりました。

＊　＊　＊

平林　ところで、今言いましたように、特別委員会のメンバーが設立の準備を進められたということですが、その前段が私はあると思うんです。

前段というのは、これは公式的なことではなくて、一言で言えば、小島先生が、日本にも会計史学会を作りたいという思いを持っておられたのです。これは、あとでお見せしますが、「日本会計史学会（仮称）設立について」という文書があります。これはたまたま手元にありましたので持ってきましたが、これもいろいろと書き直してはいます。それはともかくとして、元に戻って小島先生が、日本でも会計史学会を作りたいという思いを持っておられたんです。

これは小島先生と私との話し合いだけのことかもしれませんけれども、私に小島先生がおっしゃったのは、作りたいと思うので、ついては黒澤　清先生にそれとなく打診をしてみたと。そうしたら、「小島君、日本でも作ってもいいんじゃないか」と言われて、小島先生は、いわば当時の日本の会計学界の天皇といわれる人からのお墨付きをもらったということで、実は意を強くされたわけですね。そして、今度はそれを持って中村萬次先生に、ここはちょっと私の推測が入っているということですけれども、中村先生に、これこれこういうことで作りたいと。もっと言えば、恐らく黒澤先生のお墨付きをもらったし、作りたいと、ひとつ中村先生協力してくれませんかということで、小島・中村両先生の間で、まず、では作りましょうかということになったと思います。

そして、作るについては、まず設立準備委員会を作らなければいけない。そのときに、小島先生と中村先生の二人だけではとてもやはり格好がつかないということで、準備委員会をどうするかというときに、たまたま、一九七八年から七九年にかけて日本会計研究学会で会計史に関する特別委員会が設置されて、そこで数人の先生が共同研究をされた。そういう意味でお互いに気心が知れているということで、そのメンバーの先生がたで設立準備委員会を結成しようということになったのだと私は思います。

その年がいつかということですが、ここにも書いてありますが、一九八一年六月と書いてありますね。だから、まずそうだと思います。だから、一九八一年六月に大阪で最初の設立準備委員会が開かれたと思います。場所は、今あるかどうか知りませんけれども、曽根崎町にある大阪商銀という在日韓国系の銀行ですね。正確にはどう言うのでしょうか、大阪商銀と我々は言っていましたけれども、その大阪商銀の、忘れもしない、三階に会議室がありまして、普通はその銀行の役員会とかそういう人がそこを使う、その三階。それから、三階が埋まっている場合には、いちばん上の四階に、大きな、広い広場みたいなのがありましてね。だから、何か行員を全部集めて頭取が一席ぶつというときは、四階のそこへ全部集めて話をするという場所があったんですが、その大阪商銀の三階ないしは四階でこの設立準備委員会が、私の記憶では三~四回開かれたと思います。

しかし、準備委員会が開かれるにあたって、集まってくださいという案内を私が出したと思います。話が前後しますけれども、そのときに小島先生と中村先生との間で、今回のこの学会の設立については小島先生の一応教え子でもある平林が幹事のような役割をするという了解を小島先生は取っておられたということで、じきじきに指名があって、「おまえ出てこい、やれ」ということでした。あるいは、先ほど言いました、小島先生と中村先生との間で作ろうということになったと同時に小島先生は、あの先生は非常に仕事が速いですから、悪く言えばせっかちな人ですけれども、特別委員会のメンバーであった泉谷先生以下の先生にだーっと全部電話を入れて、「やるんだけれども、準備委員会に入ってくれるか？」と。しかも小島先生は、横道にそれますけれども、朝が早いんです。朝もう七時ごろから電話がかかってくるというような先生ですから、多分このメンバーの先生がたには電話がかかったんじゃないかと思います。そういう意味で、打診をして了解を取っておかれたと思います。そして、六月に最初の設立準備委員会が大阪商銀で開かれたということになると思います。ちょっと話のつながりがうまいことといっていませんけれども。

それで、いちばん最初の段階からすでに、作るか作らないかということはもう論外というか、作るということがもう当然で、準備委員会というような名前が出ているということは、作るということがもう前提になっていますからね、作ろうということで。問題はどのようにして設立するかという、その手続き論というか、平たく言えば段取りをどうするかということで、先ほど言いましたように、三〜四回集まったような記憶が私にはあります。

そこで中心議題になったのは、やはり発起人ですね。発起人会というものを作って、そして発起人の名前で「日本会計史学会設立の趣意書」というものを作って、広く会計史に関心のある先生がたにそれをお配りして、この学会ができた場合には加入していただくということで、その「日本会計史学会設立趣意書」をどう作るかということ。それから、また前後しますけれども、発起人会を作る場合に、だれを発起人にするかというメンバーの選定、それから今度は、発起人会が一応できて、いよいよ設立するというときに、その「設立趣意書」をどういう範囲の人たちにお配りして会員になってもらうかということが、一つの大きな議題であったと思います。

もう一つは、学会を作るわけですから、当然のことながら、まず会則ですね。会則をどのように作るかということで、このときにすでにできておりました日本会計研究学会はもちろんのこと、日本原価計算研究学会とか日本監査学会もできていましたから、これらの学会の規約を、「平林、全部コピーして、準備委員の先生がたに回して、事前にちょっと目を通してもらっておいてくれ」ということと同時に、ここにも私の手書きのものがありますが、こういう「日本会計史学会会則」、これは多分私の字ですから私が考えたんだと思いますけれども、こういうのを用意して会則を作るという作業が、準備委員会でのもう一つの大きな課題でした。課題というか、問題点でした。

三番目は、その会則との関係で、日本会計史学会というのは一体何をするのかと。目的ですね、目的をどうするかということが議論になったわけです。それで、ほかの学会の規約を見るといろいろと目的を挙げています。したがって、最初の私の記憶では、日本会計史学会もいろいろな目的を挙げたような気がするのですが、結局はそこにごらんのとおりです。「本会は会計史の研究およびその普及のため、会計史の研究に携わる者の研究および連絡懇親を図ることを目的とする」と、結局、目的はもうそれだけにすると。本当ならば、その他、本会の目的に添うものとか何か、そんなものもつけているような学会もあると思いますけれども、一切そういうことをつけないということで、そういう目的になったと思います。

今から思えば、極めて当然というか、当たり前の目的が書いてあるだけで、かえってそのほうがよかったのではないかと思っています。変にぐっと絞った書き方をする、あるいは変にぐっと広げたような書き方をするとかえってややこしくなったので、ちょうど中庸をいったというような、私個人としてはそんな気がします。そんなことが議題になりました。

それから、準備委員会ではないのですが、会計史学会のマーク、それから、英語でどういう表現をするかという、Accounting History Associationというこれにつきましては次のように記憶しています。まず前者のマークにつきましては高寺先生と私とで決めたということです。しかし、九九・九%までは高寺先生のアイデアです。高寺先生が「これで、平林君、いったらどうだろうか」ということで。これ見て分かりますように、こっち（左）がAで、真ん中がHで、（右が）Aという。したがって、「AH」というマークになっている。しかも、丁度、Accounting History Associationをあしらっている。以後、このマークを日本会計史学会は使おうと。高寺先生の考え方は、日本会計史学会だからといって、日本、日本ということを何も名乗らなくてもいい。英語で言えばJapanとかJapaneseとかいうことを名乗らなくてもいいのだと。とにかく、いちばん最初にこの名前でいきます、このマークでいきますと宣言したら、それでもういいのだと。それを他の国々の人たちは認めるはずだから、それでいいのだというお考えでした。それで、このマークになり、このAccounting History Associationも、どこにもJapanという言葉はないんです。

これは、準備委員会から発起人になってもらう人たちに、文書で、発起人になっていただけませんかということを言うと同時に、大体こういう構想、こういう構想というのは会則ですね、「こういう会則でこのようにやっていきたいと思っていますがいかがでしょうか」と言ったときに、「Japanという言葉が全然出てないというのはどういうことなのか」ということでだいぶ意見が出ました。でも、準備委員会としては今言ったように、とにかくAccounting History Association、これが日本会計史学会の欧文名であると名乗り上げて、それがほかにもあるのであれば、これはまさしく名称の問題でもめますけれど、なければそれがもう通用するのだという考え方、これは特に高寺先生が強くそういうことをおっしゃいまして、これで決まったわけです。

ところが、後にどうもまずいということで、今は何かあとのほうに、海外に何か出す場合には、in Japanか何か入っているのではないでしょうか。

Q　はい。「, Japan」と入れています。

平林　コンマね。入りましたけれども、当初はもうこれでいくということで。だから、当初この会計史学会にかかわりを持っておられた先生がたは、そういう名称、欧文の名称の変更については若干、少し問題を持っていらっしゃるかもわかりません。

もう一つ、ついでに、ここに今、先ほどもちょっと言いました年報について、これの英文名は一般的には「イヤーブック：Yearbook」という言葉です。しかし、「アナルス：Annals」ですよ。ここがなぜ、「イヤーブック」と言わずに「アナルス」になったのかといいますと、これも高寺先生が、あの先生は本当にすごく博識なかたですね。先生が言われたのは、このように机の上にいま冊子を立ててみて、立ったらブックだと、立たなかったらブックでないと。当時、年報は多分立たなかったんでしょう。だから、年報は文字どおり日本語に訳せば「イヤーブック」か何かでしょう。だけども、立たないということが大体分かっていましたから、だから「イヤーブック」というのはやはりよくないんじゃないかということで、「アナルス」になったということがありました。なお、この『年報』はレフリー制を採用しています。当時としては珍しいことでした。高寺先生の先見の明です。

そういう意味では、私は、日本会計史学会の設立準備段階から一〜二年くらい、あるいはもうちょっと、とにかく、会計史学会がやっとこれでうまく動き出すだろうというまで、高寺先生がいろいろな役を引き受けてくださって、適切な助言をしてくださったということは、非常にありがたかったです。例えば上記のほかにも、日本学術会議との関係とか、あるいは日本経済連合会か何か、そんなものが当時あったんです。それに日本会計史学会が入るか、入らないかとか、入らなかったのですが、そういうことの可否についての高寺先生の適切な助言というのが私は非常にありがたかったということで、今でも忘れられないということですね。

また元へ戻りまして、ともかく設立準備委員会は、結局、会則の制定、発起人会を作るためにどういうかたを発起人にするかということ、それから、目的については会則との関係で議論したように思います。そういうことと、もう一つは、いよいよ準備委員会から発起人会もでき、いよいよ設立総会を開くという段階になった時点では、いつどこで開くか、だれがどういう役割をするかとか、それから予算をどうするかとか、例えば年会費をいくらにするかとか等々のこと。これは、もちろん会則の関係で、年会費の問題もね。年会費はありましたかね。年会費幾らというのがたしか書いてないんです。書いてないと思います。

Q　そうですね。年会費に関しては、総会で決めるもので、会則には書いてないですね。

平林　最初は五〇〇〇円くらいでした？

Q　中嶌が財務担当幹事になったときは五、〇〇〇円だったのですが、その前は今わかりません。

平林　最初は三〇〇〇円？　最初は、財務担当の幹事は中野先生でしたからね。ちょっとそこは聞いてみないといけませんね。

それから、話が前後して大変申し訳ないのですが、会則を見ていただきますと分かりますように、他の学会の会則と違って、例えば役員のところを見ていただけますか。そこを見ると、会長一名、評議員五名、幹事四名、監事二名となっていますね。最終的にはこうなったのですが、ここで他の学会と違うのは、普通なら理事という名前が出るんですよね。大抵は。そして、その下に日本会計研究学会では評議員があったりするのですが、日本会計史学会は理事という名前が出てこないんです。これは、また先ほどの高寺先生のご意見が良とされたのですが、そんな大きな学会でもないし、物々しく理事なんて名乗るほどのものでもないじゃないかと、そのようにおっしゃったかどうかちょっと自信がありませんが、だから、もう評議員でいいと主張されまして、それが皆さんの賛成を得るところとなって評議員になったということが一つです。

もう一つは、普通の学会であれば、学会の総会では会長をはじめ理事のかたが庶務報告とか会計報告とか何々報告というのを、担当理事というのがあって報告するでしょう。ところが、日本会計史学会はこの三番目の幹事が一切、庶務、会計、それからその他というのは渉外ですけれども、これについての担当の幹事が全部総会で報告するという。これも高寺提案でした。だから、日本会計史学会は、こう言っては大変失礼ですが、評議員というのは非常に楽でね。会議に出てきて、ああでもない、こうでもないと言うだけであって、具体的に全部資料をそろえて、総会で報告して、質問があったらそれに答えるのは全部幹事がやっていたと。なお、最初の幹事は、中野先生、片岡先生、そして私です。

しかし、私は幹事の総務を担当していましたから、そういう意味では、冒頭にも言いましたようにいろいろな情報が入ってくるし、情報を発信しましたからね。それから、そういうことを通して、偉い先生がたとも電話のやり取りとか手紙のやり取り等をさせてもらいましたから、非常にいい勉強をさせてもらったということではありますけれども、そういうことはちょっと他の学会とは違う。だから、準備段階で、もうそのようにしようと、総会でもそれでいきますからひとつご了承くださいということで了解を取って、この学会は始まったという経緯があります。そこらが他の学会とは会計史学会は違うというか、特異なケースであると言うことができるかと思います。

それからもう一つ、会則との関係もありますけれども、一応規約のうえでは、会長は、これはそうですね、役員を置くというだけで、選出とか何とか何も、どこかに書いていませんか。「会長は会員中より互選する」となっています。互選だから、当然選挙か何か、あるいは話し合いということも互選という言葉の中には含意されているかもしれませんが、普通考える場合は選挙というのが当たり前だと思うんです。私が幹事で総務担当というか、庶務担当をしていたときは、ずっと会長の選出は、当日出席者の人たちにじきじきに投票用紙をお渡しして、一票投じてもらって会長を選ぶという選挙ではなくて、会長選考委員会というような、どこかにそんな文言があったような。

Q　これですか。

平林　何か出ていませんか。そうそう、会長推薦委員会を設置して、そこで推薦したかたを会員が承認すれば、そのかたが会長になるということになったんです。

それでは、その会長推薦委員はだれがなるのかということですけれども、いちばん最初は、結局準備委員会がもう事実上推薦委員会だったと思います。そして、小島男佐夫先生を会長として推薦するということで、総会の席上で「皆さん、いかがでしょうか」「異議なし」ということで初代会長になったわけです。

それで、第二代目が中村萬次先生ですが、そのときは、たしか推薦委員会を設置したと思います。しかし、それは私の記憶があいまいなんですが、会長は三名ぐらいかな、三名～五名、これは中野先生や片岡先生あたりにもお聞きしないと人数の件は怪しいですけれど、たしか会長が推薦委員を指名したと思います。そして、推薦委員に指名された人が会長を選ぶということになり、総会の席上で「このかたを推薦委員会は会長として推薦したいと思いますけれども、いかがでしょうか」と、それでオーケーが出れば会長になるということでした。

そのときに、突然ぱっとその場で会長から会長推薦委員に選ばれた人は、次の会長はだれがなるのかというのは全然分からないという面も当然あります。もちろん関心の非常に深い人は、次はこの人と思っておられるかもしれませんけれども、そう思っている人でも推薦委員に選ばれなかったら発言できないわけです。だから、推薦委員になられたかたは、事前の情報はほとんどなしで別室に集まるわけです。そうしたら、これは極めて日本的ではありますが、次はこの先生とこの先生とこの先生くらいが考えられますけれどもということを会長あたりが言って、そして、そこで話し合って大体落ち着くところへ落ち着いたということです。

ところが、小島初代会長、二代目中村萬次会長、三代目辻　厚生会長になってから、これは辻先生が提案されたと思いますけれども、一応会長推薦委員会は作りますが、基本的には、「アメリカ会計学会が会長経験者で次の会長を決めている」、そういう慣習があるということで、日本会計史学会もそれに倣おうではないかということになったんですね。たしか辻先生はそういう発言を、私の記憶に間違いがなければ、されたと思います。それがいちばんいいんじゃないかということで、辻先生の次、第四代目が当時小樽商科大学の久野光朗先生だと思いますけれども、その先生あたりは結局、会長経験者である、小島、中村、辻三先生の話し合いによって、次は久野先生にお願いしようということで意見が一致して、それを会長推薦委員会の場へ持っていって、「会長経験者三人の話し合いではこのかたになっている。ひとつ皆さん、ご異議なければ、このかたを会長推薦委員会でも推薦していただいて、総会に提案していただけませんか」ということですんなりというか、特に異議もなく決まっていったということです。その後、私が幹事をやっていた時代は、次期の会長の選出は、会長経験者が推薦するかたが会長になっていったということです。

Q　評議員はたしか選挙をしたように思います。評議員と監事は。

平林　そのあたりは、ホームページのところに少し書いていまして、設立当初から九七年までは、その選出に当たり役員推薦委員会で選出して、総会で承認を得るという方式が行われましたと。ただし、九九年からは、いわゆる選出という、選挙といいますか、というようになったと。

Q　ごめんなさい。いや、それが正しいと思います。そうだと思います。

平林　その部分はこれで、ただ、先生がおっしゃっていただいた部分というのは会長の話ですので。

Q　はい。だから、評議員も、それから、いわゆるオーディター、監事もその委員会がやったですね。

平林　はい。役員推薦委員会でという形のようです。

Q　そうですね。

平林　はい。

Q　それで幹事は会長が依頼すると、委嘱するということで決まっていたと思います。

平林　少しだけ、先生、お聞きしてもいいですか。まず、少し細かいことからですが、黒澤先生に小島先生が打診されたというのは、七八年に日本会計研究学会の特別委員会があり、その前だとは思いますが、その前というのはどの程度前なのでしょうか。

平林　その打診というのは、言わないほうがいいかもしれないな。小島先生が、私にはそのように言われたから。趣意書のところにね、そのヒントがあると思います。つまり、会計史世界会議が、このアトランタ（Atlanta, USA）かな、第二回目が。

Q　はい。一九七六年にアトランタと書いてあります。

平林　この大会に小島先生が出られて、ここでたしかアメリカの会計史学会賞、Honor Award、時計をもらうという賞をもらわれたのです。そのあたりから、日本でも学会を作りたいと。で、日本で会計史国際会議を開きたいという思いを持っておられたんです。だから、一九八〇年ごろに、恐らく黒澤先生あたりと話をして、大体いいんじゃないかということになっていたのと違いますかね。そこらは分かりません。

Q　分かりました。ありがとうございました。

＊　＊　＊

Q　ところで、日本会計史学会の設立の目的や趣旨は、広く門戸をということではよく分かったのですが、もう少し人間的というか、人の思いという点で、やはり学会を作ろうといったときの小島先生の強いご意思、もしくは、このときにかかわられた発起人等、中心のメンバーのかたたちの強い思いというのはあったのでしょうか。設立に際しての議論というのは、どのようだったのでしょうか。

平林　全く議論の記憶がよみがえってこないのですが、当然、もちろん会計史研究は、する人というか、人を増やそうとか、あるいは各大学で会計史の講義をしてもらうようにしようとか等々、いわゆる僕の言葉で言えば、会計史というのはやはり、会計学の他の分野に比べればマイナーなものですから、しかも、会計史をやって一冊本を書いたら、今度はがらっと他の分野に替わられてしまうというのがほとんどなんです。会計史一本やりでずっとやってこられたというのはもう数えるほどでしょう。

あえて言えば、小島男佐夫先生くらいとは言いませんけれども、当時立教におられた茂木先生とか、あるいは会計史を簿記史というように非常に狭義に考えずにもっと広く考えれば、それは中村萬次先生だって減価償却の歴史とか、やはり歴史をやっておられるし、あるいは、当時まだ片岡先生のお父さん、片岡義雄先生とか、あるいは一橋の片野一郎先生等々おられましたから、ああいう先生の業績、会計史といえば会計史ですね。だから、高寺先生だって例の大著『明治減価償却史』、ああいうことでやってはおられますけれども、しかし、文字どおり会計史だけという先生は数えるほどというか、いない。それは、もっと言えばサイドワークであって、メインは例えば会計学とか、あるいは管理会計とか、あるいは原価計算とか、あるいは監査論とかということであった。だから、会計史をメインにするような人を増やしたいということは当然のことながらありました。

だけども、私のにらんでいるのはもう一つありまして、やはり先ほどちょっと言いましたように、日本で国際会計史大会を開きたいという小島先生の強い思い、あるいは熱い思いというか、熱烈なる思いというか、これがあったと思います。そのときに、日本にそういう会計史学会という組織がないところでやりたいと言ったって、どこの国も「はい、そうですか」と言って参画してくれないだろう。やはり受け入れ組織というものがきちっとできていなかったら多分だめだろうと小島先生は思われたんじゃないかな。だから、そういう意味でも作る必要があるということ、そこらもあったんじゃないかなと思います。

Q　この趣意書のところを見せていただいても、非常に国際的な活動の部分が最初に書かれていて、恐らく今後、会計史研究をするうえでも国際的活動が必要であるという強い思いがあると理解しています。それに関して、日本会計史学会も二〇〇六年で二五年を迎えますが、その中で、第六回会計史国際会議が九二年にありますが、それに向けての小島先生の思いというものを、もう少し具体的にお話を聞かせていただけますでしょうか。

平林　小島先生が、単に日本会計史学会を作って、日本人だけで会計史の研究をお互いにやりましょうという、そんな狭い意味で作るという気持ちはなかったと思います。広く、やはり世界に向けて、グローバルにやっていこうというのは、この趣意書から見ても分かるわけです。それとの関係でいえば、年報に必ず英文要約が、最初からもうつけられているんです。これはイングリッシュサマリーになっています。最近は、サマリーに加えてプラスアブストラクトもつくようになっていますね。最初からサマリーを必ずつけるということ。これは、小島先生の強い要望でした。つまり、やはりこれからは国際的に通用しないことには学会としても意味がないという思いがありましたので、そういうことをちょっと付け加えておきます。

それで、今の中嶌先生のご質問ですが、小島先生は日本で何とか会計史国際会議を開きたいということで、第五回目がオーストラリアのシドニーで一九八八年に開催されたときに、もう少し正確に言うと、第四回目の、シドニーの前のイタリアのピサの段階ですでに、小島先生は個人的に日本で国際会議を開きたいと発言しておられたんです。しかし、そのときは当然、日本会計史学会はまだ。

Q　第三年目を迎えるぐらいですね。

平林　はい。それを会計史学会に持ち帰ってきて、日本の会計史学会が、「分かりました。全面的に協力してやりましょう」という、小島先生としては自信がなかったかもしれませんけれども、しかしピサで、そのときもうシドニーは決まっていましたから、シドニーの次、だから第六回（一九九二年）は日本でやりたいということを、非公式ながら第四回大会で言っておられたわけです。そして、今度は第五回がオーストラリアのシドニーでやるというときに、そのときは正式にここで立候補をして、そこで承認を得るということで、小島先生自らが行くつもりでした。

ところが、非常に残念なことながら病に倒れられまして行けないということになって、私、平林が代わりに行ってこいということで、これは日本学術会議から費用が出て、日本会計史学会を代表してシドニー大学における第五回会計史国際会議に行って、そこでの公の場で、公の場といいましても各国から来ている主要な会計史家が一日研究というか、大会が終わった晩に夕食をしながらいろいろと議論をするというものですけれども、そこで、「次は日本でやる。それで、Prof. オサム・コジマからこれを言うようにということで私は来ました」ということで発言して、そこに出席の米国、英国、それからオーストラリア、スペインぐらいの先生がたですけれども、「分かった。ではそうしましょう」ということで正式に決まったということです。

私が帰ってから、まだ療養中の小島先生に伝えて、小島先生は元気になったらいよいよとすでに心の準備はしておられたんですが、具体的に動き始められたのです。病気が少しよくなったものですから。退院されたものですから。いや、退院してないのかな。ところが、そこでちょっと雑談になりますけれども、完全に治ってから動けばいいのに、まだ病院のベッドの上におりながら、時々家にちょっと一日二日帰ってもいいとかいう状況のもとで、家に帰ったときに、家の電話でだーっとこう、もう準備のための打ち合わせというか、そういうことをされたんです。そのために、せっかく治りかかっていた病気がまた悪化してしまって、ついには鬼籍の人になってしまったということなんです。

そこで、今度は肝心かなめのキーパーソンがいないわけですから、困ったわけです。そして一九九二年の、日本で第六回会計史国際会議をやるという、その一九九二年の日本会計史学会の会長は、その前年までは中村萬次先生でしたけれども、その会計史学会をやる一九九二年の日本会計史学会の会長は辻先生でした。

Q　会長に関する資料が今手元にありません。申し訳ありません。

平林　とにかく、辻先生でした。そこで結局、辻先生が結局、全部引っかぶったということです。だから、もう辻先生が一手に引き受けて、そして、当時、辻先生の指導を受けて大阪市立大学の講師になっておられた岡野　浩先生とか、あるいは、渡邉　泉先生、國部克彦先生、中野常男先生、まだ私も大阪市立大学にいて、しかも日本会計史学会のまだ幹事をやっていましたから、これらが中心になってこの国際会議の準備を始めたということです。

そして、それについてはここに資料はありますけれど、こういうのを作って、それから、学術会議に援助をもらうために文書を書いて、私が学術会議まで行って経費を出してくれないかということをやったんですが、残念ながら、日本学術会議からはだめだということになったんです。そういうことがありました。

しかし、これはもう、ひとえに辻先生のおかげと言って間違いないと思います。もちろん、そこにあるように組織委員会を作ったり、運営委員会を作ったり、予算をきちっと組んだり等々はしました。それから、ここにもありますように第六回会計史国際会議開催のための募金のお願いの趣意書を配って、私と辻先生とでそれを持ってほうぼう回りました。もちろん、当時のビッグファイブの公認会計士団体、今はだいぶ名前が変わりましたよね。当時の名前で残っているのは。

平林　トーマツは残ってるね。

平林　当時は、トーマツ、太田監査法人、それから中央監査法人、青山監査法人。四つです。それから、いまお名前を思い出せないのですが、公認会計士でどこかの監査法人の代表社員で、辻先生のご友人の先生、この方がポント一〇〇万円出してくださったのです。もちろん松下電工からはじまって大きな、特に大阪市立大学の関係で社長とか取締役とかになっているような会社、そういうところへ回りました。加えて、日本公認会計士協会へも行き、ジャーナルにPR文を掲載してもらいました。それから、我々も相当の寄附、寄附というか、お金を出したということです。それについてどこかの資料にあるとは思いますが、そんなことです。今の中嶌先生のご質問は、それでよろしいですか。

Q　はい。日本会計史学会の設立経緯での小島先生の意思というか、日本会計史学会を作られたときに、学会が国際的な学会であってほしい、高寺先生の話のときもありましたが、この点を明確にされるためにも、一九九二年の京都での会計史国際会議の開催があるのではと思いお聞きしたということです。日本会計史学会の設立の経緯は十分に理解できたかと考えております。

平林　いや、上手に説明ができなくて申し訳ない。

Q　いえいえ。とんでもない。ただ、再度繰り返しにはなるのですが、お聞きしたいのは、要は、私は悪いとは思ってないのですが、会計史研究をしている人は、研究であろうと教育であろうとにかく会員になれるという規程は、ある意味会計史研究というものは広いものだと皆さんがお考えになっていたという理解でよろしいでしょうか。

平林　はい。結構です。ですから、入会申込書がたまたま残っていましたので、これを見ていただいたら分かりますように、「このたび日本会計史学会に入会いたしたく、二名の推薦者を得て申し込みます」と。主要業績、推薦者とかありますけれども、主要業績の中に会計史関係の論文が全くなくても、推薦者が会計史学会のメンバーであれば、もう役員会では自動的にパスしていきました。

民間の人は、はじめはちょっとチェックしていたんですが、あまり人数の少ないのもまずいということで、私の幹事の最後あたり、あるいはさっきのように評議員というのが理事と名前が変わったあたりからかな、もうここの入会申込書のメンバーのかたが、会計史関係の業績が全くない、あるいは、業績があっても、これが業績かなと思ってしまうようなものでも、とにかくしっかりした会計史学会の会員のかたの推薦者二名があれば、もう通すと。

しかし、推薦者がない場合は、極端に言えば、当時の私とか中野先生の名前で、その後恐らく岡野先生や中嶌先生の名前などを書かれて、もうオーケーと。そのおかげで今は二百何ぼ？　二三〇～二四〇名になったということです。一時二〇〇名を割れかけたんです。そんなことがあります。だから、中嶌先生がおっしゃるとおり、格好よく言えば、広く門戸を広げて、どなたでもどうぞ門をたたいてくださいと。たたけば、こちらはどうぞと言って門を開けますということでした。

Q　森本先生、この会計史学会の経緯というところでご質問があれば。

Q　いやいや、十分です。

Q　十分ですか（笑）では、先生、いったん休憩を挟んで、それで次は先生のご研究ということでもよろしいですか。

平林　はい。

Q　では、一度ちょっと休憩させていただきます。

＊　＊　＊

Q　それでは、インタビューを再開させていただきます。

先生のご研究への質問に入る前、聞きそびれておりましたこととして、会計史学会での学会賞に関して、どういう形で設立されていったのかをお聞きかせ願えますでしょうか。

平林　先ほど私が申し上げるのを忘れていたので申し訳ありません。私の記憶に間違いがなければ、第四回大会、大阪経済大学で開かれた年に、学会賞を設定するということが認められたと思います。その学会賞の基金は、小島男佐夫先生が一一〇万円を寄附するので、それの果実、利息で学会賞を出してほしいということでした。たしか最初は一人三万円だったか、三万円で二人くらいだったのかな、今は五万円でしょう？

Q　はい。

平林　そうだったと思います。しかし、それから、五～六年は何とかその一一〇万円の果実で賄いましたけれども、ご存じのとおりバブルがはじけて以降は、全くもう果実では賄えないので、通常会計のほうから繰り入れて学会賞の副賞が出されているということが一つです。

それからもう一つは、はじめは会計史学会賞ということになっていたのが、小島先生が亡くなられて、一九九〇年くらい、辻先生が会長の時代ですから、三代目の一九九二～一九九四年ごろに、小島先生が亡くなられたあとですね。小島家のほうから、これを小島賞にしてくれないかという話が出まして、ついてはもうプラス三〇〇万円か五〇〇万円を出すという話が出てきたんです。

それを当時の辻会長に私が伝えたのですが、辻会長も、はじめはほんの少し乗り気でした。だけども、いろいろなことを考えてみると、そういう固有名詞をつけた賞というのはやはりよくないということで、せっかく三〇〇万円か五〇〇万円かのお金を出してくれるから小島賞に切り替えるということについては、そのご好意は大変ありがたいけれども、日本会計史学会としてはお断りしますということで、もちろんそれは従来どおりの会計史学会賞で三〇〇万円ないし五〇〇万円出してもらえるなら、それは受け取りますけれども、小島賞という名前が条件というものだったら、一切、日本会計史学会としてはご辞退申し上げますと。これは、辻先生のやはり、どう言ったらいいのかな、しっかりした決断というか、判断であったと思います。

もし、あのときに小島賞に変わっていたりしたら、それは当然、その三〇〇万、五〇〇万がまた消えていくわけでしょう。それなら、また小島家へ行ってお金を下さいということになりかねません。そのときにだれが行くのか、だれがそれこそ猫に鈴をつけるじゃないけれども、その人は当初の事情を全く知らない人が今度は行くわけでしょう。そういう意味では良き決断だったと思います。そういうことです。

Q　今年、日本会計史学会の第二五回大会という記念大会ですが、先生も会員として、また設立の前からも幹事であって、設立準備の世話役もされたりと、この二五年を振り返られて先生なりに思われる部分があるかと思いますがいかがでしょうか。また、今後の学会の発展を考えるうえで、提言があればぜひお聞かせいただきたいのですが。

平林　そうですね。いろいろあるのですが、まず、思いつき、順序不同ですけれども、今メンバーが二三〇〜二四〇名ですか、できれば二五〇を超えて三〇〇名近いくらいになってもらえたらいいなと。と同時に、大会はしかしながら開いても大体八〇名くらいの出席です。多い時でも一〇〇名くらいでしょう。ということは、二分の一以下しか出席者がないということなので、もう少し、いわゆるメンバーですね、メンバーが増えてほしいということが一つです。

それから、しかしこの会計史学会ができたということを通して、会計史に対する関心の度合いが相当深く、広く、あるいは高くなってきたのではないかと。それは非常にうれしいことだと思っております。しかし、各大学に会計史という講義科目が設けられていないという意味ではまだまだだと。小島先生は多分、各大学に会計史という講義が、科目ができるようにということも考えて、それを夢見ておられたと思いますけれども、その夢は現段階でも実現していないということですから、二五年たってもこれですから、あと二五年後、創立五〇周年のときに、果たして、今七〇〇〜八〇〇ある大学でどのくらい会計史という講義科目が開講されているのか。一〇〇くらいの大学が開講されていればありがたいと思います。

ということは、その次で、本当に会計史研究家というのですか、研究者というのですか、これがやはり増えてほしい。やはり会計史を片手間にするというか、言葉は悪いですけども二足のわらじを履くというのは、それは才能のあるかたはおできになると思いますけれども、何しろ歴史というのは、もちろん理論研究も大変ですが、歴史研究というのはやはり、史料の発見、解析、そして、それをまた文章化して表していくわけで、大変な時間、労力等々を執るわけです。できた結果が「何だ、こんなもんか」ということになってしまったら、ある場合にはそのかたは一生を棒に振ってしまったということにもなりかねないということで、なかなか会計史研究に一生を懸けるという人が少ないのは致し方ないということでしょうけれども、しかし、会計史研究一筋に歩む人がどんどん出てきてほしいというのが私の願いです。

あと、学会の運営は、今のところそんなに会計史学会二五年間で仲間割れしたとか、どうということがありませんので、これは非常に和気あいあいとしたいい学会だと思っております。特に懇親会あたりに出ておりますと非常に和やかな懇親風景が見られますので、非常にありがたいとは思います。ただ、そうはいっても一つ今後考えていただきたいのは、会計史学会の役員の構成です。そもそも関西のメンバーの先生、関西中心のメンバーで準備委員会ができ、設立されたという経緯があるので致し方はないのですが、どちらかというと関西中心の役員構成等々があるので、できれば、北は北海道から南は沖縄まで、先ほど言いました会計史学会のメンバーを増やすと同時に、満遍なく役員が散らばるという、適正に配置されるような形になったらいいのではないかと思います。

最近見ていると、理事を辞めたら今度は監事になって、監事が終わったらまた理事へ戻ってとか、何かある特定のメンバーだけが役員をくるくる回って、そのうちに会長を二年間やってというような、率直に言ってそう流れ出しかけているのと違うのかと思いますから、もっとそこらは考えていただきたい。学会をみんなのものにするには、誰も一度は役員を担当するのが良いと考えています。

それから、その次、私はいつも言っているんですが、やはり、地方とは言わないまでも、能力があるにもかかわらずうずもれて、あるいはその人が非常におとなしくてということもあったりして、うずもれてスポットライトを浴びない人が、私はいらっしゃるんじゃないかと思うんです。そういう人をやはり、会計史学会の役員なんかになった場合は、ずっと気をつけといて、ちょっと適切な言葉ではありませんけど、引き上げるということをしてあげる必要があるんじゃないかという気がいたします。

そうですね、何か今、もう一つ言おうと思っていたんですが。そうそう、名誉会員の件です。学会創立期に貢献された先生を考慮してほしいと思います。

それから、もう一つは、会計史学会の会則に、年に一回の大会だけではなくて、たしか私の記憶では部会を開くということも書いてあります。それがいまだ二五年間一回も開かれてないというのは、結局、先ほど言いました関西中心的な会計史学会ですから、一回やったら関西の人はもう一回関西部会をやるというエネルギーがない。エネルギーがないといったら失礼ですね。つまり、所属が会計史学会だけならいいんですが、大抵のかたはいろいろな学会のメンバーに入っているでしょう。だから、全部の学会に出ようと思ったら、会計史学会の全国大会だけで、また部会があってまた出ようなんて思うと、とてもじゃないが最近の大学の事情から考えたら出られませんね。時間がない、もちろん出張旅費も出してくれない。

ということから、部会を開くというのが規程のうえではありますけれども、開けない。開いていないということですから、開いてほしいという思いはあるものの、現実は非常に難しいということです。そんなことを思います。

Q　はい。ありがとうございました。

ところで、日本会計史学会の年次大会での発表は、ほかの学会に比べて質疑の時間を長く取っていますよね。あれは何かいきさつがあったんでしょうか。

平林　そうですね。あれは、いきさつがあったということになるんでしょう。どなたかが言われたか私の記憶にはないのですが、大抵の学会が何々研究学会とわざわざ研究という名前をつけているでしょう。これは、特に辻先生などがいつも皮肉っておられたのですが、学会で研究性がない学会があるのかと。まあ、ないですね。なのに、何々研究学会とわざわざ研究という名前をつけているというのはナンセンスだと、こんなばかにした学会名はないということをおっしゃって、日本会計史学会は幸いなことに日本会計史研究学会とはならなかったのです。

しかし、学会というのは研究の場ですから、研究ということは報告し、そして、喧喧諤諤の討論をするというのがやはり研究でしょう。そういうことから、普通の学会はもう、質疑応答時間が極端な場合は五分とか、せいぜい一〇分ぐらいしかない。それでは本当の意味の研究になっていないと。単に報告したという実績だけで、何かその人の業績が上がったかのように錯覚されてしまう。それはおかしいという意味で、できる限り学会、つまり、研究のための学会にしようということで、一人一時間は最小限与えて、歴史研究の報告ですからどうしても二五分や三〇分では報告しきれないだろう。資料その他の提示等もありますから。となれば、やはり四〇分くらいの報告をして、あと二〇分くらい、でもまだ短いのですが、議論をしてもらおうということです。これは本当にだれが言ったわけでもないのですが、そのようになったと思います。

Q　なるほど。ありがとうございました。

平林　今後、だから、そういう意味では、もう、二〇分どころか三〇分ぐらい時間をかけて質疑応答をやって、とことんやったらいいと思います。

Q　ありがとうございます。何か思いつきで質問して申し訳ありません。

＊　＊　＊

Q　それでは今、研究という話も出ましたので、今からは、限られた時間の中ではありますが、先生のご研究に関してお話を聞きたいと思います。

まず、最初に『費用理論序説』と、先生のドルンの原価計算の翻訳書『ドイツ原価計算の発展』を、まず質問の出発点として進めたいと思います。森本先生いかがでしょうか。

Q　まず『費用理論序説』ですよね。先生のいちばん最初の著書ですけれども、これが歴史の書なのかどうかということです。つまり、この本が歴史的考察の視点から書かれているのかどうかということです。ドルンの方は原価計算の発展史に関する翻訳書ということで、歴史の書だと思いますが、『序説』はシュマーレンバッハ（E. Scbmalenbach）の学説の研究で、年代的なフォローはされていると思うのですが、歴史家としての平林先生が書いたのか、原価計算の研究者として書いたのかというところを含めてお話ししていただけたらと思います。

平林　はい、分かりました。

私としては、これは『費用理論序説』ということですから、どこにも歴史の歴も史も出てきませんから、歴史書ではないと思われると思います。逆に言えば理論的な本かなというように思われますけれども、しかし、目次をさっと見ていただいたらもう分かりますように、これは、私個人としては学説史といいましょうか、シュマーレンバッハの原価に関する史的研究というか、そのように私は考えています。ですから、理論書か歴史書かと言われれば、歴史書に近いものであると私は思っていますし、その中のいわゆるドイツ原価計算史ではなくて、原価計算学説史と考えていただければありがたい。もっと狭く言えば、シュマーレンバッハの原価に関する学説史研究と考えていただければいちばんいいかなと思っています。

ただ、しかし、この本の前書きにもちょっと書いてありますけれども、そうは言いながら、私の頭の中にあったのは、これはずっと、いろいろなことを言わなきゃならないのですが、私としては、原価計算とは何なのかということが、いまだに分からないんですよね。だからそれを、その原価計算のいちばん本質を尋ねるというか、これは辻先生がよく言われるように、そのためにはずっと遡行的方法といいましょうか、ずっとさかのぼっていって、いちばん原初形態、素朴ではあるけれども原初形態までさかのぼっていってみれば、そこにいちばん本元の、つまり原価計算の何たるかが分かるのではないかなという思いがして、それが頭にあって、こういう本というか、シュマーレンバッハの原価計算論を勉強したということです。

しかし、これはちょっと格好のいい話であって、もっとざっくばらんに言ってしまえば、結局、私は、神戸大学の大学院、これは去年の二四回大会の記念講演で言ったように、神戸大学の大学院へ行って初めて原価計算を勉強したのです。あるいは広く会計学を勉強したといってもいいと思いますけれども、何をやっていいか分からなかったんです。そのときに、久保田先生が「シュマーレンバッハの原価計算を勉強したらいかがですか」と言われたので、それでやったということです。私自らがこれを勉強したいといって、そして、それの日本でいちばんの最高指導者である久保田音二郎先生のところへ行きたいといって行ったわけではなくて、そういう意味ではもう不肖の弟子、不肖の不肖の不肖の弟子ですが、久保田音二郎先生からテーマを与えられたということです。

久保田音二郎先生が、やはりシュマーレンバッハの原価計算論、特に費用理論ですね。それから経営費用論とか、今はもう原価理論と言っていますけれども。これは久保田先生の『間接費計算論』を見ていただければ典型的に出てくるのですが、そこで久保田先生は、やはり最後まで悩み抜かれたのは、この費用理論、現在でいえば原価理論と原価計算とはどうかかわり合いを持っているのかということです。あの『間接費計算論』は、久保田先生なりの一つの解答を出されたわけです。簡単に一言で言ってしまえば、間接費配賦計算をする際に、この原価理論というものが大きな役割を果たしているということを、久保田先生は明らかにされたのだろうと思います。

だから、私もそれが頭にあったものですから、この『費用理論序説』は、本の冒頭を見ていただいたら分かりますように、「原価計算との交渉の成立を主題として」と銘打っています。これは、まさに久保田先生のテーマを私も同じように借りてやったということです。だから、いろいろ言いましたけれども、私としては学説史の研究であるとは言いながら、そういうことを通して原価計算というのはどういうものなのかということを何とか理解したい、それから、そのために費用理論を取り上げて勉強しましたから、その費用理論、原価理論というのが、原価計算というのとどうかかわり合いを持っているのかということを、少しでも久保田先生の跡を継いでさらに明確にしていきたいと思って書いた本です。

しかし、結論から言うと、久保田先生のように明確に私は、いわゆる原価理論と原価計算とのかかわり合い、交渉というか、かかわり合いがどうなっているのかということは、はっきりこの本では言っていません。今から思えば、例の Activity - Based Costing とか、そもそも森本先生がやっておられるようなことを私がこの本を書いているときに出ていれば、多分ああいうことを論じて、「このようにいわゆる原価理論と原価計算とは密接な交渉を持っています。それを、ドイツではシュマーレンバッハが一八九九年の論文から言っています」と言えたと思いますけれども、惜しむらくは私はそこまで読めなかったものですから、この本はそういうことを主題にしていると銘打っていますけれども、何も書いてないと考えていただいていいと思いますし、読んだ人とすれば、そのように何も書いていないなと思われるのでしょう。

例のあれがあるでしょう。「羊頭を懸げて狗肉を売る」とかいう、肉屋さんが、うちの店は羊の肉を売っていますと言いながら、実際は犬の肉を売っているようなね。つまり、題名に偽りありありというようなことです。

それから、シュマーレンバッハの原価計算と言いますが、これは去年の講演会のときも一言言いましたけれども、シュマーレンバッハの原価計算論は、原価計算と普通一般にそう言いますけれど、正確にはもちろんシュマーレンバッハの経営価値計算論ですね、経営価値計算論、これは森本先生のご意見を、中嶌先生のご意見を聞きたいのですが、シュマーレンバッハの経営価値計算論というのは、これはやはり原価計算、少なくとも制度としての原価計算ではないですね。

Q　はい、制度としての原価計算ではないです。

平林　これは今日でいう管理会計ですよね。

Q　そうだと思います。

平林　管理会計の本なんです。だからそういう意味では、それにもっと私が気がついて、この本を出す段階で、シュマーレンバッハの経営価値計算論というのは、従来、原価計算、原価計算と言っていたけれども、それは違うと。これはもう管理会計の本だと。このように言い切ったらもっといい本だと評価されたと思いますが、そこまでまだ知恵が回らなかったということです。

だから、表面的に言えば、そういう意味で、シュマーレンバッハの費用理論が、シュマーレンバッハ以降どのようにいろいろ議論されて、戦後、例のグーテンベルク（E. Gutenberg）、メレロヴィッツ（K. Mellerowicz）の費用理論論争がありましたね、そこへつなげていったという、それだけの話です。だから、どうってことない本なんです、はっきり言って、わざわざこれでインタビューを受けるには値しないのです。内心忸怩たるものがあります。

Q　いや、でも、歴史家としての精神というか、視点はその本の中には入っているわけですよね。

平林　うん。僕は入れたつもりです。例えば、シュマーレンバッハの経営価値計算論といいましても一八九九年のドイツ金物工業新聞に掲載された、それが後に一九二八年に本になりましたね。

あるいは、一九一九年の“Selbstkostenrechnung”という論文が、いわゆる『原価計算と価格政策』の第一版になっています。一版、二版、三版、四版までたしか一緒ですね。で、五版でがらっと変わって、また六版で変わって、戦後、バウアーがまたがらっと変えてということで、それをずーっと私はフォローしてね。シュマーレンバッハの「経営価値」という意味内容は変わってないのですが、それを説明するのに微妙に言葉を変えてるんです。詳細については、ちょっと僕ももう、すみません、無責任ながら忘れてしまったのですが、変わっているんです。それを指摘したのですが、ある人に言わせたら、「何や、言葉が変わっただけを指摘してるだけにすぎないやないか」と、このようにぼろくそに言われたので、「そうやな」と思いましたけれども。

Q　いやいや。

平林 だけど、私はあえて弁解させてもらえば、経済学で内田義彦先生とか、ああいう人たちの経済学説研究、ああいう本をやはり読んでいたのです。そうしたら、内田義彦先生あたりがいちばんいいかな。やはり、一つ言葉が変わったと。初版で例えばAという言葉を使っていたのに、再版ではBという言葉に変わっていると。第三版ではCという言葉に変わっていると。ということは、言葉が変わったということは、その人の考え方がやはり年とともに変わってきているということです。つまり、学説史は当該分野の歴史上の思想を問題にするんですね。

だから、シュマーレンバッハが、はじめは、例えばいちばん典型的なのは、初めは「計算価値」でした。それが、「経営価値」に言葉が変わってるんですよね。私などはやはりそれを非常に重要視するわけですよ。なぜ、Kalkulationswert から、Betriebswert に言葉が変わったのかということを、ものすごく私は気になるわけです。だけども、こう言ってしまうと、ちょっと会計学者に対して非常に失礼ですが、あえて言いますけれども、会計学者という人たちは、そこらを非常に僕は考えてほしいと思うわけです。そこらをあまり重要視しないのです。どうでもいいじゃないかというような考え方ですね。そこらが僕、経済学と会計学との違いだと思うんです。つまり、概念の規定が重要なわけです。

しかし、そういうことで、僕はこの本でそういう一例を言ったのですが、そんな計算価値が経営価値に変わったということをくどくどと書いて、その背景はこんなことで、このように推論するということを論じたって、あまり意味がないというような酷評を受けましてね、そうかなと思いましたけれども。そんなことですね。

それから、経営価値計算といっても、あるときは時価、あるときは機会原価、あるときは原価ね。だから、シュマーレンバッハは、目的によって、異なる目的に異なる原価という、まさしく管理会計独特の原価概念を、常に経営価値という言葉の中に、あるときは、今言ったように時価、あるときは原価、あるときは機会原価。目的によってその原価を使い分けして、意思決定のために使いなさいと。こういうことでしょう。これは両先生に教えていただきたいと思います。

　だから、今になってみればそんなことが分かるのですが、私がこの本を書いたのは、昭和四九年くらいでしょう。

Q　一九七四年です。

平林　七四年ですね。僕ね、だからこれ、まだ三七歳か三八歳くらいのときの本なので、やはり社会科学というのは、自然科学と違って年期が要るなということをつくづく思うんですよね。今、もし僕がこれを書くとすれば、だいぶ違った書き方になると思います。それはいろいろな研究成果が出ているからあれだけれども。しかし、あの時代で私の能力ではこれくらいしか書けなかったということです。どうでしょうか。

Q　やはり先生としては、原価計算の本質を歴史的に追究するために、大体、シュマーレンバッハの一八九九年の論文というのは、シュマーレンバッハの研究者でもあまり使わない人が多いんですけれども、そこまでさかのぼって原価計算と原価理論の交渉というテーマでフォローしたということでいいんでしょうか。

平林　まあ、きれいに言えばそうなるんですけれども。

Q　私なりにドルンも読みましたし、辻　厚生先生の影響もありましたが、原価計算を考えたときに、私は、どちらかというと実務がどうなんだろうという疑問を持っていました。シュマーレンバッハが実務を見ていないという意味ではなくて、学説を作っていくという意味でのシュマーレンバッハと、実務を知っているシュマーレンバッハがいたというのもよく分かるのですが、ドルンも見ておられながら、何ゆえにシュマーレンバッハに、今言われた原価計算と費用理論との交渉になぜ興味を持たれたのでしょうか。

　費用理論や原価計算に関して、シュマーレンバッハでの議論は、アカデミックな議論になってしまっていると私は理解しています。アカデミックな議論になってしまうと、頭の中でどう考えているのかという議論になってしまうと思います。

反面、私が平林先生の大阪市立大学時代の講義も受けましたが、実務の重要性を強調されていたと記憶しています。企業実務での原価計算とはどういうものかという。そうすると、学説史ではないところも見るというのも一つの選択肢だと私は理解するのですが、先生がシュマーレンバッハを研究の中心的対象に置かれた理由は何でしょうか。

平林　それはね、中嶌先生のご批判全くそのとおりでね。

Q　いえいえ、批判じゃないですよ。

平林　私はやはり、よく言えば、今の中嶌先生の言葉を借りれば、アカデミックなそういうものでやっていこうという思いが非常に強かったです。今は、非常にケース・スタディとか等々で、本来は、先にあったものは現象というか現実であって、あとからそれを理論づけていくというのが本来でしょう。だけども、私の場合は、それは分かってなかったわけではないのですが、やはり、よく言えば理論構築をしようという思いが非常に強かったということです。

だから私は、あまり工場見学をするとか、工場の人と話をしようとかという思いが非常に少なかったですね。しかし、ゼミ生には工場見学へ連れて行ったりしましたけれども、しかし、私自身が自ら、今の学界の中堅等々の人たちがどんどん工場へ行って、実態調査なりケース・スタディなりをやったりして、典型的にはトヨタのかんばん方式、あるいは京セラのアメーバ方式とか、あるいは中嶌先生がやっておられるマテリアルフローコスト会計とか、ああいうようなものを学んできて、それを理論づけして、またもう一回それを現場へ返すと。そういうことは必要だとは思いながらも、私はとてもできなかったということです。

Q　いえいえ。先生の問題意識というのをお聞きしていると、すごく私自身も感じるところが当然ありまして、シュマーレンバッハの中の変遷を追っていかれて、それをどう広げようと次お考えになっていたのかなという質問です。

平林　それは結局、僕は自分の研究は、もちろんそれは、完成なんていうのは、どの先生だって自分の研究が完成したなんて言う人はいらっしゃらないと思います。だから、私も当然完成はしていません。完成してなくて、私は、去年の三月で退職しまして、四月から年金生活をしていましてね。で、挨拶状に書きましたように、もう会計学はやめにしますと宣言しましたけれども、私は、会計学の研究、もちろん原価計算も入れて、いわゆる広い意味の会計学の研究者としては頓挫しました。挫折したと自分では思っています。

その理由は、能力の問題は一応別にして、やはり病気ですね。昭和五三年（一九七八年）以来、病気をしたために、ひどいときは、半日安静にしておかないと体がもたないという時代が続きましたし、ひどいときは、もう講義だけを辛うじてやって、あとは大急ぎで研究室でぽかーっと、寝て過ごす。あるいは大急ぎで家へタクシーで帰った。家へ帰って寝るとか、そういう時代が相当続いたんです。ここのところちょっと元気になったんです。いや、退職してから元気になったんです（笑）。

Q　確かに元気そうにみえます。

平林　もう全然駄目だったんです。そういう意味で、あれもやりたい、これもやりたいということをいっぱい思いながらも、結局、体力がもうないというか、いい格好で言わせてもらえば、病気をしたために手を着けられなかったということです。だから、この『費用理論序説』の次に何をするかということで、その次に私、例の『原価計算論研究』というのを出しましたね。

Q　はい。同文舘出版の。

平林　しかし、あれは結局、何もシュマーレンバッハの『費用理論序説』を、これは序説ですから、今度は次、『費用理論本論』か何かが出るだろうと、本来なら皆さん思われるし、私もそうしたいと思ったところが出せなくて、あんな『原価計算論研究』というような論文の寄せ集めみたいなものを書いたというのは、結局、今言ったように、もう挫折したというか、頓挫したという、その典型的な書なんです。

それと、もう一つあえて言えば、今、森本先生もちょっとお聞きになったように、これは歴史的な史的考察ですかと。僕の言葉で言えばね。言い直して言わせていただければ、「ですか」というように問われたと理解すれば、「そうです」というように言うことができると思いますが、私の関心がだんだんと歴史のほうに向いていったんですね。それで、例の三菱造船所の原価計算の史的研究と、これは共同研究ですけれども、そういう研究とかね。そういうように、まさしく会計史研究といいましょうか、そちらのほうへだんだんと関心が向いていってしまったということもあって、シュマーレンバッハの『費用理論序説』を、序説から今度は、序説の次は何て言うの、本論って言うの？　そこまでは広がらなかったということです。やはり挫折ですね。そういうことです。

Q　先生は歴史研究の方向に関心が向いたということで、三菱造船所の研究ですよね。それと、シュマーレンバッハ以前のドイツ研究に、関心が向いたという理解でよろしいのでしょうか。

平林　はい。そうですね。

Q　とくにドルンの影響を受けながら、シュマーレンバッハ以前の原価計算史に研究の関心が移ったということでしょうか。『費用理論序説』を書かれた後、ドルンに戻ったということでしょうか。

平林　そうですよ。結局ね、昨年の講演会でも言いましたように、私はもともと経済史のゼミでしたからね。結局、やはりいちばん最初やりたかったところへ、よく言えば戻っていったということです。そういう意味では、それを会計学のほうに一度引き寄せて言えば、ドルンの翻訳をしたという、これがやはり大きな要因になって、再びドルンのような。ドルンは『ドイツ原価計算の発展』という本を書かれたわけですけれども。ドルンとか、あとだれですか、アメリカなら、よく言われるのはガーナー（P. Garner）とかね。原価計算でいえばガーナーとかというところへ結局戻っていったということに、よく言えばなると思います。
しかし、どれもこれも今言ったように挫折で、中途半端でみんな終わってしまっているんです。

＊　＊　＊

Q　一つ、先生に歴史というのは何か、歴史研究とは何かということをお聞きしておきたいのですが。大体、歴史というのは、一般的には昔のこと、古いことを研究するというイメージがあります。何年前まで遡れば歴史研究になるのか、比較的新しい出来事でも時間的な流れを追いさえすれば、それはそれで歴史研究と言えるのかどうか。最近、歴史研究とは何なのかということが、自分でもよく分からなくなってきています。何かいいサジェスチョンをいただけないでしょうか。

平林　それは難しい問題ですが、僕、逃げさせてもらいますけど、逃げるについては、しかし全く黙って逃げるのは失礼ですから、二つのことだけ言って逃げさせてもらいます。

一つは、去年、私の編著で『近代会計成立史』という本を書きましたね。あのプロローグとエピローグをぜひ読んでください。

それともう一つは、去年の講演の講演録が今年の日本会計史学会の『年報』に出ることになっていまして、もう校正が終わりました。だから、一〇月の学会の前くらいに、お二人の先生がたのところへは一冊ずつ多分配布されるはずです。つたない講演ですけれども、読んでもらえば、今ご質問のあった、私が歴史というものをどのように考えているのかということについての考え方が多少とも分かってもらえるんじゃないかと。

去年の講演では、僕は中世をもう一回見直したらどうかということを言っています。というのは、会計史は結局、ルカ・パチョーリの例の『スムマ』から、研究から始まったと言っても間違いでないような気がするんです。しかし、『スムマ』というのはごらんのとおり、あれは数学の本でしょう。数学の本であるそのなかで、一二〇～一三〇頁、当時のベネチアの商人がこういうことをやっていますというのを書いてある。これを取り上げて、ここに簿記があったという、商業複式簿記が出ていたという考え方をしているわけです。そうこうしているうちに、例の江村稔先生が、いや、簿記というのはローマ時代からあったと言って、ローマ起源説を言いだす。それから、ルカ・パチョーリの『スムマ』は一四八五年か何かの本ですね。

Q　一四九四年ですね。

平林　だから一五世紀末の本です。けれども、それは当時もうすでにそういうのがベネチアで行われていたということから、いろいろとその研究をしてみたら、一一～一二世紀に、すでにジェノアの何とかでそういう帳簿があったという研究が進んで、とにかく中世というのかな、あのあたり。一六世紀といったらもう中世じゃないですね。とにかく、そういう意味で、中世をもう一回勉強する必要があるのと違いますかということを言いました。

原価計算にしたって、例えばガーナーあたりは、あの本を読んでみたら、最初はパン屋さんがパンを作るとき原価を計算するというような、あの本には記述があるでしょう。あれ一四～一五世紀と違いますか。

Q　すみません。勉強不足で正確には覚えていません。

平林　そういう意味では、歴史というのは資料で根拠づけ、あるいは実証しないことには、それはもうフィクションと一緒だからね。だれも歴史書としては認めてくれませんから、資料がないことにはどうにもならないのですが、できれば、だから、そこらあたりまでさかのぼって資料の発掘というか、発見というか、そういうことをしていく努力。しかし、時間がかかって無駄骨になって終わりという確率は非常に高いのですが、やっていくということ。森本さんあたり、もしやる気があるのだったら、やってくださったらいいとは思いますね。

Q　ラテン語や何かですか。

平林　それもそうですが、なかなか資料を探してくるというその作業が大変でね。あれば、またちょっとね。存在しておれば、またちょっと。

Q　でも、今先生がおっしゃっているレベルだと、探したことがまず一つ大きな研究成果になるんだろうな。

平林　紹介したということでね。

Q　それがどれだけの意味があるかというのは次の議論ですが、まずそれがあるということが非常に大きくて。関西大学に私が担当する会計史の授業があり、教科書として先生が編著の『近代会計成立史』（同文舘出版）を使っています。複数の研究者が論文を書いていますので、それぞれその思いというか、歴史観がいろいろあって、面白いと思いながら、講義をしています。

一つの発見が歴史を変えるんだという主張は、前提として共通かなと。歴史研究というものの大切さと、各先生の理論を含めて講義していますが、逆に学生が歴史観というものを持っているのか疑問に感じています。

私の場合は先生の授業を学生時代に受けていますので、少し細かい質問になるのですが、先生の原価計算論という講義で、『原価計算論研究』の巻末の原価計算基準をまずみたと思います。原価計算基準のベースのひとつに、例えばシュマーレンバッハ含めてドイツの経営経済学もあり、その基準が原価計算制度に非常に大きな影響を与えていると思います。

先生が、授業において、原価計算基準での言葉の定義を含めて、どの点に問題点があるのかを指摘されていたと記憶しています。出来の悪い学生だったので（笑）、明確に覚えきれていない部分があるんですが。先生が原価計算基準を考える上で、特に踏まえないといけない点、もしくは問題点とは何でしょうか。

平林　いや、僕はいつも総論だけちょこちょことやって終わるほうですから、原価計算基準でもやはり最初の原価ね。原価計算の対象である原価をどうとらえるかということだと思います。あれはもちろんご存じのとおり、中西寅雄先生が本当にもう全精力を傾けて書かれた、僕は素晴らしい基準だと思います。そして、そのいちばん通底に流れているのは、ドイツの原価思考といいましょうか、原価計算思考だと考えていいと思います。だから、やはりあの原価計算基準で一つ素晴らしいのはやはり、原価を非常にきちっと定義づけたということだと思います。

私は実は、あの原価計算基準どおりでいいと思っています。だから、私は、これは久保田音二郎先生の考え方と全く同じです。非常に原価を狭くとらえている人間です。もっと言えば、製造原価、物を作るために価値移転したものだけが原価という考え方が私の原価理解です。だから、当然、財務費用とか、極端に言えば販売費用なんていうのは、もう原価ではないというのが私の考え方です。

基準でもう一つ。原価報告。これは『原価計算論研究』で僕が述べていますが、原価計算基準は何回も仮案が出てるんです。仮案の段階では原価報告というのがあったんです。それが中間報告、昭和三七年に出たのでは、原価報告という欄、項目がすぽっと抜けてしまっています。だけどもあれは、やはり最近のこういう情報化社会にあっては入れておくべきじゃなかったかなということで、私は、『原価計算研究』では一言ちょっと最後のあたりで言ったつもりでいます。

そういうことで、現在でも原価計算基準というのは、制度としての原価計算として、まず非常に参考になる基準だと思います。あれだけでも各企業がやってくれていたら、もっと、今はやりの言葉で言えば、コスト削減になるのではないかと思います。どうでしょうか（笑）。

Q　以前は、原価計算の本というと必ず後ろに原価計算基準がついていたんですが、最近はついていない本もあります。やはり原価とは何かなど、各企業いろいろ考えるうえで、原価を担当されているかたは、原価計算基準を勉強し、その会社の原価計算制度を作ったと聞きます。依然として、原価計算基準は重要だと思います。授業で「教科書の後ろを見ましょう」と言うと、今なかったりするんですね。それで、ああ、やっぱり時代は変わってきたな

と（笑）

Q　今の学生には少し難しいのではないでしょうか。

平林　そうだね。あの原価計算基準の言葉で、例えば給付なんて言葉が出てくるからね。あれは Listung の翻訳でしょう？　あんなのはやはり、今の若い学生は、先生の説明を聞かないとちょっとどういう意味なのか分からないでしょうね。

Q　例えば、原価態様という訳も学生にとって難解で、とっつきにくいようです。

平林　価値移転なんていうような言葉、価値移転という言葉はなかったかな。価値転嫁か。

Q　価値転嫁ですね。

平林　転嫁か。あれは経済学の、マル経の価値移転のあれでしょう？

Q　とは言われていますけど。

平林　あれの言い換えでしょう。だから、そういう意味では、久保田先生だって非常に労働価値説に近いですよ。私の理解では。だけども、それはあまり表面には出されずに、神戸大学におられたし、正統会計学のやはり砦を守らなければいけないということもありますからね。いや、これは推測です。

Q　ああ、いやいや。

平林　でありますから、非常に言葉はよく気をつけながら表現されていますけれども、根は、僕はやはり労働価値説というか、労働価値論の考え方で原価計算は書いておられるとひそかににらんでいるのですが。生前聞くときがなかったから。

Q　同じ質問を逆に先生に問いかけた場合は、先生はいかがなさいますか。大阪市立大学にお勤めではありましたが。

平林　僕もやはり労働価値説ですよね。

Q　そうですか。

平林　だって、原価計算とは少し違うけれども、利潤ね。利潤とか剰余価値というのはどこから。剰余価値というのはこれはマル経の用語だから、単なる利潤。利潤はどこから出てくると思いますか。

Q　いや、私は（笑）。

平林　ごめんなさい。僕は、どう考えたって、マルクスの『資本論』第一巻で言っているあれしか、利潤はこういう形で出てきますという説明、あれ以上のうまい説明のしかたはないと思います。

Q　私も大阪市立大学に入って経済学を学んだときに、教養課程で「経済学」と銘打ちながらマル経をやりました。その説明を聞いて、自分の父親（職人）の状況が、よく分かった気がしました。ただ、あとで近経があってという話を聞いたときに、ああ、一つの考え方なのかと。

平林　そう。一つの考え方なんだよね。

Q　でも、非常に私も印象深く、理解というか、なるほどと思ったのは事実です。

平林　だから、私としては、それで利潤を出してもいいと思うんです。あえて言えば。出してもいい代わりに、その代わり、それを再配分しようと。

Q　なるほど。

平林　それを結局、マルクスのいう資本家階級が独占してしまって、自分でもうポケットに入れてしまって、好きかってに使ってしまうのと、それを再配分というか、もう一回ぱっと社会に吐き出して、それで貧しい人、貧しい人というのか、弱い人というのか、そういう人にどんどん使ってくださいというようにしていったら、それはそれでいいんじゃないかなという気がしないこともありません（笑）。しかし、修正されたとはいえ、資本主義である限り、正当に配分できることなどあり得ない。最近のニュースを見れば明白なように、支配するものがみんな持っていってしまっています。時々、ボロを出して頭を下げていますが。

Q　すみません。話がちょっとずれましたので、ぜひ、先生のご研究に関して、もう少し聞かせていただければと思います。

Q　まとめとしましては、先生の研究の経歴・歴史を整理したいと思います。

久保田先生のところへ行かれて、久保田先生のご指導のもとでシュマーレンバッハの研究に入ったということですよね。また、当然、小島先生のところで勉強されたから、歴史的なそういう視角もお持ちであり、それでシュマーレンバッハ研究を学説史研究という形で進められ、その成果が『序説』という形で出版されたと。

平林　はい。

Q　そして、そのあと、ますます歴史に関心をお持ちになり、先ほどは三菱造船所という話もありましたが、ドルンの翻訳書も出版されていて、ドルンの発展史などの影響のもとで、シュマーレンバッハ以前の原価計算史についても論究したと。

平林　ドルンの翻訳はね。はい、そうです。

Q　他にも翻訳がありますよね。抄訳など。

平林　ああ、まず原価理論の翻訳の二冊ね。深山　明先生との共訳で共訳は二冊です。シェーンフェルトの翻訳と、それからシュテフェンの翻訳。しかし、共に深山訳というのが正しいと思います。

Q　はい。それと先生の単独のものもありましたね。抄訳で、パリッカ（Palicka）ですか。

平林　「パリッカ」。ああ、あれは抄訳。あれは小さくて、薄っぺらい。

Q　でも、あの訳も、やはり歴史的な研究家としての関心が。

平林　うん。そうそう。そこへ傾斜していった表れです。

Q　分析の視角という点では、研究を進めるうちに歴史的な研究のほうへ傾斜していったという理解でよろしいのでしょうか。

平林　はい。そうですね。それは、その原因はやはり、私は学部時代から歴史が好きで、経済史のゼミを選んでいて、逆に言えば、会計学には全くと言っていいくらい関心がなかった人間だったがゆえに、結局、振り出しへ戻ったということになるということです。だから、学部時代から会計に非常に関心があって、例えば、名前を挙げて恐縮ですけれど、興津先生とか土方先生とかというような、あるいは神戸大学の中野先生とかというような先生であれば、もう学部時代から会計学一本やりでだーっとやっていかれたから、私みたいに頓挫するとか、中断するとか、とんでもない方向へ走るということはなかったでしょう。私の場合は、だから、そういう意味では、久保田先生、小島先生等に対する不肖な弟子の最たるものであるということになると思います。

Q　歴史研究に関する一つの考え方かもしれませんが、歴史研究は一つの研究方法というか、アプローチのしかたであって、その歴史を使って何かを証明する、論証するというのが歴史研究だと思います。平林先生が例えば経済史に戻ったのだということであったとしても、先生が見いだそうとされていたのは、何なのでしょうか。やはり『費用理論序説』で書かれたような、原価理論と原価計算との交渉をより明確にしようとお考えだったのでしょうか。

平林　そうですね。一言で言えば、やはり私は、関西学院大学の商学部へ入って、一年生の授業で簿記会計を学んだわけです。そのときにやはり、そうだね、分からなかったのです。だから、逆に、簿記会計というのは一体何なのかと。だから、そういう意味では、原価計算だけど、原価とは何ぞやとか、原価計算とは何かとかいうもろもろのものを含めて、四二年間、会計学の一応教員として飯を食ってきた人間としては、そもそも「平林、あんた、会計学を教えてきたそうだけれども、会計学って何やねん」と言われたときに、「いや、実はこれはこういうものです」

という答えができるようにならないといけないという思いはあるわけです。だけど、いまだに明確な解答を見出せないという状況です。こんなことが歴史研究に追い込まれたのですかね。

以上です。ごめんなさい。なお、加えていえば、学生に対して大変ご迷惑をかけたということです。ですから、「死ね」「あほ」「バカ」「ハゲ」というような授業評価が出てきて当然なのです。

＊　＊　＊

Q　一応一八時までということなので、ぜひ、森本先生もお聞きしておきたいということもあるでしょうし。

Q　はい。ドルンを翻訳された際のご苦労話をおきかせいただきたいのですが。

平林　これはね、ドルンの翻訳についてはもう苦労しました。『原価計算論研究』のあとがきに書いたように、翻訳するより自分の本を書いたほうが楽だというのが私の印象でした。このドルンの翻訳は、これまたぼろくそに言われまして、「何や、こんな誤訳だらけの本出して、ええかげんにせいや」と言われたのです。

しかし、私は実は、大学時代はフランス語でした。あの当時は英語と第二外国語が必修でしたので、フランス語でした。だけど、神戸大学の大学院へ行くためにドイツ語が必要だと。というのは、当時の状況ではドイツ会計学、神戸大学はドイツ会計学一辺倒だったのです。もう山下先生はじめ久保田先生、溝口先生、戸田先生はドイツ会計学であったように、ただ丹波先生や経済経営研究所の渡邉先生は英語圏の会計学でしたが、とにかくドイツ一辺倒だった。だから、神戸大学の大学院へ行くためには、もうドイツ語を、ドイツ会計学をやらざるをえないと聞いていました。だから、入学試験も当然ドイツ語で受けなければいけないというので、ドイツ語を、当時、関学に居られた福応先生のご指導や日独協会へ行ってもう付け焼き刃で勉強しました。

どういうわけか神戸大学の大学院に入れたんです。入ったら、たちまち、もうシュマーレンバッハを読めと。幸い翻訳もありますからよかったですが。他方で、しかし、授業でもどんどんドイツ語の文献を使っての講義がありましたから、これはもうドイツ語づめの日々であったということです。

そうこうしているうちに久保田先生が、「平林君、こういう、本あるぜ」と。「あんた、歴史に関心があるんだからどうだ」と言うから私は見せてもらって、これはやはり翻訳したいと思いました。今から思えば本当に、もう若い人は恐れを知らずとよく言われるけれども、まさにそのとおりで、翻訳したいと久保田先生に申し上げたら、分かったということで、やってみなさいということでした。

たまたま久保田先生の下におられた高田正淳先生が、ちょうどドイツのベルリン自由大学におられて、このドルンと高田先生とはコジオールという先生の門下生です。だから、高田先生とドルン先生とはやはり、相撲でいえばドルン先生が兄弟子で、高田先生が弟弟子という同門の間柄です。それで、久保田先生が高田先生とも連絡を取ってくださって、当然コジオール教授にもつながります。そういうことから、もちろんドルン先生にもつながるということで、翻訳権もうまく取れて、そして、出版社の同文舘との交渉は久保田先生が全部やってくださって、それで翻訳を始めたんです。

清書するまでに四回ほどノートに翻訳文を書いて、それを最初の二回ぐらいまでは久保田先生にずっと読んでもらって、返ってきたら全部、黒字が全部赤に変わっているんです。それはもう惨憺たるものでした。つまり、私の翻訳というのは、まさしく横文字を縦文字にしただけの話ですから、恐らく久保田先生に言わせれば、「おまえ、これは翻訳か、これは何だ」ということでしょう。

もう何回も何回もやって、それで、三回か四回ぐらいに久保田先生に、特に最初の三〇～四〇頁はもう厳密に見てもらい、あとはこの調子でひとつやってみろということでやってみました。四回目くらいのノートを久保田先生がすーっと読んでくださって、やっと原稿用紙に落として、同文舘へ送って、活字になったんです。だけども、ごらんのとおりのような訳でね。私自身もはっきりと、今から見たらこんな訳になるのかということは、相当、もう、ほうぼうにあるということは分かっています。それから、はっきりと言って、原文は肯定なのに翻訳は否定になっているのも一か所あることも知っているんです。だから、そういう意味では、この翻訳の本というのはどうにもならん翻訳だという本なんです。

だけど、私は、翻訳書というのはノート代わりだという、理解が少しあるんです。だから、ノート代わりにドルンの本を読みながら、かつ、この本を読んでいただいて、ドルンが何を言わんとしているかを手っ取り早く理解するときに、これを読んでくださったらそれでいい。だから、実際にドルンいわくといって引用する場合は、その人がドルンの原典に当たってその人の訳をしてほしいと。辻先生と一緒です。ガーナーとかいろいろな本を読んでおられるけれども、あの『管理会計発達史論』は全部自分訳でやってらっしゃるでしょう、あれでやってほしい。そういう考え方です。翻訳というのは、あくまでもノート代わりだと。いいかえれば、原典主義に徹してほしい、ということです。

だって、リトルトンの『会計発達史』の原文と片野先生の訳を比べてごらん。全然違うよ。だけど、あれは名訳でしょう。こっちはもう逐次訳だからあれですが、つまり、翻訳を読んだら原文が浮かび出るような訳じゃない。こう言っちゃあれだけれども、片野先生のリトルトンの翻訳は、あれからリトルトンの原文が思い浮かびますか、やはり、あれが本来の僕は翻訳だ、名訳だと思います。

だから、そういう意味で、このドルンの翻訳はもう誤訳だらけでどうにもならない翻訳ですが、俗に言う、できの悪い子供ほどかわいいというのと同じで、この本が私にとっては、できは悪いですけれども、何といっても、やはりいちばん最初に書いた本だし、苦労して書いた本でもあるだけに愛着はあります。これもしかし、なろうものなら再訳、もう一回訳し直してという思いはあったんですが、だんだんとそれも消えてきて、もうすべてどうでもいいわという今は心境です。森本先生、そんなところです。

Q　はい。どうもありがとうございます。大体ドイツ語を訳すと、多少は誤訳が出てきますよ。何ぼ頑張ってやっても、絶対に避けられないと思います。

平林　普通、あらゆる領域の、あらゆるジャンルの翻訳書で、かんぺきな翻訳というのはまずありえないです。例の最近、去年か話題になった『星の王子さま』の訳を、僕も、四〜五人ほどの訳の本を全部買って読み比べましたけれども、それはやはり違います。それで、言葉の用語が変わっただけで、やはり読んだニュアンスもちょっと変わってきますし。翻訳というのはそういうものです。

だけど、いちばんいいのはやはり、本人が原書を読むのがいちばんいいんです。そういう意味で僕は、繰り返して申し訳ありません。翻訳というのは、一種のノート代わりね。とりあえず、どんなことが書いてあるのかというのを、本当は原文を読んでノートに書くのを、それを翻訳で、とりあえず第一段階としてちょっと押さえておこうというそういうものです。文芸書は知りませんよ、会計学関係あたりの場合はそれに近い。いや、最近は非常にもう名訳も、いい訳本も出ていますから、今私の言ったことはちょっと的外れになっているかもしれませんが、かつてはそんなんじゃなかったんでしょうかね。

しかし、まあ出したおかげで、「平林という男は歴史屋なんだな」と思われるようになったということは事実です。あるいは、これが出たから『序説』の本も、森山書店が出してあげましょうかということにつながったんだと思いますしね。だから、お二人には僕、大学院時代に言ったと思いますが、「まず最初、自著を出すのがいちばんいいけれども、もし、翻訳したいなというういい本があったら翻訳本を出しなさい」と僕は言った記憶がありますが、ご記憶ありませんか、ないですか（笑）。

Q　最後に、原価計算史もしくは会計史研究の意義ならびに、今後、学会が歴史を重ねていく上で、平林先生が期待されること、または願っておられることがありましたら、ぜひお聞かせいただければと思います。

平林　そうですか。大変難しい問題ではありますけれども。ぱっぱっとまた思いつきで言って恐縮ですが、一つは、やはり分析視点の確立、歴史で言えば己の歴史観を持つことでしょう。二つは、たまたま昨年私の編著で『近代会計成立史』という本が出ました。しかしあれは、お二人ともご存じのとおり、十何名のかたの書き寄せというか、それぞれが、それぞれの歴史観でそれぞれの専門領域を書いた本です。そういう意味では、だれか一人で。中野常男先生の本があることはあるんですが、あれは専門書です。だれか一人、あるいは一歩譲っても二人くらいで会計史の教科書、こういうものを一つ出していただければ、あるいは出ることを願っています。

それから、三番目は、やはり財務会計のほうに、会計史研究の研究がちょっと偏っているような気がするんです。だから、管理会計史のほうをちょっと頑張ってほしい。しかも、それもアメリカ管理会計史、イギリス管理会計史、まあまあとしても、先ほどから出ているドイツやフランス、あるいは、昔の社会主義国圏、中国、ソ連、ポーランドなど。あるいは、ちょっと前後しますけどスペインなどの管理会計史の研究あたりをする人が出てきてくださって成果を発表してくだされば、今度は、先ほど言いました会計史の教科書の中にそういうものをどんどん織り込んだ教科書がまたできてくる。そういう意味で、教科書とはいえ、非常に内容の膨らんだ素晴らしいものが出てくると思います。

第四は、先にも述べましたが、会計史の講義が各大学で開講されることを願っています。そのためには、会計史家が育たなくてはなりません。したがって、この養成ということが極めて重要になります。つまり「継承」の問題です。このために一人が一人の弟子を育てるという意気込みがほしいですね。そうなれば、先に申した会計史の講義も開講されてくるでしょう。

第五は、国際化です。外国との交流を深めてほしいです。日本が発信基地になって、世界をリードしてもらいたい。それを夢見ています。

Q　本日は、長時間どうもありがとうございました。

（二〇〇六年八月六日　リーガグランドホテル）

司会・インタビュアー：中嶌道靖　森本和義（敬称略）

補注

二七一頁以下のワンパラグラフ部分は、私の記憶違いがありました。おわびして訂正します。シドニー大学における第五回会計史国際会議において、日本で次回（第六回）は開催する、と決定したことは間違いありません。ただ、そのシドニーでのいわば公式の会議で、しかも大会一日目の夜、夕食をとりながら、小島先生の意向を私が発言したという箇所は私の記憶違いです。正確には、シドニー大会の第二日目の午後に会議があって、既に次会は日本ということが既定の事実として決定されて居り、私に閉会式において受諾の挨拶とPRをするように、ということのみでした。これら一連の事柄については、国部克彦先生（神戸大学教授）が横に坐り逐次通訳をして下さいました。従って、国部先生の方がヨリ明確にご記憶して居られるかもしれません。同先生におわびすると共に感謝申し上げます。

初出一覧

I

「会計史の意義」平林喜博編著『近代会計成立史』（同文舘出版）二〇〇五年、プロローグ。

「会計史研究の歩み」平林喜博編著『近代会計成立史』（同文舘出版）二〇〇五年、エピローグ。

「会計（学）と歴史――私のかかわりについて」日本会計史学会編『会計史学会年報』二〇〇五年度（第二四号）、二〇〇六年。

II

「久保田原価学説の検討――原価理論との関連において」『会計』第一三八巻第五号、一九九〇年。

「Kalkulation と久保田原価学説」『会計』第一四二巻第二号、一九九二年。

「資本利子問題と久保田原価学説」『産業と経営』第八巻第三・四号、一九九四年。

III

山下正喜著『日本とアメリカの原価計算――明治末期』を読む『経営研究』第三三巻第五号、一九八二年。
阪口　要著『部分原価計算論序説』を読む『経営研究』第三八巻第四号、一九八七年。
深山　明著『西ドイツ固定費理論』を読む『商学論究』第三五巻第三号、一九八八年。
桜井通晴他著『ソフトウェア原価計算』『企業会計』第四〇巻第三号、一九八八年。
柳田　仁著『ドイツ管理会計論』『経営研究』第四一巻第四号、一九九〇年。
西村慶一著『現代経営費用論』『企業会計』第四四巻第一号、一九九二年。
片岡泰彦著『ドイツ簿記史論』『会計』第一四八巻第二号、一九九五年。
友岡　賛著『近代会計制度の成立』『三田商学研究』第三九巻第二号、一九九六年。
足立　浩著『アメリカ管理原価会計史――管理会計の潜在的展開過程』『会計』第一五一巻第二号、一九九七年。
尾畑　裕著『ドイツ原価理論学説史』『企業会計』第五二巻第六号、二〇〇〇年。

深山　明著『ドイツ固定費理論』を読む『商学論究』第五〇巻第三号、二〇〇三年。
建部宏明著『日本原価計算理論形成史研究』『会計』第一六五巻第三号、二〇〇四年。
柳田　仁著『国経経営会計論――ドイツならびにアメリカ・日本の比較研究』『企業会計』第五八巻第九号、二〇〇六年。
豊島義一著『長崎造船所原価計算生成史』『会計』第一七〇巻第二号、二〇〇六年。

Ⅳ

「平林喜博先生インタビュー」日本会計史学会スタディグループ編『日本における会計史研究の成果と発展』(最終報告)二〇〇六年。

あとがき
――私の略歴を兼ねて

一九九五（平成七）年一月一七日は、歴史上銘記すべき日であろう。いうまでもなく、阪神淡路大震災のあった日である。私もその被災者の一人である。いまもこの大震災を風化させてはならない、という思念は強い。

しかし、この年は、私個人にとっても忘れられない。というのは、一つには、私が大阪市立大学を定年まで六年を残して退職し、帝塚山大学へ移った年であること。二つには、拙い小著『原価計算の基本問題』を森山書店から刊行し、この一月の一七日に贈呈者に配送してもらったこと、これである。（奥付は一月二〇日となっている。）

わざわざこの一月一七日のことをいま記しているのは、阪神淡路大震災が歴史に残る大惨事をもたらしたからのみではない。勿論、そのことも最重要な事である。が、私があえて問題にしたいのは、『原価計算の基本問題』を刊行し、奇しくも一七日に送付していることである。しかも、この小著の「あとがき」で、私にとっては最後の刊行物になるであろう、と示唆しているからである。さらにいえば、本小著はそれまでに書き殴っていた論稿を大急ぎで掻き集めて、厚い表紙をつけたものにすぎない。粗製乱造とはこのことであろうと思われる公刊物を発送した日なのである。

しかしながら、ここにまた性懲りもなく、厚顔無恥にも小さな拙いものであるが、再び刊行物を出版しようとしている。たしかに、一二年前に、最後の、と暗示した。事実当時の諸般の事情を考えれば、筆を断つしかない情況下であったことは間違いない。最後の、という言葉は決してウソではなかった。しかし、いまこうして「あとがき」を書いている。

まことに節操のない、見識の一片もない人間という誇りはまぬがれない。資源の浪費であると揶揄されても弁解の余地はない。ご海容を乞うのみである。

その上で、今回の小著の公刊である。最後の、といった前著と同じくもろもろの寄せ集めである。ただ、私としては今後の会計史研究に何らかの一助になれば、と願って上梓したつもりである。決してアタフタと集めてきたものではない。勿論、各論稿はお世辞にも論文とは相変らずいえない。そこで覚書としたが、習作の域を出ていないものばかりである。しかし、ようやく会計史の尻尾を掴みかけたかなと思っている。先学諸賢の忌憚のないご批判とご叱正を賜わりたいと願っている。

Ⅰ部は、初出一覧をみてもらえれば明らかなように、『近代会計成立史』のプロローグとエピローグ、そして『会計史学会年報』に既に掲載したものである。私の会計史に対する姿勢というか思考の一端を表明している。

Ⅱ部は、恩師久保田音二郎先生の原価計算思考に少しでも肉薄しようと考えて、同先生の問題とされたいくつかを私なりに整理したものである。同先生の思考を正確且つ厳密に理解しているか心許無い。一応、会計学説史の側面を持っているので、その方面への道筋をつけたいと考えた次第である。

Ⅲ部は、本小著のページ数を増やす苦肉の策であると察知されよう。その通りで、一四篇の書評を転載した。各書評の対象となった著書は、一点を除けば内容的には会計史・会計学説史を取り扱っている高著ばかりであって、書評の機会が与えられて光栄である。大変良き学びの時となり心から感謝している。

Ⅳ部は、補遺であって、たまたま会計史学会のスタディーグループのインタビューを受けたさい、それが文字化されたのでここに転載させていただいた。日本会計史学会の設立事情とか、第六回会計史世界会議のいわば裏面史が多少なりとも浮き彫りになっているとすれば望外の喜びである。尚、このインタビューの後半は蛇足である。

以上、各部の執筆・掲載意図を述べた。が、章末に今回の刊行にあたり若干の補足説明を加えたものがある。また、最少限の加筆・修正をほどこした。尚、注の表示には統一性がない。加えて、和文参考文献、欧文参考文献、事項索引、人名索引もない。学術書としては欠陥書である。ご寛恕のほどお願いする。

謝辞

本書をこのように公刊するについては、毎回そうであるが、まことに数多くの方々のご指導とご支援、励ましとご協力等々があった。ここに記して心より厚くお礼申し上げる。

今回は、あえて「謝辞」というコーナーを設けた。今度こそ最後の出版物になると考えて、いままでご指導を賜わった多数にのぼる方々から、久保田・小島両先生は別にして、他は独断と偏見でもって幾人かの方々を選ばせてもらった。しかもその方々は従来の私の公刊物の謝辞ではほとんど名の出てこない人々である。学術書の「あとがき」では異例のことであろう。が、私はその人々のご指導によっても今日こうして生きているのである。一言、謝意を表させてもらい、ご高恩に報いたい。

まず、冒頭に献辞のことばを述べたが、天野八重子牧師と志村信夫牧師に本書を捧げる。両牧師は私のキリスト信仰を唱導して下さったいわば命の恩人である。

一九五九年（昭和三四）年六月七日、天野牧師から私は洗礼を受けた。同牧師は「仲保者イエス」の存在を繰り返えし語られた。私にイエスのように和解の仲立として歩むよう教導されたのであろう。一方、志村牧師は「代理（人）イエス」の存在を強調された。人間はすべて罪人であって、そのままでは死に至る。しかし、神の独り子イエスが人間の代理（人）となって十字架上で死に、且つ復活された。これによって人間は罪を赦されて永遠の命へつながる途を与えられたのである。人はイエスの十字架上の死の代価によって贖われた者であることを鋭く指摘された、と私は認識している。

両牧師とも、このイエスの似姿になるよう強く求められ、イエスに倣って神と人とに仕える人になること、とりわけ弱き者の目線であらゆることを見る、聞く、語ることを教示された。要はみことばの「聴従」に「愚直」であれ、と望まれたのであろう。また、特に志村牧師は「信仰の継承」を強調され、なによりも家族への伝道を歌い文句のように語られた。その実践者が志村牧師の夫人で、今日志村ファミリーは全員キリスト者である。家庭における妻・母・祖母・女性としての使命をりっぱに果されている。敬服の一言のみである。

尚、現在、私は日本基督改革派園田教会の会員で、袴田康裕牧師を通して主の訓練を受けている。この牧師も前記二人の牧師に劣らず私の生涯を左右する人であると予感している。

さて、つぎに、いまは亡き久保田音二郎先生（神戸大学名誉教授）と小島男佐夫先生（関西学院大学名誉教授）のご高恩である。久保田先生には、私が神戸大学大学院において、先生の研究室に所属して以来、公私にわたり親身にまさるご指導を賜わった。今日なんとか教員生活を大過なく勤め上げられたのも先生との出会いが出発点である。にもかかわらず、まったくの不肖の弟子であって、去来するのは先生のご高恩に何ら報いることができなかった悔の念のみである。一方、小島先生には、会計史研究について種々の助言や忠告、そしてある時は諫言をいただいた。また会計史学会設立のお手伝い等を通して、学問をする者の立場や態度を懇々と教え込まれた。今日まで大きなミスもなく学問の世界で生きてこられたのは、久保田先生と同様に小島先生のご教示の賜物である。両先生のご冥福をいまはひたすら祈るのみである。

さらに、小学校時代の恩師である大木喬明先生に深謝する。先生は、現在八二歳のご高齢であるが秦野市にご健在である。同じく秦野市にご遺族が在住の故遠藤忠男先生も私にとっては忘れることのできない先生である。最後は校長にまで登り詰られた両先生から小学校で受けた教育は、まさしく旧教育基本法の精神に則ったもので、私の血肉となっている。尚、秦野市は神奈川県にある。尼崎市生まれの人間がなぜ神奈川県なのか。縁故疎開で小学六年間、秦野の山里深い集落に住み、小学校へ通い卒業したからである。戦争がもたらした故の両先生との出会である。しかし、これが戦争の故ではなかったら――、と思う。いまも地球上で無意味な争いがなされ、無辜の民が死を強られている。私は腸が煮えくり返り、強い怒りに満ちている。とはいえ、何もできない私の心は忸怩たるものがある。反戦平和――なつかしい言葉だが――私の生きる原点である。尚、小学校時代に遠藤先生の担任であった親友小泉政治氏（前八小堂書店社長）との交友が始まっている。長きにわたるご厚情に謝意を表する。

中学校時代は、陸上競技部――以降大学二年まで――に所属し、一日中走りまわっていた。その時の部長・コーチ、そして偶然にもクラス担任（三年生）であったのが前滝一弥先生である。六〇歳の定年退職直後に召天された。前滝先生には本当によく叱られた。しかし、その時に忍耐というものを教え込まれ、一筋の途を歩む人生の尊さを学んだ。尚、中学校以来の心の友であった松本武久氏が昨年（二〇〇六年）七月に死去された。常に元気をもらっていただけに悲しみは大きい。

高校は関西学院高等部である。田舎の中学校から入学した私は劣等感の固りと化し、ついに吃音になってしまった。その時、聖書の言葉に従うとはこのような人のことではないか、と思うほど慈愛に満ちた先生と出会った。西尾康三先生である。同先生の導きで教会の門をくぐり、人生にとって最も貴い賜物を得ることになった。遺憾ながら、事情があって西尾先生とは距離ができてしまい、告別式にも参列できなかった。おゆるしを乞うのみである。

さて、大学時代である。高等部から押し出しの四球で大学商学部へ進学した。この大学時代に故佐藤　明先生と遭遇したことは大きい。先生は経済史担当の若手教授で、大学ではマルクス主義者として名が通っていた。先生のご指導は学問的には大変魅力的で傾倒したといって良い。しかし、既にキリスト者であった私には心の葛藤があって、先生の懐に入ることができなかった。佐藤先生が大学院への進学をお勧め下さったことも非常に光栄でうれしい反面、この先生の下で――、と考えると心の奥底から喜べないものがあった。幸いにも、無教会派のキリスト者である大塚久雄先生の存在を知り、その著書等を読み、学問的にはマル経的でも、己れの人生はまた別にあると覚醒して大学院へ進む決意をした。

そこで、ドイツ語の勉強をする必要性が生じた。その時に親身になってドイツ語をご教示賜わったのが福應　健先生（東京経済大学名誉教授）である。当時助手であられたが、既に経営史の分野では頭角をあらわされていた。大変謙虚な先生で不遜なふるまいもなく、毎週一回ドイツ語の手解を受けた。おかげで神戸大学大学院経営学研究科修士課程へ入った。大学院時代の諸先生のご指導は深謝するのみである。他のことは割愛する。

神戸大学大学院修士課程を修了して、香川大学商業短期大学部の助手として着任した。私の学界での生活が始まった。

学界においても、いままでるる記してきた以上に多数の先生方のご指導、ご鞭撻を賜わった。既に別に数冊の小著を出版したさい、その都度ご高恩に対して謝意を表しており、その気持は今日も変っていない。そこでここでは失礼ではあるが、改めて名を挙げて感謝の意を表することは割愛させていただきたい。

ただ、香川大学時代に初めてお目にかかり、以後大阪市立大学へ私が移ったさい、同大学でもご一緒し大変お世話になった岩崎　稜先生・中野　安先生・山名伸作先生のお名前は記しておきたい。山名・岩崎両先生は既に鬼籍に入られている。中野節はいまだご健在である。

その大阪市立大学へは一九七二（昭和四七）年に赴任した。勿論、人的交流は多方面にわたっている。特に、どういう理由かいまだ不明であるが、商学部長、学生部長、文化交流センター所長の管理職を歴任している。その上、大阪市立大学生活協同組合の理事長も体験している。その理事長の時代にご厚情をいただいた八木孝昌専務理事（大阪府内大学学長会事務局長）については一言したい。八木氏の指導者として秀れた才能は万人の認めるところである。酸いも甘いもご存知の人だけに、一人ひとりをしっかり掌握しての適切な人材の用い方はもはや生れもった資質といえるかもしれない。その上、彼は『万葉集』の研究者でもある。ただただ敬服するのみである。

帝塚山大学へは軽い気持で着任した。しかし、その罰があたったのか、同大学では良い思い出はない。ただ、既に泰斗山形休司先生が在籍して居られたし、やがて大阪市立大学出身の公認会計士でもあられる池嶋豊光先生、また大市大からおいでになった碩学故佐合紘一先生、そして神戸大学大学院時代からの畏友吉田　修先生、さらには俊英橋本武久先生等々が集まり、親交を結べたのは大きな光りであった。ただ、この帝塚山大学在職時に、大学院同期の友人二人と幽明境を異にしてしまった。梅田恵三氏（尾道大学名誉教授）と両頭止明氏（滋賀大学名誉教授）の二人である。共に学界の世界へ進んだ間柄だけに落胆の色はかくせない。因みに、われわれ大学院同期生は八名であった。内、前記梅田・両頭両氏以外の黒田全紀氏（神戸大学名誉教授・在ベルリン）、岸　悦三氏（広島修道大学名誉教授）、吉田　修氏（滋賀大学名誉教授）、佐々木　弘氏（神戸大学名誉教授・放送大学教授）の各位は各分野において功なり名遂げてご健在である。唯一人の女性であった頭師啓子氏はご結婚されて学界から退かれた。各諸氏とのご高誼には感謝の一語である。

さて、学界関係では、会計研究学会、原価計算研究学会、会計史学会、経営学会等々に入会して学問の世界を少しは知ることができた。また、原価研究会、会計情報研究会、神戸大学の管理会計研究会等々での少人数による研究会も私の研究・教育には大きな原動力となり、切磋琢磨した経験は大変貴重なものであって、生涯忘れることはない。これら諸学会・諸研究会のメンバーの諸先生にはただただ深謝申し上げるのみである。

ところで、末尾ではあるが、私は外国の先生方にもご指導を賜っている。その中から幾人かの先生の名をあげて謝意を表したい。順不同ながら、ドルン先生(Dr. G. Dorn)、シュヴァイツァー先生(Prof. Dr. M. Schweitzer)、シェーンフェルト先生（Prof. Dr. H-M. W. Schoenfeldt）、ヴァンガーメーリッシュ先生、（Prof. Dr. R. Vangermeerch）、そして今は亡きガーナー先生（Prof. Dr. P. Garner）やエッカー牧師（Pfarrer W.Ecker）である。いずれの先生も退職され名誉教授等になられて活躍されている。

これら諸先生は、私の留学の機会に謦咳に接し、以後数多くのご教示を受けている。心から深謝する次第である。尚、短期間ながらアメリカへ一回、ドイツへ二回留学したが、その際に日本の先生方にも多大のご協力を賜った。とりわけ、村松司叙（九州情報大学教授）・十川廣國（慶應義塾大学教授）・辻　正雄（早稲田大学教授）・国村道雄（名城大学教授）・平松一夫（関西学院大学学長）・志村　恵（金沢大学教授）の諸先生には感謝の一語である。

加えてもう一言すれば、私の留学は大名旅行でお付きが常にいた、という噂が学界では流布しているそうである。弁解するつもりは毛頭ない。が、留学時、私の体調は最悪で、狭心症・心不全とそれによる「心の風邪」をひき、いつ客死または即刻帰国という事態があってもおかしくない状態であったことは申し添えておく。

本書は関西学院大学出版会から刊行していただいた。これについては、同出版会の理事長山本栄一先生、また関西学院大学商学部の深山　明先生のご尽力の賜物である。山本先生は私の所属している日本基督改革派園田教会の長老でもある。財政学がご専門である。そのよしみで表紙等の絵図は同長老のご令室山本公子姉にお願いした。加えて、同じ教会の会員である江川綾子姉にもご協力いただいた。感謝である。一方、深山先生は、このたびの出版にあたりご相談申し上げたところ、諸般の事情を考慮した上で、本出版会を紹介して下さった。同先生は私にとって後輩ではあるが、誠実な人柄と抜群の才能において、いまや私の先輩的存在である。

私の母校の出版会からこのような拙い小著ではあるが公刊の運びとなったことはまことに光栄である。同出版会の事務局田中直哉氏及び装丁や編集上の細部にわたってご高配を賜った浅香雅代さんに心より感謝申し上げる。

最後に、いよいよもって私事になるが、拙い小著の公刊にあたり、いつものことながら、亡き両親（喜一・糸枝）、また妻（益美）、長女（基子）、孫（みちる）に心から感謝したい。両親はわが家が貧困の極みであった時代に、私を大学院まで進級させてくれた。そのため弟（喜和）と妹（鷹子）は大学への進学にストップがかかってしまった。この借金というか、心の借りはどうやら返済の見込みがない。また、妻の労苦も人並みではなかったであろう。私の我侭にどう対応して良いのか、苦悩の日々であったと推察する。長女も私は放任主義で育てた。が、幸い娘を出産し、職業人として過している。孫は母親である私の娘とは性格がまったく違っている。才気煥発、しかし内弁慶のところがある。いずれにしてもこれらの家族に支えられて、今日の私がある。そして、小著の公刊の運びとなった。

主があなたを祝福し、あなたを守られるように。
主が御顔を向けてあなたを照らし
あなたに恵みを与えられるように。
主が御顔をあなたに向けて
あなたに平安を賜るように。

（旧約聖書・民数記第六章二四節～二六節。但し、新共同訳）

二〇〇七年七月二五日

平林喜博

【執筆者略歴】

平林　喜博（ひらばやし　よしひろ）

1937 年　尼崎市に生まれる
1960 年　関西学院大学商学部卒業
1963 年　神戸大学大学院経営学研究科修士課程修了
大阪市立大学名誉教授
経営学博士 (大阪市立大学)

〈主要著書（訳書・編著)〉
『ドイツ原価計算の発展』（訳書）同文舘出版　1967 年
『費用理論序説』森山書店　1974 年（太田賞受賞）
『原価計算論研究』同文舘出版　1980 年
『原価と原価理論』（共訳書）新東洋出版　1981 年
『原価計算の基本問題』森山書店　1995 年
『シュテフェン生産と原価の理論』（共訳書）中央経済社　1995 年
『近代会計成立史』（編著）同文舘出版　2005 年

会計史への道 ―― 一つの覚書

2007 年 10 月 25 日初版第一刷発行

著　　者　平林喜博
発 行 者　山本栄一
発 行 所　関西学院大学出版会
所 在 地　〒 662-0891　兵庫県西宮市上ケ原一番町 1-155
電　　話　0798-53-7002

印　　刷　大和出版印刷株式会社

Printed in Japan by Kwansei Gakuin University Press
ISBN 978-4-86283-020-3

http://www.kwansei.ac.jp/press